法律哲学与一般法理学丛书

丛书主编　汪习根

法律科学：

作为法律知识和法律渊源的法律学说

Scientia Juris:

Legal Doctrine as Knowledge of Law
and as a Source of Law

［瑞典］亚历山大·佩岑尼克　著

桂晓伟　译

WUHAN UNIVERSITY PRESS

武汉大学出版社

图书在版编目(CIP)数据

法律科学:作为法律知识和法律渊源的法律学说/(瑞典)亚历山大·
佩岑尼克著;桂晓伟译. —武汉:武汉大学出版社,2009.9
　法律哲学与一般法理学丛书/汪习根主编
　ISBN 978-7-307-07291-6

　Ⅰ.法…　Ⅱ.①佩…　②桂…　Ⅲ.法学—研究　Ⅳ.D90

中国版本图书馆 CIP 数据核字(2009)第 154627 号

著作权合同登记号:图字 17 – 2006 – 047 号

Translation from the English Language edition:
A Treatise of Legal Philosophy and General Jurisprudence
By Enrico Pattaro, Hubert Rottleuthner, Roger A. Shiner, Aleksander Peczenik, and Giovanni Sartor-
Copyright © 2005 Springer, The Netherlands Springer is a part of Springer Science + Business Media
All Rights reserved.
本书属"法律哲学与一般法理学丛书"之一,由斯普林格出版公司授权武汉大学出版社由英文翻
译成汉语出版。未经出版者书面许可,不得以任何方式复制或抄袭本书内容。

责任编辑:胡　荣　　责任校对:黄添生　　版式设计:马　佳

出版发行:**武汉大学出版社**　(430072　武昌　珞珈山)
　　　　　(电子邮件:cbs22@whu.edu.cn　网址:www.wdp.com.cn)
印刷:通山金地印务有限公司
开本:720×1000　1/16　印张:21.25　字数:303 千字　插页:2
版次:2009 年 9 月第 1 版　　2009 年 9 月第 1 次印刷
ISBN 978-7-307-07291-6/D·935　　定价:40.00 元

总　序

　　本丛书由素有法哲学领域的奥林匹克大会之称的国际法律哲学与社会哲学协会（IVR）隆重推出。2005年，第22届IVR大会在离地中海不远的西班牙古城格纳拉达隆重举行。会议引人注目的一个议题就是由当代最有影响的法社会学家之——哈贝马斯领衔主持本丛书的首发式，隆重推出这一法律精品。

　　这套丛书由当今世界法学界的顶级人物罗纳德·M.德沃金、劳伦斯·M.弗里德曼等担任顾问；由前后几任国际法律哲学与社会哲学协会主席以及重量级学者分别撰写，他们主要来自欧洲大陆；并由世界上著名的出版商——施普林格出版社出版，首批包括五大理论卷册：1.恩里科·帕塔罗（Enrico Pattaro）：《法律与权利：对应然之现实的重新评价》；2.休伯特·洛特路斯勒（Hubert Rottleuthner）：《法律的基础》；3.罗杰·赛勒（Roger A. Shiner）：《法律制度与法律渊源》；4.亚历山大·佩岑尼克（一译彼彻尼克）（Aleksander Peczenik）：《法律科学：作为法律知识和法律渊源的法律学说》；5.乔瓦尼·萨尔托尔（Giovanni Sartor）：《法律论证：法律的认知进路》。此外，还有历史卷和后续系列，从而形成一个完整的体系。

　　自古希腊罗马至近代，欧洲大陆以分析法学和自然法学为龙头在世界法理学领域独领风骚千百年。但是，在现代社会，随着以哈特和富勒为代表的英美法理学大家源源不断的涌现，欧陆法理学的霸主地位已经风光不再，尽管以哈贝马斯为首的法社会学以及后现代法学红极一时。不过，历史似乎是一个个轮回的组合，此所谓螺旋式上升。本丛书试图以欧陆人特有的哲学睿智和繁复逻辑力挽狂澜、在弘扬欧陆法哲学之传统底蕴的基础上重整昔日雄风。由意大

1

利波伦那大学法学院恩里科·帕塔罗教授担任本套丛书的主编，本
身就意味深长！众所周知，波伦那大学是在 1088 年建立起来的世
界上第一所近代意义的大学，正是在这块沃土上孕育出了注释法学
派。尽管 14 世纪以后日渐衰微，但时至今日，依然以其特有的风
格、悠长的历史而成为法律学人"梦中的精神家园"。1995 年 6 月
在此举行了 IVR 第 17 届世界大会，帕塔罗教授正是在这次会议上
当选为 IVR 国际主席。一直以来，他们计划着在法哲学领域里有
所作为，而这些大部头的作品或许就是这一追求的开端。

　　停留在找寻"失落的世界"层面是远远不能获得满意答案的，
尽管创新与重构是何等的困难！基于一个系统论的构造，精心设计
出来的这个系统工程，如同一部精巧的机器相互配合、相互协调一
致。从方法论上看，采用了"理论"、"超理论"和"历史"的标
准加以分类，体现了实质主义、形式主义和历史主义的三重组合。
其中，第一卷可以说是理论、超理论、历史的混合，特别是对理念
的历史综述；第二卷是超理论的；第三卷是理论的；第四卷是半理
论、半超理论的；第五卷是超理论的。① 而俯视全卷，无非是在正
当性与规范性之间求证新的意蕴与界域。前两卷在理论深层为正义
而探秘，后三卷则似乎与价值无涉，重新阐释了法的制度与规范意
义；且又细化为分别研究严格制度化的法律渊源和准制度化的法律
渊源及其衍生的种种法律学说。

　　作为开篇的《法律与权利》，对法律与权利这对看似古老其实
不然的范畴进行的探究，恰如其置于首卷的地位一样，具有统揽全
局之功用。简言之，其过人之处在于"正本清源"，包括"四源"：
"语源"、"史源"、"权源"与"法源"。采用语义学、社会学、心
理学和历史学的分析工具，从对权利与法律的词源考证与英译之错
漏入手，探寻了法源与权源，为法律与权利进行了"正名"，并提
出了自己的定义———一种折衷主义的理解。在法、德、意和西班牙
文字中，与英文的"法"（law）相对应的分别是 droit, Recht,

① Enrico Pattaro, *The Law and the Right: A Reappraisal of the Reality that Ought to Be*, Springer 2005, Editor's preface, p. X - XX.

2

diritto 和 derecho。后者均是多义词，意指"法"或"权利"，或者兼具两重意义。而英文中的"法"（law）则与"权利"（right）并无语义上的血缘关系。而在翻译时，将"法"（law）译为客观法律或客观权利（objektives Recht），将"权利"（right）译为主观法律或主观权利（subjektives Recht）。于是权利与法律便混为一谈了。比对阿奎那、凯尔森等大师作品的英文翻译与原文之不同，在英语世界是如何一步一步误解欧陆法哲学思想的事实便一目了然了。分析法学的集大成者凯尔森于 1943—1944 年赴哈佛大学工作了两年。"20 世纪法哲学系列之美国法学院联合会的翻译和出版委员会"提供了用于翻译其德文手稿的"翻译基金"，这一翻译被授权给斯堪的纳维亚法律现实主义的代表人物 Axel Hagerstrom 的学生 Anders Wedberg，这位 30 岁的青年人为凯尔森担任翻译，在哈佛期间，在《国家与法的一般理论》的德文手稿的英文翻译中犯了这个错误。① 类似的错漏与疏忽是大量存在的。正是一系列关于权利与法律的简单、片面甚至偷换概念式的翻译、理解与传播，导致了多少年来人们对它们的广泛曲解。为此，还必须从"史源"的意义上来加以追根溯源。以荷马史诗为线索，通过考察千万年欧陆文明史，从规范主义、自然与文化诸方面全面解析法律与权利的演化脉络及现实图景，形成了关于权利的三种应然含义和一种实然意味——作为规范内容的权利、作为主体资格的权利、作为规范上的主动地位的权利和与错误（wrong）相对称的权利，以及关于法律的新概念，即"现实主义的和规范主义的，但不是完全的规范主义"的概念，从而，在超越自然法学与分析法学的道路上迈出了令人称奇的一步。

风格迥异的"法律基础"分析，体现为一种综合性的观察视角与独特的分析进路。在第二卷《法律的基础》中，作者既不赞同单一基础主义的分析法，也无意卷入当下时髦的后现代主义的多元论之中进行所谓"元—元"对话，而是选取了第三条道

---

① Enrico Pattaro, *The Law and the Right: A Reappraisal of the Reality that Ought to Be*, Springer 2005, p. 355.

3

路——"多基础主义"（multifoundationalism）。在探讨法律之"基础"时，应当区分基本、基础性的概念，法律的规范基础、认识论基础等概念。可从逻辑与认识论、道德与合法性、历史与遗传性，以及众多有关的法外基础多个角度理解法律的基础。但是法律的"解释学基础"是本书分析的核心，旨在洞悉用以解释法律产生、发展和作用的变量体系。这一基础就是"为了解释法及其内容的起源、创造和发展而涉及的经验因素、变量和特征"。① 在"基础"这一词的层面上界定了"法律基础"这一概念后，探析了影响法律基础的内部因素和外部因素。此外，作者在详细介绍了凯尔森的法律分层理论，卢曼的法律自创生理论以及富勒的法律内部道德理论的基础上，提出了法律的"内部基础论"，并论述了反本质主义。

　　由国际法哲学协会加拿大分会主席、加拿大不列颠哥伦比亚大学法学院教授罗杰·塞勒主编的第三卷《法律制度和法律渊源》，在反思现代分析法学之不足和缺陷的基础上，对法律制度和法律渊源进行了富有新意的探讨。从界定"法律渊源"的定义入手，在批评了现代分析法学对"法律渊源"的定义偏见之后，提出法的渊源即指"严格制度化的渊源"，用自己的法哲学观点从"严格制度化的渊源"的角度对大陆法系的法律渊源进行了分析，并揭示了普通法体系中的法律渊源：立法、判例、习惯以及授权立法、宪法尤其是其中的人权法案，还剖析了国际法的渊源，以及各种法律渊源在法律体系中是如何发生作用的。最后通过对法律渊源来说至关重要的"法律权威"概念加以分析，提出了一个"后—后现代主义者"（post－post－modernist）的结论：尽管社会构建了法律权威，但是，法律权威并不能与政治、社会文化权威等量齐观，它不过是一种立基于严格规范之上的奇特的权威形式。这一分析似有复古主义之嫌。

　　如果说上述论述是以严格规范分析为视角，那么，佩岑尼克在第四卷《法律科学：作为法律知识和法律渊源的法律学说》中采

---

① Hubert Rottleuthner, *Foundations of Law*, Springer 2005, p. 5.

用的则是一种准制度化的研究路径。前者可称为"强规则主义"，后者可名之曰"弱规则主义"。法律科学或法律学说被分解为作为"法律知识"和作为"法律渊源"学说两种类型。作者以准制度化之弱规则主义的分析方法对法律科学进行了综合性的研究。不仅从一般法律学说进行了高度的理论抽象，而且难能可贵的是，从特殊法律学说的角度进行了细致入微的个案解密，包括财产法、合同法、侵权法、刑事法诸多法律部门的法理学问题。对已有法律学说的批评与辩护直击要害、颇具见地。例如，通过对历史上的"强自然法"（Strong Natural Law）和"弱自然法"（Weak Theories of Natural Law）理论，"排他性法律实证主义"（Exclusive Legal Positivism）和"包容性法律实证主义"（Inclusive Legal Positivism）理论进行评论，进而从多元学说的视角综合审视法与道德的关系；并尝试在权衡和取舍之后寻求法律学说的一致性理念及其与正义的关联性，别具匠心地提出并研究了法律的融贯性命题，从而，将法理学说最终提升到始原意义上加以追问，揭示了法律学说的元理论和本体论问题。

作为法律的一条认知进路，法律推理或法律论证是近几十年来引人关注但亟待深入研究的领域。乔瓦尼·萨尔托尔在《法律论证：法律的认识进路》中再现了源自历史久远的古波伦那的学术风采。其实，无论是自然法和法律实证主义的长期对立，或者19世纪概念主义和社会法学的争论，还是20世纪法律形式主义与法律现实主义的冲突，无一不以此作为主要战场。这一论著的创新在于：一是视角迥异。这个视角建立在这种假设上：法律推理可以被视为一种更加广泛的人类能力的应用，即实践认知或实践理性，也就是处理信息以作出恰当决策的能力。这种宽阔的视域避免了囿于规范文字本身的思维缺陷，旨在回归真实的社会生活，以便于从我们的日常实践性观念中通过实践推理发现出法的真谛。二是方法系统。试图将不同的法律思维模式整合进一个综合性的图景之中。囊括哲学、逻辑、心理学、认知科学、人工智能、博弈和决策理论这些非法学方法与法律价值、原则、规则等法律方法两大方面。通过特别关注并深刻解析义务的类型、霍费尔德概念（Hohfeldian concepts）、规范性条件、法律行为和权力、法律渊源、论证和理论建构，为法律推理的基本形式提供一个更为精准的描述。

本套丛书体系宏大、观点纷呈，无论是结构安排、论证过程还是学术结论，都令人赞赏。但是必须指出，这并不意味翻译者完全同意其中的全部思想观点，也不表明翻译者的学术旨趣与研究取向与原作者完全一致。

本书的引进与翻译得益于中国法学会副会长张文显教授率领中国法学会代表团出席第 22 届 IVR 大会。这是一次难忘的旅行，代表团一行共 12 人，包括张文显教授、朱景文教授、邓正来教授、谢晖教授、杨春福教授、徐亚文教授、黄文艺教授、杜宴林教授、孙文恺博士、周晓虹博士、潘新艳女士和我。记得 2005 年 5 月 22 日我们在法国巴黎戴高乐机场转机时，正好遇见当时的 IVR 主席佩岑尼克与我们同时候机赴会。其实，我以前与他并无任何交往，更不知道他们正在组织这个大型的出版计划。在 5 月 23 日至 6 月 1 日的正式会议期间，我参加了本套丛书的推介会。当从会场出来时正好遇见佩岑尼克，便向他表达了愿意为译介本丛书到中国做点努力的想法，他当即表示赞同。正是在这次会议上，中国法学会正式提出了承办 IVR 第 24 届世界大会的申请并获得通过。今年是 IVR 创立 100 周年大庆和 100 年来首次在中国举行大会，以徐显明会长为首的中国法学界为此作出了持之以恒的贡献。值此双喜临门之际，能够推出本丛书的中译本，实在是一件值得铭记的事情！所以，十分感谢中国法学会和以上诸位同仁的共识、友谊与智慧！没有诸位精诚团结与开拓创新之学术精神的鼓舞，本书不可能翻译出版。

武汉大学出版社一直致力于翻译高水平的西方法哲学名著，在我参加第 22 届国际法哲学大会前夕，特别嘱我留意大会的学术动态与出版信息。随后郭园园女士和游径海先生为版权洽谈、策划引进与推广付出了巨大的热情与努力，而张琼女士所率领的编辑团队精益求精、为翻译、校对与出版而不惜挑灯夜战、牺牲了整个暑假的闲暇时光。这些都是令人难忘的！

本丛书的译者是一批正在学术界奋发进取、开始崭露头角的中青年法律学人，包括张万洪、项焱、桂晓伟、陈旗、滕锐以及刘晓湧、何苗、张莉、唐勇、武小川等（排名不分先后）。他们绝大部分留学美国哈佛大学、哥伦比亚大学、加州大学伯克利分校、英国诺丁汉大学、丹麦人权研究所等欧美国家的名牌法学院和研究机构，目前在中国有关高校和司法机关从事学术研究、法律实务或博士研习。正是他们对东西方法律文化交流事业孜孜以求、不知疲倦的忘我精神和责任意识，才使本丛书得以如期翻译出版。也许，在现有的评价体系中，翻译对于译者尤其是组织者来说是一件"吃力不讨好"的事情。但是，我们深信，只要能够为法哲学学术的沟通与繁荣作出哪怕是微不足道的工作，这种付出也是值得的。必须感谢这个富有战斗力的和谐团队！

　　毋庸讳言，翻译的过程是痛苦的，但是翻译中存在的错误、疏漏与缺憾仍是难以回避的。加之时间紧迫，丛书不可能由一个作者全部译出，所以其间的不一致甚至矛盾之处在所难免。真诚地希望翻译界和法律界的各位大家、前辈与同仁不吝赐教，批评指正！

汪习根

2009 年 8 月 30 日于珞珈山

序　言

　　任何人离开他人的帮助都不能完成像这样部头的著作。在本书形成时期，我的法律学说理论一劳永逸地受惠于克拉科夫雅盖隆大学（Jagiellonian University in Kraków）已故 Kazimierz Opalek 教授的影响。后来，我有幸与 Aulis Aarnio 和 Robert Alexy 进行密切合作。而 Lars Lindahl 则以一种比我设想得更为深刻的方式帮我剖析了相关问题。

　　Zenon Bańkowski, Christian Dahlman, Svein Eng, Jaap Hage, Kaarlo Tuori, 以及 Jan Woleński 都以一种非常具有助益和建设性的方式为本书的初稿提出了评论。为了顺应所有这些评论者的意见，我对最初的文本进行了修改。只有在一些特殊或例外情形下，这种修改才不得不割舍——因为其将导致超出本书之限度的复杂而又深奥的（profound）哲学讨论。毋庸赘言，我本人将对本书中的所有错讹承担全部责任。

　　Giovanni Sartor 以及那些参加了伦德大学法理学研究会（the seminar in jurisprudence at the Lund University）的同仁，特别是 Uta Bindreiter Christian Dahlman 和 David Reidhav 都提出了颇为重要的修改意见。在最终定稿阶段，我还得到了伦德大学哲学研究所 Wlodek Rabinowicz 和 Johannes Persson 以及坦佩雷（Tampere）大学 Matti Sintonen 的启发。伦德大学法律系近年来为我创造了非常好的工作条件。Enrico Pattaro 使得"法律哲学丛书"的整套计划成为可能。

　　在此，我无法一一感谢所有对本书提供帮助和启发的人。我深知本书提出的问题多于给出的解答。一些解答也肯定是不够完美的。我期待新一代的学人将会在以后的日子里提出更好的答案。

亚历山大·佩岑尼克

于伦德大学法律系

If we will disbelieve everything, because we cannot certainly know all things, we shall do much what as wisely as he who would not use his legs, but sit still and perish, because he had no wings to fly.

(**John Locke**)

如果我们因为不能确知万物，就去怀疑万物，那我们的做法就如同一个人因为无翼可飞就不肯徒步行走，而只是坐以待毙一样，那简直太"明智"了。

（约翰·洛克）

目　　录

第一章 法律学说与法律理论

第一节 导 言

一、本书的目的、方法与材料

本书的首要目的是对法律学说(legal doctrine①)进行理性的重构。

---

① 作为本卷最核心的语词,"legal doctrine"的译法甚为关键也颇费思量。参照《元照英美法词典》,与 doctrine 相关的词条有两个,一是"legal doctrines",译为法律原理,意指"一个由相关规范构成的实质性体系,它们有着共同的主题,是某些特定情形或特定领域内原则、规则和准则的有机结合,由此组成一个在逻辑上相互联系的体系,基于这种体系和逻辑内涵便可展开推理"(薛波主编、潘汉典总审定:《元照英美法词典》,法律出版社 2003 年版,第 815 页);另一条是"doctrine of law",译为法律学说,意指"由官方和法学家发展和阐述的关于法律原则、规则、概念和标准、或案例类型、或法律秩序的系统理论,由此可以根据此系统及其逻辑内涵作出推理"(薛波主编、潘汉典总审定:《元照英美法词典》,法律出版社 2003 年版,第 430 页)。通观全文,本人倾向于后一种译法,即"法律学说"。采用此一译法的另一个考虑是本卷作者佩岑尼克本人的法教义学和法律论证理论的知识背景,本书的很多论述正是在此一语境下展开,而将"legal doctrine"译为"法律学说"正契合了此一语境。legal doctrine 或 doctrine of law 与法教义学意思相关,指"法律学说"、"法律原则"和"法律原理"。它包括了一些专业性的法学论著,其任务是对现行有效法律予以系统化和解释(See Aleksander Peczenik, *A theory of legal doctrine*, in *Ratio Juris*, Vol. 14, No. 1, March 2001, pp. 75 – 105)。此外不可否认的是,国内亦有学者将 legal doctrine 与 legal dogmatics 混同,统一译为法教义学:"按照当代法律理论来看,法律教义学是法学具有科学性的最重要表现,也就是法律科学的基础研究进路。从名称来看,英文中以 legal dogmatics、doctrine of law,德文中以 scientia iuris、Rechtswissenschaft、Rechtsdogmatik 来指称。"(王旭:《中国行政法学研究立场分析——兼论法教义学立场之确立》,载郑永流主编:《法哲学与法律社会学论丛》(十一),北京大学出版社 2006 年版)鉴于下文中作者对法律学说(legal doctrine)与法教义学[legal dogmatics (rechtsdogmatik)]之间的殊同做了区分(参见本节第二部分内容及相关注释),本人亦不从此译法——译者注。

"理性的重构"所意指的是诉诸理论性目标（theoretical objects），对那些碎片化且潜在相互冲突的素材（data）进行解释的活动；根据这种目标，这些素材被视为具有相对融贯性，因为它们所呈现的是一个复杂即良序（complex, well-ordered）整体的一部分（MacCormick and Summers 1991, 19；比较 Eng 1998，各处）。

本书的论述基于以下材料：

● 法律学者已经出版的著作；

● 法律教学实践；

● 准备性文件（*travaux préparatoires*）① 和其他源自立法者的文件；

● 法律史著作；

● 哲学著作。

鉴于我本人的欧陆法背景，本书将主要论述欧陆的法律学说。但是，普通法国家的法律学说和欧陆的法律学说并无根本上的差异。

二、法律学说与法教义学②

在诸如法律手册、法律专著（monographs）、法律解说（commentaries）和法律教科书这样的专业性法律著述中，有一种研究方

---

① 准备性文件（travaux préparatoires）是指"在准备一项决议、立法或国际条约的最终文本的过程中所适用的并且对其产生形成性影响的材料"。参见［英］戴维·M. 沃克：《牛津法律大辞典》，李双元等译，法律出版社2003年版，第1115页——译者注。

② Dogmatics 一词意为："（尤指基督教的）教义学，教理神学"（陆谷孙主编：《英汉大词典》，上海译文出版社2007年版，第542页）。按照作者的观点，在欧陆法当中，与 legal dogmatics 相近的有德语词 rechtsdogmatik 与 rechtswissenschaft，以及拉丁语 scientia juris（See Aleksander Peczenik, *A Theory of Legal Doctrine*, in *Ratio Juris*, Vol. 14, No. 1, March 2001, pp. 75-105）。其中德语词 rechtsdogmatik 通常被译为法教义学（对 rechtsdogmatik 的详细解释参见本节第二部分内容及相关注释）。与之对应，此处亦采用法教义学的译法——译者注。

式占据着主导地位：其遵循了一种特定的法律方法，而该方法在于对私法、刑法和公法等法律的实质内容进行系统的即分析评价性的阐释。尽管这种阐释可能包含着历史、社会学、哲学以及其他学科的考量，其核心始终在于对有效的法律进行解释和系统化。更确切地说，它存在于对制定法（statute）和先例等字面意义的描述中，并且和很多道德性理由和其他实质性理由缠绕在一起。人们可以把对法律的这种阐释称为"法律学说"。

　　术语的用法并不统一。举例来说，法律学说可以被称为"法律的分析性研究"（analytical study of law）或者"法律的学理性研究"（doctrinal study of law）。"法律科学"［legal science（*scientia juris*，*Rechtswissenschaft*①）］这个词经常被很多欧陆国家使用，但　　[2]

---

　　①　以下三个词具有相近的意思："legal science"，"scientia juris"和"rechtswissenschaft"。其中《元照英美法词典》将 legal science 解释为法律科学，是指"从哲学、历史、比较研究、分析研究、评论等各角度对广义上的法律及其演变、转型、形成、阐释、应用等方面的系统化、体系化的知识。相当于 science of law，广义上亦称 jurisprudence"（薛波主编、潘汉典总审定：《元照英美法词典》，法律出版社 2003 年版，第 824 页）；就 scientia juris 而言，juris 是法、权利、正义的意思，其与 prudentia 一起构成单词 jurispruden-tia，而其正是 jurisprudence 的拉丁词源。prudentia 的意思是实践智慧或智慧，因此，juris 和 prudentia 所组成的 jurisprudentia 意思为法的实践智慧或智慧，或者追寻法的智慧、对法的审慎理解或有智慧的理解（［英］巴里·尼古拉斯：《罗马法概论》，黄风译，法律出版社 2000 年版，第 1 页）。"Prudentia"的内涵是由亚里士多德的 Phronesis 即实践智慧这一概念所规定。而拉丁文 scientia 正是现代意义上的科学即 science 的词源，scientia 的内涵是由亚里士多德的 episteme 即纯粹科学这一概念所规定。亚氏在其《尼各马可伦理学》中认为人类认识事物和表述真理的形式或知识形式有五种：纯粹科学（episteme）、技术或应用科学（techne）、实践智慧（Phronesis）、理论智慧或哲学智慧（soPhia）和直观理智（苗力田主编：《亚里士多德全集》第八卷，中国人民大学出版社 1992 年版，第 123 页）；而 rechtswissenschaft 是后来产生的一个词汇。据学者们考证，该词至少在德国自然法学家克里斯蒂安·托马修斯（Christian. Thomasius）（1655—1728）之前没有出现，也可以说该词在 17 世纪中后期才开始在德语中出现。中国学者一般认为该词的产生是由于西方近代自然科学的强盛或科学主义的影响所致。如洪汉鼎先生认为："可是后来由

其含义模糊不清。它可能指涉法律学说——这种法律学说要么是纯

（接上页）于实践智慧的遗忘，Jurisprudenz 变成了 Rechtswissenschaft。"郑永流先生更是明确指出："显然这是受当时日益兴盛的科学影响所致。"我认为该词之所以在德国法学中产生的一个主要原因是民族国家的形成。众所周知，Jurisprudenz 是一个拉丁词的变种，是西欧学术界的共同词汇。而"Rechtswissenschaft"是个德语词，它是由两部分即 Recht 和 Wissenschaft 组成，前者相对于拉丁文的"jus"具有权利、正义、法的意思，后者的意思是"科学"。但是"Wissenschaft"与英语中的"science"不同。近代以来，英语中的"science"逐渐成为自然科学的指称。而"Wissenschaft"虽然常常被译成"science"，但含义较后者更广泛。从词源上看，Wissenschaft 是从德语的"知识（wissen）"一词引申出来的抽象名词。自启蒙时期以来，Wissenschaft 往往用来指任何有一定规模的学问。康德对 Wissenschaft 下的定义："任何一门学问只要能构成一个系统，即按原则而被组织起来的知识整体，都被称为科学即 Wissenschaft。"后来科学一词越来越多用来指称各种各样的具体学问。总之，Wissenschaft 是指基于原则和有一定规模的学问，而这些学问的内容不限于自然。因此，英语传统中许多所谓的"文科（arts subjects）"在德语中往往被译为科学。法语和英语中的"science"，德语通常称为"exact wissenschaft（精密科学）"。正是在这种意义下，考夫曼才说："法学经常受到一种责难，认为它根本不是真正的科学，这种责难大多是将法学与精确的自然科学加以比较后，予以论证的。"但是，"哪有明文记载只有自然科学才是真正的科学？科学的概念并不是信条，对于个别的认识领域，这个概念不需要完全相同"。由上述的内容可知，在德语传统中，Rechtswissenschaft 与 Naturawissenschaft 一样属于科学，具有同等的科学品味，没有必要以自然科学的理论和方法来重新塑造法学，因此，在德国语境中，不存在法学是否一门科学的问题，只存在法学能否成为像自然科学那样精确的科学的问题。在现在的德语中，Rechtswissenschaft 是一个偏向以多数的形式被用的 Wissenschaft 的衍生词，即是一个统称的用法，而不是一个偏向于单数形式的特称用法，也就是说所有以法为研究客体的学科包括法哲学、法律社会学、法史学等都被称为 Rechtswissenschaft，当然 Jurisprudenz 也可被称为 Rechtswissenschaft（参见王夏昊：《缘何不是法律方法——原本法学的探源》，载《政法论坛》2007 年第 2 期，第 142 页）。通过比较不难发现，legal science, scientia juris 和 rechtswissenschaft 的含义的确十分相似，三者之中又以 rechtswissenschaft 的含义最为精确，而 legal science，正如作者所言，本身是具有模糊性的："它可能指涉法律学说——这种法律学说要么是纯粹的，要么包含了法律社会学和法律史等的要素；它也可能指涉任何一种法律研究"——译者注。

粹的，要么包含了法律社会学和法律史等要素；它也可能指涉任何一种法律研究。人们使用的另一个术语是"建构性的法律科学"（constructive legal science）（比较 Agell 2002，2046 以下）。

法律学说常常又被称做"法教义学"［legal dogmatics（*rechtsdogmatik*①）］。"法教义学"这一术语具有一种在欧陆法律理论家中广为人知的确定含义。诚然，本书对法教义学的论述正是基于欧陆法律理论家们所获得的上述学科性理解。但是，在英美法律理论中，法教义学这一术语并不是如此的广为人知。它还在不喜欢"教义"（dogmatic）这个词的法律研究者中产生了误解，因为这会

---

① 正如前注所言，legal dogmatics 和 rechtsdogmatik 均可被译为法教义学。但为了确切理解 rechtsdogmatik 的含义，在此仍需做进一步的说明。长期以来，学界对 rechtsdogmatik 的译法并不统一。大致说来主要有以下几种译法："法释义学"、"法律信条论"、"法律教义学"和"法教义学"。"法释义学"是台湾学者的译法，如王泽鉴先生将其翻译为"法律释义学"，阐释了其中最重要的含义，但在字面上过分强调对法律的阐释，在定义上很难与法律解释（interpretation）区分开来，忽略了法典的设计和体系安排本身也包含运用 dogmatik 的过程，也不尽合适（参见许德风：《论法教义学与价值判断——以民法方法为重点》，载《中外法学》2008 年第 2 期，注释 16）；近年来，台湾越来越多的学者主张从德文原文及其意涵将其译为"法律信条论"。如台湾学者陈妙芬就认为："虽然中文翻译'法律释义学'比信条论感觉温和许多，译者似乎有意经由'解释'强调 rechtsdogmatik 的客观性，不过由德国重要法学家的观点看来，恐怕难以成立。法律信条论也许不是最达意的译法，但至少比法律释义学更能明确传达 dogmatik 代表多数法律人共同意见的特性……"（陈妙芬：《Rechtsdogmatik——法律释义学，还是法律信条论》，载《月旦法学杂志》2000年第 3 期）。而"法律教义学"和"法教义学"两种译法常见于大陆学者中，如舒国滢在《法律论证理论》中将 rechtsdogmatik 译做"法教义学"，而将 juristiche dogmatik 译做"法律教义学"（［德］罗伯特·阿里克西：《法律论证理论》，舒国滢译，中国法制出版社 2002 年版，第 310 页以下）。实际上，即使在德国法上，"dogmatik"也没有统一的定义（参见［德］罗伯特·阿里克西：《法律论证理论》，舒国滢译，中国法制出版社 2002 年版，第 310 页以下；［德］卡尔·拉伦茨：《法学方法论》，陈爱娥译，商务印书馆 2003 年版，第 103 页以下）。在此，通观全书，本人更倾向于采用"法教义学"的译法，以凸显法学所具有的独断型诠释学品格——译者注。

使他们联想到"偏执"（narrow-mindedness）或者其他类似的含义。因此，我将避免在本书中使用这一术语。这样做不无遗憾，但我希望这种情形在将来能有所改观，"法律教义"这一术语能够在所有的法理学语境中使用。

"法律学说"这一术语在本书中是指学者们的思想活动，以及该活动的产物，亦即书本和研究的内容。我的原初目的是要写这种思想活动的产物，而不是思想活动本身；但是，对这种产物的理解常常需要参照这种思想活动。

法律学说从法律实践中发现问题，并以一种更一般和更深刻的方式加以讨论。但是，法律学者的视角（perspective）与法官的视角在很多方面存在差异：

● 法律学者没有权力作出有约束力的判决；他们可以自由地选择研究的主题，但法官则要受当事人的诉求、需要和动议（motion）的约束。

● 司法论证（judicial argumentation①）仅仅关注那些最多与所考量的案件有着间接关系的信息。与之相反，学者们则以一种更为

---

① 对"argument"以及相关的"argumentation"的翻译，学界比较混乱。一般是将"argumentation"译为"论证"，进而把"legal argumentation"和"the theory of legal argumentation"译为"法律论证"和"法律论证理论"（参见［德］阿列克西：《法律论证理论》，舒国滢译，中国法制出版社2002年版）。已有论者注意到，这种处理其实很难厘清"法律论证"（legal argument）与"法律论辩"（legal argumentation）的关系。事实上，西方论者所谓的"法律论证"有"对话式论证"（dialectical argument）与"非对话式论证"（non-dialectical argument）之别，而"法律论辩"只是"对话式论证"的主要形式（熊明辉：《法律论证及其评价》，载梁庆寅主编：《法律逻辑研究》，法律出版社2005年版，第173页以下）。但是，我还是愿意遵从通用的翻译，将"legal argumentation"译为"法律论证理论"，只是在一句话中同时出现"argumentation"和"argument"时才分别将其译为"论辩"和"论证"。因为在我看来将这两个词分别翻译为"论辩"与"论证"尽管清楚地标示出了两者的关系，但中文中的"论辩"其实并不能和"对话式论证"对应：它只有"论"的因素，却无通过"论"而达致共识即"证"之意境。同时，考虑到"argument"的多义，我也会根据语境将其分别译为"论据"、"证据"等——译者注。

抽象的方式表达自己的观点，并且更少地指向现实的案例和事实。学者们使用很多实际例证，也使用很多假设性情势。

● 学者们找出问题，而法官则把自己限定在对司法判决具有必然性或必要性的那些问题上。

● 学者们可以自由地诉诸心中的理想法（*de lege ferenda*），甚至大胆地提出新的法学方法（juristic methods），而法官则必须根据通行的法律方法（legal method）作出正确的裁决。

学者们必须明确地进行争辩。与之相反，法官可能自然而然地认为裁决是可以得到证成或辩护的（justifiable），但仍然发现他们自己处在某种无法作出某个令人满意之证成或辩护的立场之中。而且，在很多案件中，法官无暇准备一个一般性的和广泛性（extensive）的证成或辩护。最后，当多个法官共同裁决某个案件时，他们经常需要找到某种可以接受的妥协。在某些案件中，只有较少广泛性和一般性的证成或辩护才能满足这一要求。

三、特殊性学说与一般性学说

特殊性法律学说描述了法律的结构（所谓的外部法律体系），并且提出了针对这一结构的各个部分的证成性或辩护性观点（所谓的内部法律体系）。

还有一种一般性法律学说。它是存在于该学说内部的某种学科或规训（discipline），而不是在特殊性法律学说中被使用的碎片化内容（fragments）。从传统上看，一般性法律学说包含了法律渊源理论和法律论证理论（the theory of legal argumentation）。这两种理论在下述意义上的法律学说中居于核心地位：几乎所有其他属于法律学说的理论都包括了有关法律渊源和制定法解释（statutory intepretation）的理论假设。

一般性法律学说和特殊性法律学说是相互影响的：特殊性法律学说的理论使用一般性法律学说中可以得到证成或辩护的论据（arguments），而一般性法律学说理论，则从不同的特殊性法律学说理论中概括出它们的结论。

再者，一般性法律学说从特殊性法律学说的各个部分中得出能够激发其理论建构的最佳例证。我们必须这样做，因为存在于法的各个部分之中的特殊性法律学说是与各个法律学科（legal disciplines）中的默会知识（tacit knowledge）融为一体的。通常，法律人知道如何进行法律推理（legal reasoning），但却不能解释他们为什么这样做。特殊性法律学说的诸理论严格地表述了一部分这样的默会知识，进而将这种默会知识转变为明确的法律知识——这种明确的法律知识转而又被提炼为（funnelled）一般性法律学说。

法律学说的这一动态变化（dynamic）解释了研究一般性法律理论的学者与研究特定法律学科的学者之间永不休止的争论，比如私法（private law）与刑法。前者倾向于忽略它们的根基存在于特殊性法律学说之中，因此越来越倾向于哲学。他们做着琐碎且收效甚微的（trivial and sterile）工作，冒着成为二流哲学家，甚至不再是法学家的风险。而后者则冒着丧失自我反思性之洞见（self-refective insight）的风险，而这种洞见只有通过更高层次的抽象才能获得。而且，他们都倾向于做毫无必要的工作——因为在大多数特定学科中，法律学说的基本问题都是相同的。

[3]

四、证成、描述与解释

法律学说致力于证成或辩护其陈述。因此，卡尔·波普尔（Karl Popper）在发现语境与证成语境之间作出的著名对比可适用于此（比较 Anderson 1996，11-6，引用了 Wasserstrom and MacCormick 的广为人知的研究成果；比较 Bergholtz 1997，69 以下）。但是"证成"（justification）一词在法律学说语境中的确切意指并非完全清晰。

所有的法律学说都主张在一种更为强烈的意义上获得证成或辩护，而不仅仅只是停留在描述与判断的意义上。对证成或辩护的主张有时候意味着对客观性的主张。比如，法律学者被认为比律师更为客观。对于一个律师，根据委托人的利益对同样的法律在不同的案件中作出不同的解释是可以接受的。与之相反，作为一个学者，在不同的立法委员会（legislative committees）鼓吹截然相反的观点则是不能容忍的。

有着学术野心的法律学者有时候把法律学说描述为一项说明性事业（explanatory enterprise）。如果这个描述是准确的，法律学说将可能成为法律社会学的一个分支。然而，"说明"一词经常掩盖了法律学说的规范性面向。因此，简·赫勒（Jan Hellner）（2001，38 以下）描述了很多种说明。他对说明的分类（typology）是描述性的，并且建基在有趣的事例（example）之上。经过一种更具分析性方式的再加工，这种分类归根结底是这样的：赫勒意义上的"说明"与法律概念和法律规则的概念性分析是一样的，尤其是通过澄清法律概念和法律规则同其他概念和规则之间的关联所进行的分析。

说明还可以是具有因果联系的。历史性说明描述的是法律规则和它们的历史背景、法律建制（legal institutions①）的历史、作为整体之社会的历史，或者同政治观念、哲学观念和其他观念的历史之间的因果联系。对法律规则的社会学说明也是类似情形；但是它们强调的是社会的现状，而不是其历史。 [4]

然而，像赫勒这样的法律学者也论及了证成性或者规范性"说明"，即通过社会成员的法律评价、通过对正义的考量，以及通过合理的意志或利益等，对法律规则所做的证成或辩护。一些证成性"说明"赋予特定法律规则以合法性（legitimacy）。赫勒所提到的功能性说明、最终说明，以及目的性说明也具有某种规范性特征。

---

① "Institution"一词既有"制度"之意，也有"机构"之意。通观全文，这两种含义在作者那里都有。基于此，在具体语境中，我将其分别译为"制度"或"机构"。但需注意的是，即便同时是中文中的"法律制度"，西学中的"legal system"和"legal institution"并不能等同。大体而言，"legal system"一般指正式的、与国家权力相联系的"外在制度"，而"legal institution"含义则更宽一些，其可以包括非正式的规范，比如哈耶克所谓的自身自发秩序等——译者注。

也许有人会奇怪，一位杰出的学者怎么会混淆证成和说明。之所以混淆的一个原因乃是，学者们意欲用某种客观的即价值无涉的方式影响"法律科学"（science of law）并倾向将证成隐藏在说明之后①，从而导致了无意识的自我辩护（self-defence）。另一个原因更为深刻。证成和说明的这种术语之别揭示了法律学说在表达（saying）与运行（doing）之间的某种张力（tension）。学者既进行描述，也作出评价；但他们大多数时间都在描述，而几乎羞于评价。实际上，法律学说的工作通常是价值负载（value-laden）的。固然，法学家区分了对法律本身作认知性探究（cognitive inquiry）的实然法（de lege lata）和为立法者提供正当性建议的应然法（de lege ferenda）。但每个法学家都知道，实然法和应然法之间并无清晰的界限。法律学说追求一种既存法（existing law）的知识，但在很多案例中却造成了法律的改变（Peczenik 1995, 312 以下）。因此，法律学说同时表现出描述性和规范性特色。德赖尔（Dreier）（1981, 90 以下）考察了合同法中两个相互竞争的理论，意志说（the will theory）和宣告（信赖即信任）说 [the declaration（reliance, trust）theory]。根据第一个理论，当合同条款违背了订立合同时的真实意志时，一方可以通过宣称合同条款自然终止而不受合同约束。根据第二个理论，宣告的意志优先于实际的意志，因为另一方必须遵照约定。如何检验哪一种理论更为合理呢？如果这些理论是描述性的，这种检验就依赖于它们和法条字句的融贯性，以及它们和实际司法实践的融贯性；而如果这些理论是规范性的，最终的检验依赖于正义以及这些理论之后果的合理性。在实践中，这两种类型的检验都会发生。

---

① 这种对法律教义的"科学家"态度和 20 世纪上半叶对社会科学的研究态度类似，因果性解释和功能性解释被认为比意向性解释疑问更少。但是这一观点在 20 世纪 70 年代和 80 年代遭到了严厉的批评。因此，Jon Elster（1983, 1989 and 1999）批评了功能性、制度性，以及其他对行为的社会学解释；他认为，基于理性选择理论，行为仅仅能作意向性的解释。但是这一理论对法律学说同样太过于形式主义了。

斯威因·恩格（Svein Eng）就法律语言和法律论证中的描述性和规范性要素提出了一个更具一般性的理论（Eng 1998，第二章第 F 节；Eng 2000，各处；Eng 2003，第二章第 F 节）。根据恩格的理论，对实然法的陈述具有一种"融合的描述性与规范性特征"（fused descriptive and normative modality），它们既不是纯描述性的，也不是纯规范性的。如果一个法律人对实然法的陈述与其他法律人对同一问题的意见之间出现了分歧，作出这一陈述的法律人既可以接受其他法律人的意见而达成一致，也可以忽视他们的不同观点而固守己见。在第一种情况下，对实然法的陈述是描述性的；而在第二种情况下，对实然法的陈述则是规范性的。但是，在法律语言或者法律方法论层面并没有这样的规则，即可以帮助我们把法律人对实然法之陈述的一般种类确定为描述性或者规范性的规则。我们将在随后的论述中再次回到这一理论。 [5]

与实然法研究（in legal resarch *de lege lata*）中存在的描述和变化之间的这种张力相并行的，还存在着一种张力：古典自然法学说的极大式目标（maximalist goal）——亦即达致必要的实质性原则——与历史法学派较为适度之目标——亦即仅仅找到某种解释实在法（positive law）并使之系统化的一般性法律方法之间的张力。根据萨维尼（Savigny）（1993，197）的观点，法律学说并不提供用以解决问题的规则（settled rules），而只是提供一种持续改变规则的方法（比较 Sandstrom 1989 and 1993；Peterson 1997）。

当人们问谁从法律学说中获益时，法律学说的这种描述和建议（recommendation）作用并存的状态就变得清晰可见。的确，一个律师可能通过查阅学术著作对未来的司法裁决作出预判而从中获益。这样的预判是可能的，因为法律学说描述了法律。但是，高级法院的法官同样能够运用法律学说——当然，不是去预测他们自己的判决，而是去了解怎样的判决将会在规范上是正确的。法律学说的这两类受益者——即律师和法官——完美地利用了法律学说的两个方面，即描述方面和建议方面。

法律学说具有双重性（Janus-faced）：它致力于获得一种法律的知识；但同时，在最广泛的意义上，它又是法律的一部分，因为它推动了社会规范的发展。

五、法律学说的影响

一旦法律学说的规范性方面获得认可，人们可能会探询其对法律本身以及法律实践的影响。通过对法律研究的分析，我们找到了明示的和默示的理由以证明法律学说产生了有益的影响，比如说：

[6]   ● 赋予法律以精确性（precision）、融贯性（coherence），以及某种清晰的结构；

● 促进正义和合道德性（morality），比如，以新的方法解释旧的法律；

● 促进对法律的信任；

● 除此之外，考虑到学者们主张进行国际交往（international contacts），还要促进法律的全球化；

● 促进政治态势（political dynamics）主导之世界的稳定性。

人们可能会将这些效果称为法律学说的功能，但是这样却会使我们落入带来很多附随问题的功能主义社会学（functional sociology）的窠臼之中。①

法律学说的重要性随着不同的国家和历史时期而有所变化。在罗马（Rome），奥古斯都大帝（Augustus）以君主的权威赋予某些卓越的法学家解答法律问题的权力：（法学家）经君主批准的以官方名义作出解答的权力（ius publicae respondendiex auctoritate principis）。公元 426 年颁布的所谓《引证法》（citation-statute）赋予五大法学家伯比尼安（Papinian）、保罗（Paulus）、乌尔比安（Ulpian）、盖尤斯（Gaius）和莫迪斯蒂努斯（Modestinus）的著作以法律约束力，并详细地规定了五大法学家的权威。中世纪的欧洲笼罩在法律的多数人意见原则（commnius opinio doctorum）的支配性影响下，这一原则以罗马法渊源为基础，获得了大部分著名的法律论

---

① 我们也可以列出法律的，以及法律学说的如下功能：第一，支配人们的行为；第二，帮助物品的分配；第三，实现预期的目标；第四，解决冲突；第五，传播理念与价值（比较 Aubert 1975）。

者（legal writers）的支持，其中绝大多数是法国人和意大利人。在 Lars Björne 不朽的著作中，他将法律学说随后的发展进程总结如下：在 18 世纪的贵族社会，法律学说的作用被限定为对法律的描述和对法律的零碎的即技术性的精化（piecemeal, technical refinement）；在 19 世纪，法律学说的作用扩展到包括改革主张和前瞻性建议，这一作用对法律产生了很大的影响；在 20 世纪，法律学说的作用再次被削弱。在现阶段，民主政体的建立，与 18 世纪贵族政体的建立一样，需要法学家尽可能少的作为。再者，就像 18 世纪自然法所做的那样，人权现在遮蔽了法律学说的规范性工作（Bjorne 2002a，241-2，转引自 Bjorne 1995，1998 and 2002b.）。

罗列出使法律学说变得重要的因素并非易事。在此，我仅论述两点内容，它们与 19 世纪早期德国法律学说的宏大式样相一致。 [7] 第一个因素是政治态势和危机：法国大革命（French Revolution）的暴行、拿破仑战争（The Napoleonic Wars），以及维也纳会议（the Congress of Vienna）之后德国各州间新体系的出现。第二个因素是哲学态势和危机：由于黑格尔哲学（Hegelianism）和历史法学派的兴起，自然法哲学失去了其往日的领地（ground）。在一个政治学和哲学都不确定的世界中，法律人试图通过塑造法律学说的融贯性获得智识确定性（intellectual certainty）。在经历了两次世界大战、意识形态的崩塌、后现代主义的强烈呼吁（outcry）等洗礼之后，这两个因素今天仍然存在。没有人知道这种情形是否会促进法律学说的复兴。太多其他因素的介入使得任何合乎情理的预测都有可能出现。举一个例子：人们可能会期待法律学说在统一欧洲法（European law）的进程中发挥重要的作用，但现实情况却并非如此。

法律学说的作用在法律的不同部门（different parts of the law）之间不尽相同。比如说，它在环境法中的作用就比在其他部门法的规定面前要弱。一个原因可能是环境法专家经常被卷入政治争论（political controversy）。再者，与新近出现的环境法不同，传统法律（traditional law）、公法、刑法，以及市民法的原则相对陈旧（old）。最后，传统的、深受个人自主或自律（individual autonomy）

观念影响的私法和旨在关注群体共同价值（common value）的环境法之间是很难形成融贯性的。

总之，法律学说在创制法律（creating law）方面发挥着重要的影响。比如说，在很多国家，法律研究者同时也是立法委员会成员。再者，在国际关系中，作为一种软法的示范法（model law），通常由学者集体制定；有时候，这些示范法会获得一种微弱（tenuous）的授权（比如来自联合国），并被认为具有权威性。

这一语境下的一个重要问题是法律专家是否对政治决策施加了真正的影响力，还是仅仅停留在政治的矫言饰行（political rhetoric）上。政客们通常像醉鬼使用街灯般地使用法律学说：他们仅仅只是寻求支持而不是获得光亮。但是，无论他们的意图为何，他们都需要警惕来自法学家以及——更为重要的——选民的可能批评；而选民们通常需要的是一致性、融贯性、法律的确定性、可预测性，以及起码（not least）的正义与客观性。

法律研究者对法院的影响同样是巨大的。在很多国家，法学教授被任命为法院的法官，尤其是在高级法院和宪法特别法院（constitutional tribunals）。一个众所周知的事实：法官阅读法学家的著作，并根据各国传统的不同引证或不引证其观点，但认为他们会忽略这些著作是不合情理的。

在众多对法律学说产生影响的建制和渠道（channels）中，人们或许会提到立法委员会［在法国是宪法委员会（conseil constitutionel），在瑞典也是宪法委员会（lagrådet）等］、宪法特别法院的咨询委员会（比如波兰），以及来自法律院系（faculties of law）的意见。

一个有趣的问题是法律学说和政治的关系。

法律学说可以被用来为政治服务：政治学家确立目标与价值，法律学者则帮助将其写入法律草案。① 当法学理论（juristic theories）进展微弱，且无法达致任何广泛的多数人意见原则的时候，

---

① 瑞典的下院议员（MP）Lars Erik Lövdén 曾经说过：法律不过是政治的工具而已。

这是唯一的选择。当面对要求变革的强大社会压力时，这样的选择也是可以获得证成或辩护的。但是这样做也有一个限度。如果要求变革的压力和社会成员的道德期待（moral expections）之间的冲突过于剧烈，法律学说应该对此作出回应，并着力减缓变革的步伐。

但是，政治活动又在法律的框架内进行：政客们在法律学者所设立的框架内启动立法。因此，法律学说可能产生法定规则（statutory rules）的例外。一个更为有趣的现象是，它可能产生某些"辅助性的"（subsidiary）一般性规范（原则和规则）；而对这些规范而言，法定规则反而成了例外。比如说，民法学者已经阐发了这样的规范，如过失原则（negligence principle）和有约必践原则（*pacta sunt servanda*①）。他们还阐发了一系列专门针对一般性理论的规范，比如说侵权法中的"相当因果关系理论"（the theory of adequate causation）和合同法中的"假设理论"（the theory of assumptions）（参见本书第二章）。特别立法引入了某些可以被当做此类 [8] 规范之例外的特别规则。

六、法律研究的种类

法律论证并不统一。有多少种法律角色（legal roles），就有多少种相应的论证类型。司法论证不能忽视法官作出具有约束力裁决的职责，无论其所采用的推理是否具有决定性。再者，程序性框架（procedural framework）也对决定者以及双方当事人的论证具有约

---

① "Pacta sunt servanda"的英文对照名为"有约必守"，又译为"约定必须遵守"或是"约定必须信守"。这是一条很古老的民商法基本原则。就这条原则的原有意义而言，指的是民事关系当事人或商事关系当事人之间一旦依法订立了合同（又称契约），对于约定的条款，必须认真遵守和履行。就自然人、法人之间的合同（契约）而言，"有约必守"指的是有关各方当事人一旦达成协议，依法订立合同，他就具有法律上的约束力，非依法律或当事人重新协议，不得单方擅自改变。任何一方无合法原因不履行或不完全履行合同义务时，对方有权请求履行或解除合同；并有权就不履行或迟延履行所造成的损失要求赔偿。在近现代各国民商立法中，普遍都有这一类基本条款——译者注。

束作用。

随着法律研究的种类的不同，法律学术（legal scholarship）中的论证也不同。比如说，人们可以区分出如下法律研究的不同种类：

● 特殊性法律学说；

● 与规范性法律理论相结合的普遍性法律学说；

● 法律的一般性描述和概念性分析；

● 法律社会学；

● 描述性元理论（meta-theory）；

● 批判性法律理论和应用性规范哲学（applied normative philosophy）。

当然，这每一种分类都只是一种理想类型（ideal type），法律研究是很多这些理想类型的混合体。

一个法学家或许会试图阐发出某种"科学的"——亦即价值中立（value-neutral）的理论。例如，他可以为法律方法提供一种一般性说明。他可能因此描述法律渊源（制定法、先例、准备性文件等）和法律推理模式（类推、目的论、系统论等）。借用哈特（Hart）那有点怪异（strange）的术语来讲，人们可以将这样的描述称为一种描述社会学（descriptive sociology）。这种社会学经常使用概念性分析。哈特又是一个很好的例子，因为他得以把基本法律概念的分析与法律系统的一般性描述融合了起来。

这种描述的起源（genesis）是复杂的。它的主要部分源自法律研究，而这种法律研究净化了其规范性成分；其他部分则源自哲学和法律社会学。

法的一般性描述可以转变成一种专业的法律社会学。这种法律社会学研究立法、法律实践、法律研究，以及很多社会因素之间的因果的、结构性的和功能性的联系。特别是，一位法律社会学家能够探询立法过程、司法裁决，以及学术文本背后的心理学动机。法律社会学能够为法律实践和类似的法律学说提供有用的信息。

进言之，法律理论家（legal theorist）可能会意识到：描述法律在哲学上必然是有疑问的。例如，这样的描述在严格的经验科学

[9]

16

（empirical science）语言中是无法做到的。为了使任何一种这样的描述对法律人是有意义的，理论学家们必须给出有效的法条、先例以及解释等，似乎它们都是物理性客体（physical objects）——即使它们明显不是。再者，人们可以质疑法律概念的给定性，认为它并不是给定的，而是对法律的分析性、描述性、规范性和形而上学反思的一种表达（outflow）。

法律理论家随后还意识到，在某种哲学立场（position）（或理论）被设定时，法律方法才是有意义的；而当另一种立场或者理论被设定时，法律方法又将变得毫无意义。法律理论家甚至注意到法律方法的不同部分在不同的哲学理论中方能彰显其意义。

如果法律理论家是一个哲学的相对论者（philosophical relativist），他将会停留在这一认识上。比如说 Jerzy Wróblewski，他有意识地采用了这一研究方法（比较 Wróblewski 1992；Peczenik 1975b.），并因此得出了关于制定法解释（statutory interpretation）的意识形态理论。其理论谋划（project）的特征如下：其哲学基础——即元理论的相对主义（meta-theoretical relativism）——在哲学上并不是中立的；它有自身的哲学背景，即相对主义；这一理论完全没有规范性成分（normative components）；它假定——至少是默示地假定——科学必须是非规范性的。规范性成分的缺失将使法律人在就规范性问题——比如说，制定法解释问题——寻求答案时一无所获。

批判性法律理论和应用性规范哲学都是规范性的。法律学说和批判性法律理论之间的界限并非泾渭分明。所有的法律学说都具有规范性要素；但是，法律学者通常淡化（play down）他们真正的规范性观点，并使之与法律本身所固有的价值协调起来。如果一个学者的观点超出了在情势中可以接受的评价限度，他要么可以将其隐藏起来，要么进入到批判性法律理论的领域。

批判性法律理论总是带有某种哲学背景。它因此被称为"应用性规范哲学"。但是应用性规范哲学并不总是批判性的，它也可以旨在理解法律，并对其作出某种深刻的证成或辩护。　[10]

在进行应用性规范哲学研究时，理论家会作出一些基本的——倾向取自道德哲学之富足传统的规范性假设，并将其应用于法律之中。一个规范性理论可以采用为数不限的哲学理论作为自己的基础；但我将仅仅论及其中更具影响的一些理论，它们是亚里士多德（Aristotle）的修辞学（rhetoric）和实践理论、康德（Kant）的实践理性哲学、功利主义的道德哲学，以及认为规范性源于社会的社群主义哲学或者黑格尔哲学。

杰拉尔德·波斯迪纳（Gerald Postema）曾经阐述过一种激进的观点，即法理学是一种实践哲学（practical philosophy）的观点，其主要内容如下：

> 法哲学（Philosophical jurisprudence）……首先是一种实践性研究，而非理论性的研究；它是实践哲学的一个分支。（Postema 1998，330）
>
> 某种实践被认可具有规范性，源于我们对从事生动的即功能性实践活动的某个人的观察，而不是源于我们对参与者对该规范性之信任（beliefs）的观察。（同上，355-6）

总之，我们必须意识到以下问题的存在：

● 一些（尽管不是全部）法律理论家相信，一种"科学的"法律理论不能是规范性的。

● 哲学中的规范性问题具有明显的争议。不同的哲学观点具有互不相容的规范性后果。

● 在这些后果中间没有任何可供选择的中立判准。

● 这些哲学的每一种都可以用多种方式进行解释。

● 也存在着将这些哲学彼此融合的可能性。

比如说，Åke Frändberg（2000，654以下）倡导一种价值无涉的（value-free）即科学的法律理论。但是，这一观点必须被严格解释。在这一点上，我们不妨作出下述反问：什么是"科学"的理论？仅仅是自然科学，还是也包括社会科学？比如说，社会学难道不是规范性的吗？也许它是规范性的，但不具科学性。科学哲学（philosophy of science）是科学的吗？比如说，波普尔（Popper）的科学哲学，假定了一些方法论规则（methodological rules）。难道这一事实使它变得不科学了吗？一些认识论者（如 Pollock 1986，123 以下）论及认识论规则（epistemic rules）：难道这使认识论不科学了吗？证成或辩护的概念是规范性的：科学难道应该因此就避免证成吗？甚至逻辑学在某种意义上也是规范性的，因为它规定了逻辑学的规则。Frändberg 显然意识到了这些问题。他在法律理论中所招致反对的发现并不是因为这种发现包括了规范，更确切地说是因为它包括了道德性规范。

英美世界对法律理论的描述性特征和规范性特征的对比性讨论包括了几位设定标准（standard-setting）之论者的日益精致化的阐释，比如说，哈特和德沃金（Dworkin）的解释（参见 Coleman 最近的论述，Coleman 2002，311-51.）。

第二节　一般性法律学说

一、一般性法律学说与规范性法律理论

经典的德国"法学方法论"① （juristische methodenlebre）（如 Larenz 1983）为一般性法律学说提供了最好的范例。一般性法律学

---

① 根据郑永流教授的研究，法律方法和学科的理论主要源于德国，其属性与有关德语术语的使用相连。在德语法学研究中，Methodenlehre der Rechtswissenschaft 和 Juristische Methodenlehre 或 Juristische Methodik 是这门学科的两种德文表述。在当今德国学界，法律科学一般包括法哲学、法律理论、法史学、法律社会学、比较法学和法律教义学。Rechtswissenschaft 一词日益取 Jurisprudenz 的地位代法学之谓。当然，互换使用的情况仍存在，但 Jurisprudenz 现更多指 Rechtswissenschaft 出现以前的法学，和今天狭义的法学，即法律教义学（Rechtsdogkatik），意为有关现行法律的学说。Jurisprudenz 的狭义化倒是准确反映了从前法学的实践智慧（prudentia）的品质。而德语形容词 juristisch 词根源于拉丁语 Jus（Juris），既指法学的，也指法律的、司法的，偏向法律实务。Methode 和 Methodenlehre、Methodik 的意思分别为方法和方法论。参见郑永流：《法学方法抑或法律方法？》，载法律思想网，http://www.thinker-empire.com/forum/dispbbs.asp? boardid=24&;id=196，最后访问时间 2008 年 10 月 1 日——译者注。

说对法律渊源和法律论据（legal arguments）进行描述并使之系统化；因此，它也将用于特殊性法律学说与司法实践中的法律方法的法典化。作为法律学说的一部分，一般性法律学说也是最广义法律的一部分。

[11]   一般性法律学说不仅在内容上具有一般性，而且其大部分内容在我们从一种现代法律秩序向另一种变迁的过程中依然能够保持相对统一。当一般性法律学说被用来解释制定法（interpreting statute）时，当然就是这种情形。在一项对九个极不相同的国家的法院（courts of law）所作出的有效制定法解释（operative interpretation）的研究中——这一研究是从法律学说的角度进行的（MacCormick and Summers 1991，462）——人们在包括各种意见的论据的主要类型之间发现了重要的相似之处。而且，在被吸收进这些论据之内容的材料中，在相关证成或辩护的主要模式（patterns）中，在不同种类论据之间冲突的解决方式中，以及在解释制定法时先例所起的作用中，研究者们也都发现了相似之处。当然，差异也是存在的（同上，463 以下）。比如说，概念性框架（conceptual frameworks）与证成性结构（justificatory structures）之间的差异。因此，在大陆法系中（continental systems），证成经常被认为是演绎的、明确的，或者是简省式三段论的（enthymematic）；而在美国与英国，基本的模式则是取而代之的另一种话语性或商谈性的证成（discursive justification）（比较同上，492 以下）。总的印象是存在大量的相互交融（crisscrossing）和难以解释的差异；当然，并不是所有的差异都严格遵循着大陆法系和普通法系之间的界限。所有的差异都落入到同样的法律文化之中。尽管这种研究直接关切的是法院所做的制定法解释，但其研究成果同样也可以应用在法律学说的制定法解释中。

一般性法律学说是一个理论束（a cluster of theories），其随着时代、地理位置与一般性（generality）的不同而各异：

● 一些是传统的法学理论，另一些则是更为抽象与更具哲学倾向的法学理论；

● 一些理论在普通法环境中已经变得更为精致化（sophistication），而另一些理论则是在大陆法系中变得更为精致化；

● 一些理论已经超越了法律的不同部门和各种法律系统而获得了相对统一的发展，而另一些理论则毋宁是地方性和碎片化的。

在法学院里，还有一种英语世界里通常称为法理学的法律理论的传统。但是，法律理论为何物呢？

它有很多名称：法的一般理论、国家与法的理论、一般法的学说①（*Allgemeine rechtslehre*）、法理学。它的内容是由法律哲学、法学方法论、法律社会学、规范性概念的逻辑分析、一些比较法，以及一些国家实在法（national positive law）的研究所组成的混合体。法律理论的教导性价值（didactic value）是巨大的。它为法科学生传授有关哲学与社会学说的基本信息。我相信这些信息可以给法律人的工作带来便利。然而，法律理论的学术价值却又充满疑问。没有人能够同时胜任哲学、逻辑学、社会学和法学等学科的教学与科研工作。法律学说的发展很快。一个法律人，即使他研究的是法律理论，仍然需要很多的努力才能成为一个具有融合逻辑学、哲学或者社会学知识的专家。为了在价值领域作出一点创造性的工作，他必然要 [12]

① "一般法的学说"，又称"一般法学"（*Allgemeine Rechtslehre*），作为一门学科，它的成熟晚于法哲学。其产生过程开始于 19 世纪初。这一时期，随着概念法学的兴起，尤其是后来的分析法学的产生，至少在法学界出现了要求建立一门不同于传统法哲学（主要自然法理论）的独立法律科学的愿望。这一新的学科，在英国就是约翰·奥斯丁（John Austin）所主张的"实在法学"；在奥地利被汉斯·凯尔森规定为"纯粹法学"；而在德国，大多数法学家则称之为"一般法的学说"或"一般法学"。就其内容而言，不包括法哲学作为法律伦理学（Rechtsethik）所考察的范围，它是关于法和法学基本概念的分析理论，侧重于描述现存法（实在法）的概念和逻辑结构。尽管 20 世纪 70 年代以来德国法学家们对这一学科性质的讨论未能达成一致看法，但"一般法的学说"作为一门法学选修课程被一些大学法学院列入教学计划。其讲授内容大致包括法的概念和效力、正义理论、法律规范、法律体系（法系）、法律科学的若干理论问题等。参见舒国滢：《战后德国法哲学的发展路向》，载《比较法研究》1995 年第 4 期——译者注。

找到这样的一个主题：围绕该主题的探讨需要将他的法律资格（qualification）和前文提及的超越法律学科（extra-legal disciplines）的一般性知识结合起来……但是，如果他根本就无法找到这样一个主题，一个法律理论领域的专家将会很快变为一个教书匠，而他的学术立场将使人们想起 A. Bester 科幻小说中的一名英雄：学历：无（none）；技能：无；优点：无；建议（recommendation）：无。（Peczenik 1971b，17）①

法律学说的规范性理论就是这样一个研究主题（比较 Peczenik 1966 and 1967）。它与科学理论类似（比较 Peczenik 1974，9 以下），是法律学者们自我反思的产物。规范性理论的首要目标是法律学说的理性重构。它为法律学说提供了合理性的标准。规范性理论同样具有双重性：它研究法律学说（它的研究目标），但其同时与法律学说的传统方法又有着很多相同点。通过概括或归纳，规范性理论使法律学说得以优化。实际上，法律学说本身就是对法律的一种理性重构。法律学说与规范性理论的主要区别在于后者是在一个更为根本的探究（inquiry）层面上发挥作用，并因此将理性重构向前推进了一步。

规范性法律理论是这样一种研究计划的延续：该计划随着诸多德国法学百科全书（juristic encyclopaedias）的出现而在 19 世纪中叶达到了顶峰（参见 Brockmoller 1997，137 以下）。这些百科全书旨在获取最一般性的法律知识，其边界止于一般性法律学说、法律的概念分析与法律社会学之间。

规范性法律理论是一种关于法律学说的理论，同时它也是法律学说中最具一般性的组成部分。这一规范性理论应当被适当地冠以一个稍显奇怪的名字，即"一般性法律学说的一般性成分"（general part of general legal doctrine）。人们也可以称之为"被推向极致的法律学说"（legal doctrine driven to the extreme）。

———————————

① 范·胡克曾经引用过这个观点，范·胡克 1985 年提出了一种不同的关于法律理论的概念，当然那是另外一个问题，本书不赘述。

法律理论家被视为法律与哲学之间的联络人，其为法学家提供哲学工具与哲学洞见（insight），并为哲学家提供法学素材。规范性法律理论需要媒介或桥梁以通向规范、道德、政治和哲学。其最具一般性的理论，比如说概念法学（conceptual jurisprudence）（如Puchta）或者利益法学（jurisprudence of interests）（如 Jhering；Heck 1968），都非常接近于哲学的抽象层面。但是，它仍然属于法学学科，它保持相对稳定，并能相对抵御哲学时尚思潮（moods of philosophical fashion）的影响——尽管只是相对如此。因此，分析哲学在 20 世纪上半叶的成功毋庸置疑地影响了一般性法律学说——即使这种学说从未完全地顺应分析哲学的要求。

二、一般性法律学说的可废止性规范

一些在法律学说中被阐发的规范——亦即渊源性规范（source norms）——决定了诸法律渊源（sources of law），如法条、先例，以及准备性文件，在法律系统中的等级和重要性。

法律学说的其他规范——亦即推理性规范（reasoning norms）——调整法律推理；这些规范尤其指出了人们应当如何解析制定法。

推理性规范和渊源性规范的存在是法律实践和法律学说相互影响的结果，但是法律学说以一种更为明确的方式对它们予以阐述。因此，抛开其他不论，我们还有关于法律方法的协定（treaties）和教科书。

推理性规范和渊源性规范是可以废止的。本书的很多部分都涉及可废止性理论、可废止性规范（规则和原则），以及可废止性信念（defeasible beliefs）。不仅仅是一个规则的有效性使得该规则可 [13] 以适用于特定的案件，同等重要的是，必须没有任何优胜理由（defeating reason）干预该规则的适用；而这种优胜理由如果加入到该规则之中，那么它就会使其不可适用（参见第五章第一节对可废止性的论述）。

理由往往经不起权衡。在某种特定情势下，足够强烈的理由可以超越或胜过每一个推理性规范和渊源性规范。换言之，这些规范具有一种适可而止的（*pro tanto*）特性。人们或许也可以说，这些规范是可以超越的（outweighable）。

在一些较早的著述中（如 Peczenik 1989），我将它们称为表面性（*prima facie*）理由，但是适可而止（*pro tanto*）这个词更好（Rabinowicz 1998，21；比较 Kagan 1989，17；Peczenik 1998b，57）。特别是，权衡性理由（weighing reasons）的观念对于适可而止的理由而言似乎很自然，但对于表面性理由来说却不太确当。特定考量可能在表面上——即初看起来——似乎可以作为某一决定或裁断的理由，只有当人们考虑该情势的其他方面时，它才被证明是不相关的。一个表面性理由可以由该情势的其他方面予以排除（*undercut*），进而完全消失在人们的视野之外。换言之，表面性理由并不是某种特殊种类的理由。它们是根据我们当前的所知所虑而得出的普通理由。如果改变了我们所知的新知识出现，这些表面性理由可能根本不再成其为理由了。但适可而止的理由与之不同。这些理由通常都是奏效的（prevail），但是如果情势偏离了通常情形，它也可能会被超越。换言之，它们从来不会被排除，而只是在某些情形下被一些与之相反的理由所超越——如果这些理由更为强烈的话。由于适可而止的理由可以被超越，所以它们是贡献性的（contributive）理由，而不是决定性的理由。

渊源性规范和推理性规范也具有某种分析性的向度（a analytic dimension）：它们要受到法律推理概念的限制。人们可以单独忽略这些规范中的任何一个，但如果同时拒斥由同种规范组成之整体（set）的某个重要部分并仍然试图进行法律推理，则就显得比较怪异了。

人们可能会探究一个渊源性规范或者一个推理性规范是否可以证成或辩护。这一问题预设了某些规范性标准（而不是渊源性规范本身）的存在。当人们宣称某些渊源性规范比其他渊源性规范更为公正或民主的时候，上述规范性标准在深度证成或辩护（profound justification）——即最终的道德性证成或辩护——的范围内就是可行的。

[14]　　人们可能还会探究这些规范在多大程度上依赖于一国宪法中的

24

成文和不成文规范。这个关系相当复杂：

● 显然，宪法可以优于在法律学说中形成的规范，并且可以确立此类规范的例外；

● 但是，宪法对基于这些规范所进行的解释是开放的；

● 再者，这些规范为多种法律秩序共同所有，而宪法则总是与某个特定的国家联系在一起；

● 这些规范的合法性（legitimacy）基础是——至少表面上是——独立于宪法之外的：合法性是一个法律文化问题，而不是制定法（enacted law）的问题。

第三节　法律的渊源

一、因果关系要素、法律证成与法律渊源

存在着诸多在因果关系上影响法律决策的非法律要素（non-legal factors）；这些要素包括：

● 媒体；

● 民间组织（private organizations）所表达的观点；

● 经常以一种正式的方式表达的政府与其他一些政治机构的意图（intentions）——尤其是当这些意图反映了具有影响力的政治价值的时候；

● 在媒体和政治游说（political lobbying）等中表现出来的市民社会（civil society）中有影响的价值观（values）、政治意识形态、政治正确标准等；

● 有影响力但在国际法上缺乏正式权威的国际组织所表达的观点。

由于合法性和权威是尤为复杂的概念，因此上述因素中的一些可以提升裁决的合法性和权威，是一个复杂的问题（比较 Biernat 1999）。有时候，在因果关系上影响决策的文件（documents）具有很大的权威性，以至于作出裁决的法院或权威机构可以公开地引证它们。这样，人们也许可以使用大体上已经确立的斯堪的纳维亚学派的术语来评述这一问题，即因果关系要素被转变成了法律的渊

25

源。

法律渊源是一种权威性理由（authority reasons）。人们提供了一种权威的理由，以支持特定立法决定、司法裁决或者其他根据情势而不是其内容所作出的裁决。① 法律人必须、应当或者可以提供的作为权威性理由的所有文本和惯例（practice）等都是本书所采用的意义上的法律渊源。②

[15] 法律渊源的范围因时而异。因此，制定法和习俗在 19 世纪欧陆经典的法律渊源学说中具有特殊的地位。它们为私法主体（private persons）创设了权利和义务，也划定了法律论证的界限（比较 Malt 1992, 55 以下）。经典学说承认了一系列次级法律渊源（论证的辅助性工具），比如说"事物的性质"（the nature of things）、法律实践、准备性文件，以及外国法（同上，52）。斯堪的纳维亚法律现实主义论者、著名的 Torstein Eckhoff（比较 Eckhoff 1993, 17 以下）用一种范围更加广泛（extensive）的、影响法律裁决的"渊源要素"（source factors）取代了这一学说。因此，除了其他要素外，Eckhoff 还添加了行政性惯例（administrative practice），同时也把评价视为这样的一种要素。③ 现实主义论者们及时地提出了一种更为精致的观点，这一观点只包括了先例和准备性文件这样的法律渊源要素（比较 Schmidt 1957）。

在本套丛书中，Enrico Pattaro 的第一卷和 Roger Shiner 的第三卷对法律渊源进行了深入的分析。

---

① "权威性理由"这一术语在萨默斯（Summers）的著作中已有所介绍（1978, 707 以下）。（比较 Peczenik 1989）

② 在此，我不讨论其他意义上的"法律渊源"（比较 Ross 1929, 292, and Raz 1979, 45 以下）。

③ 在一种极端的形式下，这一方式导致了一种荒唐的"早餐法理学"（breakfast jurisprudence）。在 20 世纪 60 年代，斯德哥尔摩的 Ivar Agge 认为，组成法律渊源的所有要素对法律的决策都具有某种有意或无意的影响。有人也许会问，这一系列的要素当中是否可能包含一顿糟糕的早餐，从而引起法官的焦躁不安。

二、法律渊源的分类

法律学说通常假定：法律渊源是按照等级化的方式予以规整的。对此，下文我们将以瑞典为例进行论述——实际上在其他很多国家，情况也是如此（Peczenik 1989，319 以下；MacCormick and Summer 1991，422 以下）。

所有的法院和权威机构都必须在其决策的证成或辩护中利用那些可以适用的制定法和其他规章（regulations）。① "其他规章"指的是由政府以及下级权威机构和市政当局所颁行的一般性规则。

在进行法律推理的时候，人们应该使用先例作为权威理由—— [16]
在某些国家，如果立法准备资料（legislative preparatory material）具有可适用性的话，也可以使用之。② 抛开其他不论，在进行法律推理的时候，人们可以使用如下材料：

● 习俗（但只是在那些其不是法律之必然渊源（must-source）或者应然渊源（should-source）的地方才适用）；

● 法律学说中的著述；

● 外国法，如果它们与任何颠覆性理由（overriding reasons）——比如说所谓的公共秩序（ordre public）——不一致。

当然，这种列举难免挂一漏万（see Peczenik 1989，319 以下）。

我们讨论的分类只是一种理想形态。我们可以总结出日益复杂的法律渊源的分类。而且，只有法律的必然渊源（must-source）、应然渊源（should-source）和或然渊源（may-source）的模糊定义才是被普遍接受的。对这些概念的确切解释随着法律秩序的不同而不同，随着法律秩序的不同而不同，随着时间的不同而不同。不同的人们会提出服务于各异目的的不同确切解释。

以下评述旨在阐明"必然"、"应然"和"或然"的复杂含义：

● "必然渊源"在形式上具有法律上的（de jure）约束力，"应

---

① 欧盟法的直接影响问题在此不作评述。

② 人们也应该利用可以优先适用于国内立法的国际条约，以及和这些条约相关的准备性材料和其他解释性素材。

然渊源"则无；

● 忽视"应然渊源"的后果通常比忽视"必然渊源"的后果更轻微；

●"必然渊源"比"应然渊源"更重要，而"应该渊源"又比"或然渊源"更重要。

因此，其强度足以证成或辩护忽视某个较不重要渊源之合理性的那些理由可能要弱于证成或辩护忽视某个较为重要渊源之合理性的那些理由。如果在某个较为重要的渊源与某个较不重要的渊源之间发生了冲突，前者具有优先性——其前提是没有任何优胜性理由（overweighing reasons）颠覆这种优先顺序。如果设定较不重要的法律渊源优先于较为重要的法律渊源，我们将面临着争辩这种优先性的负担或压力。因此，如果要遵从与制定法之平义（plain meaning）相对的先例，我们需要优胜性理由。然而，某种较为重要的适可而止的（*pro tanto*）法律渊源可以比许多较不重要之法律渊源的联合体更不重要。因此，许多先例联合起来要比某一制定法的字面意义更为重要。一个"胜过"某一较为强烈之法律渊源的抗辩（counterargument），其本身必然要比那种足以胜过某一较为微弱的法律渊源的抗辩更为强烈。一言以蔽之，法律渊源的等级是可以被废止的。

然而，法律渊源的学说面临着全球化的问题。新的法律渊源在特征和地位上并不总是精确的。其约束力的根据在于理性、谱系（pedigree）与实践——三者的任何组合。在此，让我举一些例子：

● 联合国的决议；

● 人权；

● 商业惯例；

● 国外的先例；

● 仲裁；

● 大体上来自权威机构的建议；

● 其他的软法（soft law）；

● 大体上已被全球所接受的学说（globalized doctrine）。

三、作为一种法律渊源的法律学说

法律学说是可以被法学家看做某种权威理由的一种法律渊源。换言之，人们关注法学著作中的法律学说，不仅是因为它们所提供的理由的品质，也源于这些法学家们所具有的权威性地位。一种广为人知的现象是，一篇博士论文获得权威性的同时，其作者也就成为了一名法律专家（a professor of law）。

法律学说已经成为了一种在不同的历史时期具有不同重要性的法律渊源。但是，法律学说并不仅仅只是一种法律渊源，它还是一种理性的描述和对法律的提炼，它（至少是有时候）告诉我们什 [17] 么是真正的法律。换言之，法律学说具有双重性：一方面，它是一种具有相对从属性地位的法律渊源；另一方面，它又是法律本身的最佳表征（presentation）。

法律学说何以具有权威性？答案是因为它典型地创造出来的那种论证的品质。法律学说发布着理性的论据，进而也强化了这样的假设：法律学说应当被视为具有权威性。一个更为深刻的答案：法律学说之所以赢得权威性，乃是因为其具有较高的认知度，以及融贯性与公正性。

因此，法律学说把理性（reason）转变为了权威性。

第四节　制定法解释

一、制定法解释中的论据类型

法律中的论证适用于很多方面：庭审证据、合同解释、普通法中判决依据（ratio decidendi）的确立等。在此，我仅涉及那些被用于制定法解释的论据。制定法解释居于法律方法的核心。它有着悠久的历史（参见 Raisch 1995）。弗里德里希·卡尔·冯·萨维尼（Friedrich Carl von Savigny）（1840，206 以下）提出了在德国乃至整个欧洲大陆有关制定法解释之要素的最有影响的分类；他认为有四个要素：逻辑性要素、语法性要素、历史性要素，以及系统性要素。制定法解释是这四者构成的有机整体。随后的法律方法革命带来了又一个要素：目的解释（goal interpretation）。对制定法解释最全面和最成熟的论述来自杰西·弗罗布莱夫斯基（Jerzy Wróblewski）（1959），不幸的是其影响仅限于波兰。弗罗布莱夫斯基在三种语境中描述了解释性指令（interpretive directives）：在语言学语境中，我们有句法（syntactic）和语义指令；在系统性语境中，指令则关注法律系统内部的一致性（consistency）、完整性（completeness）和等级性（hierarchy）；在社会政治语境中，指令则关注法律的目标。此外，还有用于解释指令间的选择的二阶指令（second-order directives）。规范性的解释理论要么是静态的，要么是动态的。静态的理论强调稳定，动态的理论则强调法律对生活需要的适应。

在制定法解释中，可供使用的论据类型如下：

[18]
- 语言学论据
1. 基于普通意义的论据……
2. 基于技术意义的论据……
- 系统性论据
3. 基于语境一致（contextual-harmonization）的论据：这一论据的主导观念是，如果某一制定法条款（statutory provision）属于一个更大的系统（scheme）（无论是一部单独的制定法还是一整套相关的制定法），该制定法条款都应该根据它所出现于其间的整个制定法来解释……
4. 基于先例的论据……
5. 基于类比的论据……
6. 逻辑概念性的论据（logical-conceptual argument）：这一论据的主导观念是，如果某一制定法条款的表述使用了任何获得认可并在学理上被阐述的一般性法律概念，该概念都应当依据其学理阐述来解释，以维持整个系统或者其相关分支或诸分支对该概念的一致性使用。

7. 基于相关法律原则的论据……

8. 基于历史的论据……

● 目的性/评价性论证

9. 基于目的的论据

10. 基于实质性理由（substantive reasons）的论证

● 贯穿所有范畴的（transcategorical）论据

11. 基于意图的论据（MacCormick and Summers 1991, 512 以下）①

基于意图的论据在如下意义上是"贯穿所有范畴的"（trans-categorical），即在使用语言学论据、系统性论据，以及目的性论据的不同方式以发现立法意图的意义（同上，522 以下）。

如下的比较性评述值得关注（同上，518）：法国的法律学说系统（French system）对基于一般性原则的论据给予了特别关注；而在德国，逻辑概念性的论据比在其他地区更受偏爱——特别是与美国相比较。

二、系统性论据

系统性论据居于法律学说的核心。因此，在解释某一制定法条款时，我们必须关注那些为理解这一条款而作出贡献的其他条款。在解释某一制定法条款时，我们可以关注该条款的名称（title）和它在某一法律系统或者某一制定法中的特殊地位。这类解释假定法律任何一个部分内的融贯性都要强于贯穿法律各个部分之间的融贯性。 [19]

重要的系统性论据试图解决法律规则之间的逻辑冲突、经验冲突，以及评价性冲突。② 如下的指导方针可以帮助法学家解决法律

———————

① 这份清单总结了一个比较方案，有九个国家的学者参加了这一方案的工作。记录显示：弗罗布莱夫斯基参加了这一方案，并且十分显著地影响了该方案的理论架构。

② 原则间的冲突是另一回事（比较 Alexy 1985, 78 以下）。因为原则是贡献性的（contributive）而不是决定性的（decisive）理由。

规范之间的冲突。无论什么时候发现法律规则之间的冲突，我们都应该通过重新解释（并因此协调，或者一致）这些规范，或者设定它们之间的优先顺序来解决这些冲突。在重新解释或者分等级排列冲突的规则时，我们应该始终使用一种方法，这一方法可以被同等应用在其他规则之间的相似冲突中。如果可能，不同的法律渊源都应该被如此解释以证明它们的一致性。因此，制定法解释、先例、立法准备材料等的解释应该相互影响。当一个上位规范与一个下位规范不能兼容时，上位规范必须被适用。① 而在一个旧的规范与一个新的规范不能兼容时，必须适用更为晚近的规范。② 只有在其没有被某个与之不兼容的次一般性规范所推翻（converted）的情形下，我们才能适用某个更一般性的规范。③ 如果一个更为晚近的一般性规范与一个较旧的次一般性规范不能兼容，更为晚近的次一般性规范必须被适用。④ 如果可能，我们必须协调使用不同的制定法解释方法所获得的结果。无论何时，只要对制定法解释之不同方法的使用在一个给定的情势中导致了某种不可兼容性，这一不可兼容性就应该通过对所解释之条款的再解释而获得解决。⑤

在系统解释中，我们应该避免具有某特定目的（*ad boc*）的解决方式，此类解决方式也许在某个被考量的（under consideration）情形或者有限数量的情形中是合理的，但却与该体系的其余部分无关。例如，德国的法学家反对这样一种观念，即通过使用意外保险

---

① 上位法优于下位法（*lex superior derogat legi inferior*）。一个特殊问题涉及法院宣布与宪法相违背的法条无效的能力。

② 后法优于前法（*lex posterior derogat legi priori*）。

③ 特殊法优于普通法（*lex specialis derogat legi generali*）。

④ 后法的一般性规范不优于前法的特殊性规范（*lex posterior generali non derogat legi priori specialis*）。

⑤ 参见 Savigny 1993, 140-1："因此，这一解释由四个要素组成：逻辑的……语法的……历史的……系统的……。更确切地说，不是几个解释，而是通常只有一种由这四个要素组成的解释。"（"Also ist die Interpretation zusammengesetzt aus 4 Elementen：Logisches〔…〕, Grammatisches〔…〕, Historisches〔…〕, Systematisches〔…〕. Also nicht vielerlei Interpretationen, sondern immernur Eine Interpretation, immer componiert aus diesen 4 Elementen."）

（accident insurance）的术语来证成在高速公路上引入某种限速的合理性。这一解决方式可能会被认为与该体系无关。

三、限制与扩展一个规范的适用范围 [20]

法律推理所确立的一个规范的适用范围通常不同于立基于自然——语言分析（natural-language analysis）之上对该规范的大多数非法学解读（non-juristic readings）所确立的适用范围。制定法解释可能因此扩展或者限制了某一制定法的限定性含义（*pro tanto meaning*）。扩大解释包括了一个规则之适用范围的核心与"外围"（periphery）。限制解释限定了一个规则之适用范围的限定核心部分。这种扩大和限制在某种程度上也许是奇怪的，但是在语言学上却是可能的。对两者的选择取决于对众多实质性理由和权威理由的权衡，这种选择毫无疑问是可以废止的。

所谓的"化约"（reduction）是对这种含义的一种激进的限制。化约不仅排除了某个规则适用范围的"外围"，而且排除了其语言学上无可争议之核心的部分内容。这种化约与日常语言相矛盾。在某些情况下，在被称之为废止（*desuetudo derogatoria*）的过程中，人们超越了化约并排除了整个规则。

人们还可以在根本上扩展一个规则的适用范围，有时甚至超越其语言学上可能的"外围"。最常用的方法就是类比推理。

四、类推

"法条类推"（statutory analogy）是指人们将某一法定规则适用于一个"目标"案例；而从日常语言的视角来看，该案例不属于该制定法适用范围的核心或者外围，而是以一种相关的方式与在一些基本方面适用于该制定法的案例相类似。这一定义建基于——影响着规则适用范围之根本扩展的——解释的结果以及用以获得该结果（亦即提供一种案例的相关相似性）的方法之上。

一些作者（如 Ross 1958，149）否认扩大解释和法条类推之间的区别。然而，在司法实践和法学著作中，我们能够发现一些类推所创造的新规范的例子——它们通常被认为比纯粹的扩展解释更为激进。而且，在刑法中，举例来说，较之可能适用的扩展解释，法院可能较少地运用类推进行推理活动。一个原本应当忽视这样两类推理形式之间差异的法院，可以无须给出理由在那些允许进行扩展解释的案例中开始使用类推（比较 Peczenik 1971a, 334 以下）。

对那种没有扩展某法条在语言上之可能适用范围的类似论据的使用有时也被视做类推（比较，Kaufmann 1982）。

法条类推（statutory analogy）和法律类推（*analogia intra legem*）都不具有传递性（transitive）。案例 *C1* 类似于另一案例 *C2*，案例 *C2* 又类似于第三个案例 *C3*，但是案例 *C3* 并不必然类似于案例 *C1*。在这个意义上，类推就好像是间距（distance）：*C1* 可能接近于 *C2* 且 *C2* 接近于 *C3*，但这并不意味着 *C3* 接近于 *C1*。再者，法条类推的关系也并非具有反身性（reflexive），因为被某个规范所调整的一组案例并不类似于它自身。法条类推的关系可以是对称的（symmetrical），也可以不是：当 *C1* 类似于 *C2* 的时候，后者可以——但不是必然——与前者类似。①

人们同样可以使用"法律类推"（law-analogy）或者"法律归纳"（legal induction）的说法。简言之，我们可以将两者看做同义词。"法律类推"所意指的乃是，基于许多业已确立的规则（大多数是法定规则）的某种共性（resemblance）推导出某个一般性规范，而这些规则因此被视为该规范的特殊情形。

让我们举一个例子。斯堪的纳维亚学派所谓的违法性（wrongfulness）学说［严格地说应为"非法性"（unlawfulness）；比较 Hellner 1995, 64-5］为我们提供了这样的一个一般性规范：如果一个人的行为并不违法，更确切地说，如果该行为的积极后果大于它所产生的风险，这个人就不应该在侵权行为中承担刑事上的责任或义务——或者至少其承担的责任应该受到限制；立基于像义务、不测事件（emergency）、混合过错（contributory negligence）、受害人同意或受害人承担特殊风险等这样限制或者排除了责任的抗辩（defences），这个一般性规范可以获得证成或辩护。这些抗辩仅仅是不具有违法性的特殊情形。比如说，假设由于 B 对会议的干扰，A 使用暴力将 B 赶出了会场。法院查明，B 的煽动行为证成了 A 不应当承担刑事责任这一结论。（参见瑞典案例 NJA1915, 511）。

———

① 比较 Frandberg（1973, 150-1），尽管作者是在规范中而不是案例中讨论类推。

最后，法律中类推的一种重要形式是制度类推（institute analogy）：一项法律制度（legal institute），比如说"分期付款"（instalment payment）可以被视为服务于另一项法律制度的一种模式，比如说"融资租赁"（financial leasing）。旧的法律制度激发了新的法律制度（比较 Peczenik 1995，341 以下）。 [21]

当其决定不通过类推进行推理时，人们可以采取另一种法律推理模式，即所谓的反面论证（*argumentum e contrario*①）。我们假设：一个制定法条款或者另一个法律规范通过特定方式来调整某些情形。根据强烈的反面论证，没有被该规范在语言学上可接受之适用范围的核心或外围所包括的②（相似）情形不应该被如下规范——亦即由此不能推出彼（*qui dicit de uno negat de altero*）的规范——所规定的方式予以对待。

由法律科学传统所形成的如下推理性规范可以帮助我们在类推和反面论证之间作出选择：我们不应当通过那些有时间限制的类似条款进行解释。我们也不应该通过扩展解释来解释这些条款——除非存在着能够作出与之相反（contrary）假设的非常充分的理由。

---

① 就"*argumentum e contrario*"的译法，《法律论证原理——司法裁决之证成》一书中将其误译为"矛盾论述"（[英] 伊芙林·菲特丽丝著：《法律论证原理——司法裁决之证成》，张其山、焦宝乾、夏贞鹏译，戚渊校，商务印书馆2005年版，第20页）。对此武宏志教授在《〈法律论证原理〉译文批评》一文中已经指出。但是武教授提出将"*argumentum e contrario*"译为"根据相异的论证"，个人认为过于繁复（参见武宏志：《〈法律论证原理〉译文批评》，载《学术界》2006年第2期）。就其所举的例子来说，"法官宣称规则 R 不适用于情形 Y，因为适用规则的情形 X 和意欲适用规则 R 的情形 Y 之间没有相似之处"所表述的无非是一个来自反面的论证，而 *contrario* 正有"对立面、相反"的意思，因此我认为将"*argumentum e contrario*"译为"反面论证"或者"反向论证"既准确又相对精练。鉴于舒国滢教授在《走出"明希豪森困境"》（代译序）一文中将其译为"反面论证"（[德] 罗伯特·阿里克西：《法律论证理论》，舒国滢译，中国法制出版社2002年版，代译序第18页），本书亦采此译法——译者注。

② 区分弱势的反面论证和强势的反面论证是必要的。基于弱势的反面论证，所讨论的规范并不是得出如下结论的一个充分理由：即某个相似但不为该规范在语言学上可接受之适用范围的核心和外围所包括的情形应当采用反面论证予以解释的结论。

只有非常强烈的理由才能证成或辩护使用类推所得出的某一制定法文本中存在错误的结论。我们不应通过扩展解释或者通过作为一般性规范之例外的类似条款进行解释——除非存在着能够作出与之相对（opposite）假设的非常充分的理由。① 我们不应通过扩展解释或者通过那种为某人强施了负担或限制的法条类推条款（statutory analogy provisions）进行解释——除非存在着能够作出与之相反假设的非常充分的理由。②

[22]   当我们在不同的类推之间作出一项选择的时候，我们需要作出与我们在类推和反面论证之间作出选择时所面对的相似的考量。

    法律学说在发展此类推理性规范方面发挥着至关重要的作用。它也在特殊的法律语境中为这些规范提供了一个更加精确的内容。使得这种推理性规范发展和精化的那种论证将其自身建立于一个在法律科学的历史中发展起来的、融贯的命题（propositions）和偏好（preferences）体系之上。

    通过"类似案件应该被类似处理"（like cases should be treated like）的原则，以及通过对正义和融贯性的考量，法律类推和法条类推都是可以获得证成或辩护的（justifiable）。这种证成或辩护对哲学论证是完全开放的。因此，这种证成或辩护既发人深省，又充满争议。

    关键的问题是，案件之间的何种相似性具有足够的相关性以至于可以证成或辩护通过类比作出的法律推理（juristic reasoning）？对这一相关性的估量是整体性的。如下的要素务必引起我们的重视：

- 明示或默示地遵循制定法和其他法律渊源的相关性判准；
- 被认为与有关的法律问题相关的规范性道德理论；
- 被认为与有关的法律问题相关的特殊性法律学说理论。

    一个饶有兴味的一般哲学问题：是否所有的法律类推的理性使

---

    ①   特例不能视为常规（*Exceptiones non sunt extendendae*）：法理学文献中一个著名但也饱受争议的原则（比较 English 1968, 147 以下）。

    ②   厌恶之事被限制（*Odia sunt restringenda*）。

用都假定了某个一般性规则的形成（formulation）？

在大陆法系，答案通常是肯定的。人们认为，对那种假定了某个一般性规则之类似论证（analogical argument）的恰当说明具有如下几种形式：（1）首先，适用于"目标"案例的一般性规则立基于既定法律规则而归纳［或者用一个更专业术语说，"衍生"（abduced）］出来；（2）这个一般性规则随后被确认或者否认；（3）最后，如果其被确认的话，这个一般性规则就可以被确保适用于目标案例。类比性的推论必须因此依赖这个被假定的一般性规则，否则，从前提到"目标"案例的步骤将不具有逻辑上的正确性。

而在普通法系，对类推是否假定一个一般性规则这一问题的经典回答却是否定的。杰拉尔德·波斯迪纳对此做过一个很好的描述：　[23]

> 不同于演绎性论证（deductive argument），这种形式的推理并不把一般性规则适用于特殊情形。毋宁说，它的运行和亚里士多德通过例证［范例（paradigm）］进行论证的描述是一致的……亚氏所谓的通过例证（范例）的论证亦即"从部分到部分，诸如此类"——正如布拉克顿（Bracton）所指出的那样，这一推理是一种从相似到相似的过程（a similibus ad similia）。因此，虽然有时候一般性规则被用来衔接两种情形，但依据上述这种经典理解，这个规则是被等同之类推（identified analogy）的产物，而不是它的前提。而且，按照智力活动的顺序，对"相似性"的识别先于并且提供了表达（articulation）这一规则的基础。"（Postema 2001）

对类推的这一理解已经成为了演绎派批判（deductivist criticism）的目标（比较 Brewer1996，926-7）。根据布鲁尔（Brewer）的观点，类推的第一步是"在充满疑惑的语境中进行推导（abduction）"。在已经找到的相关案例中，法官发现了一个规则，即类推保证规则（the analogy-warranting rule）；而这一规则对案例进行了说明。第二步是用一套被称为类推保证原理（analogy-warranting rationales）的外在判准来检视这一规则。每一个类推都必须参照这些原理予以说明。最后，推理者把获得认可的类推保证规则运用于被考量的案件之中。

在对布鲁尔的回答中，我想再次引证波斯迪纳的观点：

> 然而，我们务必切记：由于基于我们的重述（reformulation）所进行之经典解释的前提是最终的类比性推论依赖于实践中的默示规范而非明示规则，因此，对这种相关智力活动（intellection）的任何解释都不能诉诸一整套法典化规则的形式——否则，将会带来不一致（on pain of inconsistency）。为了告诉人们为什么我们可以合理地将其看做一种推理形式，我们只能，而且也应当只是试图去描绘这一过程，即这一过程的结构与限制（constraints）。（Postema 2001）

换言之，逻辑合理性（logical rationality）的理念迫使我们得出如下的一般性规则，即"目标"案例的解决方案可以由其合乎逻辑地得出的一般性规则。为了证成或辩护类比推论，我们必须设想出一条一般性规则——目标案例的解决方案据以从中推演出来的一般性规则。这个一般性规则必须是原则上可以接受的。但与此同时，这一类比推论的观念迫使我们认识到这个一般性规则必须是经得起推敲的。在类比推理的过程中，存在着有无法成为成文法则的情形。认知性科学家（cognitive scientists）和人工智能（artificial intelligence）希望能对此做进一步的解释（比较Hunter 2002）。

[24]　　最后但并非最不重要的是，"正是在法律传统的语境中，在相互衔接的原则、规则等所组成的网络里，我们找到了作出类推和非类推之有效断言的条件"（Bańkowski 1991, 208）。

五、制定法的目的性释义

制定法的目的性释义（teleological construction）是指基于其目的的解释。有时候——尽管不是经常——某个制定法条款精确地陈述了或者在逻辑上暗含了某个目的。但这不是通常情形。有关的条款更有可能支持某个特定的、仅仅是可以废止的目标。

主观的制定法目的性释义和客观的制定法目的性释义之间是有区别的：前者遵循的是那些参与立法者的意志，其内容体现在准备性文件之中；后者遵循的是其他法律的实质性理由和权威理由。

在瑞典，人们经常在准备性文件中找到制定法的目的。但是瑞典法律人的一个颇具影响的少数派群体——Per Olof Ekelöf（1958，79 以下），在其领导下，对准备性材料的巨大作用提出了质疑。Ekelöf 的理论是在斯堪的纳维亚法律现实主义影响下的 19 世纪晚期和 20 世纪早期法律方法进化的一个产物。Ekelöf 认为，在普通案例中，法官和法学家应该遵循制定法在日常语言使用中的含义。在"具体的"（不确定的、非典型的、疑难的）案例中，解释者不应该进入制定法的语言分析中，或者受到准备性文件的限制。相反，他应当通过对制定法在普通案件中的作用（"全部结果"，"实际功能"或者"实践功能"）的类推，以确立制定法的目的（比较 Ekelof 1958，84 以下，105 以下）。我们并不确定 Ekelöf 的观点在多大程度上影响了法院，但是这一观点的确型塑了乌普萨拉（Uppsala）法律系整整一代的法学研究人员。这一成功尽管只是地方性的，但却巨大到足以促成了一种解释。人们可以将 Ekelöf 的方法看做是一种类比推理的特殊情形，更确切地说，是一种基于结果的相关相似性的法条类推。这种对结果的强调代表了一种努力，即一种既向结果主义者提供了可取的理由，又保持了对制定法权威之忠诚的努力。

在欧盟法（EU law）中占主导地位的另一个版本的目的性解释遵循着的是一般性表达或论式（formulations）——这种一般性表达或论式的表述可以在基于欧盟消除种族隔离者运动的共同知识而

达成的条约中看到。

有时候，某一制定法的目标来自"事物的性质"（the nature of things），更确切地说，它们来自社会建制（social institutions）、价值观等的背景知识。就像在相互竞争的方法中作出选择一样，每一种确立目标的方法都使得对理由的权衡成为必要（比较 Peczenik 1995，375）。

利益法学（the jurisprudence of interests）及其相关的运动曾试图进行一次法律学说的变革。利益法学在改变法律学说的深层结构上已经成功了吗？以鄙人之见，它们并未成功。利益法学采用排他性的方式来看待"利益"，并且不只是将其视为"概念"和"体系"，它们所做的这一点也仅仅停留在字面上；实际上，旧的概念法学（conceptual jurisprudence）和新的利益法学都看到了概念体系和利益，只是侧重点有所转移而已。法律学说已经变得越发注重实效，但却有些不够系统。法律学说还丢失了自信，将自身越来越多地看做政治的附庸（Jerusalem 1968；比较 Larenz 1983，67 以下）。

改革运动的混合式成功（mixed success）是一个关于法学传统和哲学思潮之间张力的很好例证。新的哲学引领了法律方法中的某些变革，但是这些变革比很多哲学家所预期的要小。

第五节　解释性先例

一、什么是先例的约束力？

当前，先例在法律决策以及普通法和大陆法的法律发展中扮演了一个重要的角色（MacCormick and Summers 1997，531-2）。所有的比较法研究者（students）都知道普通法的一大部分是由先例组成的，而大陆法（或者"民法法系"）主要是由制定法组成的。这些研究者还知道：在普通法国家，先例在最高法院以下的所有法院都具有法律上的（"正式的"）约束力。换言之，不遵循上级法院的

先例是法律上的错误，这样的错误一般将通过上诉予以撤销。最高
法院制定的先例同样具有很强的规范强制力，即使它不可能通过上
诉撤销。关于先例约束力的学说在英国法律体系中具有特别重要的
地位（同上，518）。在欧洲大陆的一些国家，先例没有正式的约束
力，但在实践中却不时为法院所遵循。这一事实解释了为什么一些
法学家认为，在大陆法系国家，先例的约束力是事实性的（*de fac-
to*）而不是法律性的（*de jure*）。①

　　用来解释先例的论证与那些用来进行制定法解释的论证相似。[25]
但是先例也有一些特殊的问题，其中之一就是什么是先例的约束力
（比较同上，503 以下）。约束力的要素就是所谓的判决依据（*ratio
decidendi*）。判决依据的理论在普通法国家已经获得了发展，并且
一直或多或少地影响着大陆法国家的司法裁判权（jurisdictions）。

　　一个判决依据可能是：

　　1. 根据如下关键事实（material facts）所得出的一条法律
规则或者裁决（ruling），即先前的法院（prior court）明确地
宣称或者相信它自己将会放弃或者遵循的事实；或者

　　2. 根据如下关键事实所得出的一个裁决，即先前的法院
（在对裁决进行分析的时候）实际上放弃或者遵循的事实；或
者

　　3. 根据如下关键事实所得出的一个裁决，即先前的法院
应当会适当地（考虑到既存的法律、事实和先例）放弃或者
遵循的事实。（同上，506）

这不难予以阐述。然而，经过考虑我们不难发现，普通法的历
史在判决依据的定义上表现出了混乱："判决理由（*ratio*）也许会

————————

　　①　在大陆法体系中，仅有几种非常特殊的先例具有法律上的约束力。
因此，在德国，联邦宪法法院（Federal Constitution Court）所作出的先例对其
下级法院具有正式的约束力。联邦审判法院（Federal Court of Justice）作出的
普通先例是不具有正式约束力的，但是它们却不得不被遵守，除非在那些可
以提供相反的特别理由的地方。比较 MacCormick and Summers 1997，461 以
下。

被视为一个在根本上可以争辩的概念，因为它不仅仅是纯粹描述性的概念，而且也被普遍认为具有规范性或评价性。"

[26]　　　抛开这些问题不论，在普通法系中，先例的一般性学说比在大陆法系中更为精致（sophisticated）（比较同上，536 以下）。尤其是普通法传统孕育了一种被称做区分先例（distinguishing the precedent）的方法论，其目的在于揭示为什么一个先例在被考量的案件中不具有约束力。而在任何一个民法法系国家（civil-law countries）都不存在这样的方法论（同上，538）。这一事实与制定法解释形成了对比。制定法解释的学说在大陆法国家和在普通法国家至少获得了相似的发展。

在一些国家，比如瑞典，对方法论思考的不足通过具有很强权威性的先例得到了弥补。Johan Lind 法官（1996—1997，362）获得的最终结果：法律学者把最高法院的裁决视为错误是毫无意义的。可以这么说：这些裁决是被定义为正确的。确实，这类观点业已受到了批判（比较 Nergelius 1997，437 以下）。但是它们的存在本身就是值得关注的。

二、先例的约束力

尽管何谓先例之约束力的问题是一个专业性的法学问题且该问题能够用一种无须诉诸具有哲学倾向之法律理论的先进方式予以彰显，但是这一问题仍然需要一种深入的理论探究。

如果没有理论性反思，人们可能会简单地认为普通法中的一些先例具有法律上的约束力。而在大陆法中，先例则具有事实上的约束力。但是这种说法并不让人满意。"事实上的约束力"的表达似乎暗示着先例缺少规范效力，即使它被广泛地遵循。这类观点也许在理论上是幼稚的，或者说它应该为一些精致的理论所充实。例如，法律理论家可以采用一种外在的关于法律实践的观点。进而，通过将"事实上的约束力"之表达视为是对法官惯常地遵循特定（某类）先例这一可以在经验上予以确立之事实的反映，理论家可以将该表达解释为其参照了统计学上的惯常性。理论家也可以将先例的"事实上的影响力"（de facto force）理解为先例是法官的（一部分）动机基础（motivational basis）。比如说，在其关于法官之规范性意识形态的理论中，阿尔夫·罗斯（Alf Ross）就持这种观点。因此，罗斯的理论是对法官内在观点的一种外在描述。依据这一观念，先例在裁决中起到了一种"心理学强力"（psychological force）的作用。

这是 50 年前主流理论的解决方式。然而这一解决方式招致了强烈的反对。任何对"事实性约束力"的非规范性解释都与大多数国家中法律人对法律实践的内在理解背道而驰。"约束力"这个词具有一种规范性内涵（normative connotation），它不能被化约或还原为非规范性事实。因此，"事实性约束力"理论是自相矛盾的，也不是特别的饶有兴味（比较 MacCormick and Summers 1997，465 以下）。

一个更好的出路是将约束力和规范性强力（normative force）[27] 所涉及的各种规范性表述如下：具有正式的或者法律上的约束力的先例必须被视为法律论证中的权威理由。不具有正式的约束力，但是具有规范性强力的先例应当被看做法律论证中的权威理由。这种"应当"是有法律性质的，虽然不是严格意义上的法律上的约束力。所有先例的规范性强力——即使那些不具有法律上的约束力的先例——都是一种法律上的即权威性的（legal, authoritative）强制力。

这一理论对法律系统总体上的建构产生了有趣的后果。人们可以说一个法律系统由两个层级（layers）的规范组成：在法律论证中必须被视为权威理由的规范——诸如正式的约束力或者法律上的约束力——以及在法律论证中仅仅应当被看做权威理由的规范。

就像它们在制定法解释的语境中所起的作用一样，"必然"、"应然"和"或然"这三个术语值得我们做进一步的理论分析。一如我们所知，这种分析包括了一种可废止规则的理论。这种理论超越了日常法律学说的范围（compass），并且需要我们深入到哲学分析中去。

三、先例的证成或辩护

如何证成或辩护具有强制约束力的先例是一个具有高度哲学性的问题，也是英美法理学经常讨论的一个主题。罗杰·赛尔（Roger Shiner）（本套丛书第三卷，59-60；还可参见 Shiner 1982）对此有如下论述：

> 在试图证成或辩护遵循先例（*stare decisis*）的正当性的文献中有很多标准的方法。例如，Richard Wasserstrom 列举了确定性、信赖、平等和效率……在法谚"同类案件同等对待"意义上的公平也是经常提及的一种方法。更具体的理由也被列举出来，比如说避免迟来的正义，上级法院的更为高效的裁决熟练程度（decision-making proficiency），法律中统一裁决的可欲性（desirability）……在对遵循先例的证成或辩护中，德沃金……主张整体性（integrity）的价值……Anthony Kronman……主张传统，并且尊重蕴涵价值的先例……杰拉尔德·波斯迪纳……在拒绝这两种观点的同时，又巧妙地将它们糅合在了一起。他以保持与先例的融贯性为整体性辩护，但是又把作为一个良序的、在历史上长期存在共同体之特征的正义价值包含在内……在此之前，任何一个单一的价值或者一整套价值都不可能通过它们自身去证成或辩护遵循先例的正当性。

[28] 包含在先例体系中的多元价值引发了这样一个问题，即这一体系是否承受了不可避免的不确定性。赛尔是这样解释这个问题的：

> 依据规则进行裁决有一个无法回避的特征，即这种裁决总是次优的（sub-optimal）（Schauer 1991，100 以下）。一般性术语所表述的与特定事例有关的规则既会包容过多（over-inclusive），也会包容不及（under-inclusive），或者两者兼而有之。尽管为了获得依据规则进行裁决的好处，我们接受这一点（Schauer 1991，135 – 66）。……但是因此认为基于遵循先例所

作出的实际裁决是不公正的则是一个错误。……那些通过遵循先例的体系争辩性地予以锻造的价值是在证成这一体系之存在的层面上为人所接受的。然而，这一体系自身将体系之内的裁决与直接影响个别案件的那些当然在每个层面上都低于体系内最高法院（supreme tribunal）之价值的价值隔绝开来。只有当在较低的法院层面上体系内部存在着"不确定性"（indeterminacy）——即存在着区别先例和与之相似案例的机制——之时，背景性价值（background values）才会渗入（seepage）到案件裁决的实例中。但是，这种渗入构成了从先例中进行推理之规则模型的一个特点，而不是对它的批判（repudiation）（Shiner，本套丛书的第三卷，60-1）

第六节 事实查明之学说

尽管一般性法律学说聚焦于对制定法和先例的解释，它也提出了其他的论证性语境。其中之一就是法律中的事实查明（fact-finding）以及法律事实的解释。在一些国家，这些问题是在法律学说的庇护（umbrella）下进行讨论的；而在另一些国家，这些问题则是在程序法的语境中进行讨论的。这些问题无一例外都是困难的，因为它们需要专业性法学的精致化，以及一般认识论（general epistemology）的知识。对此，人们可以提出下列问题①：

● 我们应该如何描述事实陈述和观点陈述之间的区别？

● 我们如何才能达致关于何为事实以及何为事实性陈述的共同判准？

● 我们能够概括出事实的类型吗？比如说，消极事实 VS 积极事实，制度性事实 VS 原初事实，主要事实 VS 次要事实，以及争议性事实 VS 显见事实。

---

① 出版了《解释制定法》和《解释先例》（比较 MacCormick and Summers 1991 and 1997）的同一批学者们在 1999 年讨论过这些例子。

[29]　　　● 我们如何才能区别特殊事实和一般事实？

　　　● 我们如何定义科学事实、历史事实和法律事实之间的关系？

　　　● 在事实的推理中是否存在具体领域的区别（domain-specific differences）？例如，刑法、行政法和商法的区别。

　　　● 拟制（fictions）、假定、举证责任和证据准则多大程度上造成了具体领域的区别？或者它们在多大程度上产生于特定学科范围的区别？

　　　● 即使在法律中，我们仍然应该寻求真理并将其作为一种内在价值吗？我们仍然应该重视法治、国家理性或国家至上（raison d' état），正当过程（due process），以及人权吗？

　　　● 在确定证据的优先性时，我们应该如何对待具体领域的区别（比如说，何种书写要求应当被确定下来）？

　　在此，我不拟详尽地描述事实查明之法律论证的特征。我们足以这样说：较之于制定法解释学说和先例学说，一般性法律学说的这个部分在时空和特定领域之超越上具有更少的统一性。

第二章　特殊法律学说

第一节　初步评论

一、法学理论

法律学说主张提出理论，我将这一理论称做"法学理论"。尽管人们几乎无法得出理论化的一般性定义，使之既能够用于严格意义上的科学，也可以用于法律学说，"理论"一词在当前的语境中具有如下含义：

● 理论是稳定的，与经验相对，后者是流动的；

● 理论是可以证成或辩护的，与形而上学相对，后者是充满争议的；

● 理论是一个陈述体系，体现了一致性、明确性（clarity）和成效性（fruitfulness）（比较 Dreier 1981, 79 以下）。①

法律理论具有不同的抽象层面。比如说，一个理论可以仅仅表明一些情形类似于另一些情形。这一理论提供了对特殊情形的描述，勾勒出了可能的遵守法律的方法，以及可能的对法律的违反；它还列举出了对某一制定法的可能解释；阐发了专业性解决方法以便对法律的遵守和对违反法律的预防；并且指出了不同类型的情形之间的相关区别。

---

① Dreier 认为理论是描述性的而不是与行动相关的。这反映了"沉思生活"（*vita contemplativa*）与"积极生活"（*vita activa*）之间古老的区别。

但是一种法学理论也可以在抽象的概念和原则之下使法律体系化，这些概念和原则已经被一些国际性文件（international instruments）（比如说《欧洲人权公约》）、国内立法机构或法院所确认，或者由法律学说自己所提出。因此，法学理论也可以使用历史研究和比较研究，或者辅助性学科，诸如心理学和社会学。最后，法学理论可以使用作为法理学之基础的所有基础类别的哲学研究，即道德理论、政治理论、语言理论、逻辑学、认识论、科学理论和形而上学。在下面的章节中，我将阐述法学理论和哲学理论之间的关系。

德赖尔（Dreier）（1981，73 以下，93）提出了如下的法学理论的分类。

[32] 单一性理论（singular theory）处理相对具体的规范。有三种这样的理论。第一种是解释理论（interpretive theories）。因此，德国一项基本权利的本质内容（*Wesensgehalt*）的理论集中在《德国基本法》（*Grundgesetz*）第 19 条第 2 款（Section 19 Ⅱ）。第二种是规范—建议理论（norm-proposing theories），它们处理作为法律一部分的未成文规范。比如，德国民法中的契约中的过失（*culpa in contrabendo*）。第三种是中级层面的理论（midlevel theories），它被分为如下几类：

● 释义性理论（constructive theories）或者资格理论（qualification theories）将特定社会现象纳入基本法律概念的体系。比如，德赖尔提出的理论，通过这一理论，官员或者代理人被确定具有财产管理人（*Vermögensverwalter*）的法律地位。

● 建制性理论（institute theories）论述调控某些典型社会关系的规范复合体（complexes of norms），诸如买卖关系、财产关系、婚姻关系和教育关系。

● 原则理论论述法律内容和法律属性，并具有抽象规范（成文或者未成文）的功能，例如《德国基本法》第 20 条第 1 款（Section 20 Ⅰ）对德意志联邦共和国的目标进行设定的规范。

● 其他理论论述基本的概念，即在一些规范中发现的或明示或暗示的抽象要素。其中一个例子是德赖尔提出的主观权利理论（theories of subjective rights），法人理论，意图宣告声明理论（theories of declarations of intention），管理行为理论（theories of administrative acts），以及犯罪和刑罚理论。

● 最后，一些理论论述大的部门法，诸如民法、刑法和行政法。法律的每一个分支或者组成部分（fragment）都包含特定的原则①和概念。法律内部体系设置的这种作用使得下述问题变得具有意义：在法律实践中侵权法应该属于私法而不是公法重要吗？商法究竟是不是民法的一部分重要吗？②

让我们引入更多的例子。下述私法中的法学理论应该被提及：

● 私法中的财产理论，例如，公益信托（public trust）的理论和基于财产权利的理论。

● 财产转让的理论；这其中，我们既有财产的所有方面可以同时转让的传统理论，也有财产的不同方面可以在不同时间被转让的"分析"理论。

● 遗嘱理论（the will theory）、信托理论（the trust theory），以及合同法中的债务继承理论（the theory of assumptions）。

● 合同法中所谓的忠诚原则（loyalty principle）③。

● 侵权法中的目的理论、过失理论，以及相当因果关系（adequate causation）理论。

● 授权理论（theories of authorization）以及汇票（bill of exchange）理论（比较 Aarnio 1997，256 以下）。

在刑法理论中，我们有：

---

① 参见 Peczenik 对原则类型（typology）的论述，Peczenik 1995，446 以下。

② 在这个方面法律秩序（legal order）是不同的。因此，这些问题在斯洛伐克（Slovakia）比较重要（see Bröstl 2000，51 以下），而在瑞典则不太重要。

③ 在瑞典，参见 Nicander 1995-1996，49.

● 同样的目的理论、过失理论，以及相当因果关系理论；

● 阐述刑罚（punishment）目的的理论［治疗（treatment）、威慑（deterrence）、报应（retribution）等］；

● 刑事诉讼（criminal action）理论、教唆（instigation）理论、共同犯罪（complicity）理论；

● 作为一种行动的失职（omission）的理论。

在宪法层面，一些法学理论汲取了政治哲学的养分；如民主理论（参见 Peczenik 1995，63 以下）和法治理论（同上，50 以下；Fuller 1964；Hayek 1960）。德国宪法的一个重要理论涉及权衡原则（weighing principles）和比例（proportionality）（参见Alexy 2001，2003，以及本书第五章第一节）。另外一个重要的德国理论涉及基本权利的本质内容（参见 Nergelius 1996，245 以下）。在其他的法律秩序中也有相应的理论（参见同上，155 以下）。另一些宪法理论和一般性法律学说具有密切联系，诸如决定不同法律渊源相对重要性的理论。

[33]　人权法律学说涵盖了一系列广泛的问题，从基本的政治哲学到专业性的法学问题——比如说，关于游行示威自由的解释性法律。①

在行政法层面，人们可以提出比公法和私法更加包罗万象的理论，以及针对国家公务员所造成的损害而提出的国家侵权责任（state's tort liability）理论。我们还有一些更加细致的理论，比如说，面对警察时的紧迫危险（紧急避险）［compelling danger（*Not stand*）］理论（比较 Maurer 2000，495）。

程序法学说的重要组成部分涉及原则，并能经常从古代和中世纪的历史中找到支持，诸如当事人不得审判自己案件的原则

———————

① 就这个主题，有着内容广泛的图书编目工作（bibliographical work）；例如加州大学伯克力分校的国际研究机构——人权研究中心所出版的图书编目，http：//globetrotter. berkeley. edu/humanrights/bibliographies/.

（*nemo iudex inres sua*），听取他方陈述的原则（*audiatur et altera pars*）①，一事不再理的原则（*ne bis in idem*），罪刑法定原则（*nullum crimen sine lege*），无罪推定原则（*presumption of innocence*），疑罪从轻原则（*in dubio pro reo*）。这些原则有助于法律实践在法律过程（legal process）的主要目标之间找到适当的平衡，比如效率和当事人双方的保护之间的平衡（比较 Nowak 2003，chap. 4）。

在税法中也有一些原则，诸如根据纳税人的经济能力确定纳税比例的原则，依法纳税的原则（no tax without law），有疑则不课税的原则（*in dubio contra fiscum*）。

二、公法与私法的区别

大多数法律学说之特定领域的理论（domain-specific theories）在私法和刑法中获得了发展。公法理论则更加依赖政治哲学。私法论述传统的人与人之间的关系（如家庭法和继承法）；论述财产、合约，以及侵权行为；论述社团、债券，以及价值工具等。私法的精确范围在不同的国家有所不同。对私法作出一个一般性的定义既索然无味，也没有可能；但是基于如下判准，人们可以讨论私法和公法的区别（Maurer 2000，44 以下）：

● 私法保护私人利益；公法保护公共利益。

● 私法调整平等主体之间的横向关系；公法调整上下级之间的

[34]

---

① 几乎众所周知，某些权利和保障在历史上曾以"基本的"（fundamental）形式出现，特别是在现代又被宣告为"宪法的"或"国际的"，并因此变得与其他权利和保障不太一样。这一现象对于民事诉讼也并无不同。数千年来，许多基本的原则得以发展，他们代表了诉讼当事人面对法官、对方当事人和第三人时"基本的"权利。这些基本原则包括以下古老的法则：（1）当事人拥有提起诉讼和确定诉讼标的（subject matter）的排他性权利（*nemo judex sine actore*，即无人可禁止当事人作原告；*ne eat judex ultra petita et allegata a partibus*，即禁止法官超越当事人提出的诉求裁判）；（2）司法公正（*nemo judex in re sua*，即当事人不得审判自己的案件）；（3）辩护权（*audiatur et altera pars*，即听取他方陈述）。参见 http：//www. procedurallaw. cn/col77/col100/article. htm1？id = 12876，最后访问时间 2008 年 10 月 1 日——译者注。

纵向关系。

● 私法调整大多数的公民或市民（citizenry）关系；公法调整国家以及其他权力机构的关系。

尽管前些年对于公法和私法的区别问题已经有过很多讨论，这个问题已经不再是热门话题。但它还是可能以一种更加哲学的方式回归。因此，本杰明·齐佩斯基（Benjamin Zipursky）采用布莱克斯通（Blackstone）和洛克（Locke）提出的框架，作出了如下的论述："构成我们私法体系基础的是这样一个原则，即在各种不同的情形中，个人被赋予权利以各种方式去对抗其他的私人主体。"（Zipursky 2002，643）

再者：

公法诉讼（public litigation）和私法诉讼（private litigation）的一个基本区别是公法诉讼——最明显的是刑事诉讼——涉及一个国家运用其公权力对被告进行控诉，而在私法诉讼中，是私人一方试图运用其权利与被告进行对抗……国家只是作出相应的行动，而并不是积极地发起行动。（同上，649-50）

三、私法的内部体系与外部体系

私法的法律学说只是在自身领域内的结构语境和体系语境中才有意义。因此，我们不得不论述私法的一般性内容，即论述人际关系、交易关系、侵权关系、家庭法（family law）、继承法（inheri-tance law）等。

人们可以区别法律的外部体系和法律的内部体系。内部体系预设（presuppose）了外部体系的存在（比较 Bydlinski 1996，5）。私法的"外部体系"是对法律材料（legal materials）的一种可以理解并易于接受的规整（ordering）。这些法律材料既包括私法的那些单个部分中相互衔接的法律概念（如合同、侵权等），也包括贯穿了几个部分的那些法律概念——比如说，债权法和物权法（*law in rem*）。如果不能理解其自身的体系化，人们就不能理解私法。

私法的内部体系是一个证成关系（justificatory relation）体系。

某些规范，如果与外部素材相结合，就能够证成或辩护其他规范　　　[35]
（同上，16）。私法的每一个部分都有自己的原则，但这些原则具有
与一般性原则相关联的可证成性。这种证成或辩护是可能的，因为
那些宽泛的规范性现象（normative phenomena）要比那些单一规则
具有更强的稳定性（同上，22）。从规范上讲，法律的特定部分体
现了原则的特定结合（同上，23）。这种内在体系将私法统一为一
个融贯的整体。

　　私法的概念被用以描述外部体系，并为内部体系提供证成或辩
护。这些概念彼此衔接，并互为预设。私法的学说对制定法和法律
实践中使用的概念尤为关注，但是它也合乎逻辑地归纳可能的案例
创造新的概念。再者，它还关注与制定法和法律实践具有相对间接
联系的社会关系。

　　作为一个整体的私法的内部体系不是一个可以推演的方式自证
其明的系统（deductively axiomatic system）（Bydlinski 1996，27），
即使人们可以推演的方式重构它的一些部分（同上，31ff）。私法
的完全证成（complete justification）必须包括证成或辩护的所有更
高的层面（同上，44）。

　　这一证成关系体系包括目的—手段关系（end-means rela-
tions）。一个很好的例子是 Per Olof Ekelöf 提出的目的论（teleolo-
gical theory），该理论目前仍然在乌普萨拉（Uppsala）大学法学系
占据统治地位。因此，伯特·莱尔伯格（Bert Lehrberg）使用
Ekelöf 的目的论来阐述合同法的结构。

四、私法的原则

　　除了其他文献之外，私法中还有大量关于原则和政策的文献；
并且，这些文献充满了理论上的争议。因此，可能比较稳妥的方式
是提供私法中关于原则的事例，并在这个过程中暂且避免理论性的
分析。例证的关键是表明存在很多这样的原则，而且它们的范围依
赖于法律的体系化。拜德林斯基（Bydlinski）阐述了如下的包括私
法在内的所有法律的基本原则：

- 保护基本的善（诸如生命和尊严）；
- 最大限度的平等的自由（equal freedom）；
- 确保分配正义；

[36]

- 提供最基本的生存条件（minimum subsistence）；
- 保护弱势群体；
- 提供矫正正义；
- 确保法律之下的安全与和平；
- 保护既得权利（acquired rights）；
- 通过国家机关确保法律之下的安全；
- 以充分反思性目标为目的；
- 以功利（utility）为目的；
- 以经济效率为目的。

拜德林斯基还列举了如下内容作为私法的原则（Bydlinski 1996，92 以下）：

- 相对的（双向的）证成性原则；
- 辅助性（subsidiarity）原则（财产应该处在最低的效应单位）；
- 责任自负（self-responsibility）原则。

还有很多更为具体的原则。遵循拜德林斯基的论述，我将引证其中一些。这里的关键不是要接受他的私法体系化，而是仅仅表明这种体系化的可能。这是一种饶有兴味的践习（exercise），即使可能存在很多对私法进行体系化的竞争性方法。

私法的一般性部分包括如下的关于个人的原则：

- 将个人的主观权利看做个人的法律权力；
- 公共保护的优先性高于个人的正当防卫；
- 禁止权利滥用；
- 确保平等的法律能力；
- 确保个人权利的平等保护；
- 确保法律行为的平等能力，或者一种以个人不利条件（individual handicap）评定法律行为的能力；
- 确保结社自由（freedom of association）；
- 确保成立社团的自由（the freedom to set up association）；
- 确保原则上法人（如公司）和自然人（个人）的平等地位；
- 需要法人组织作为社团法律能力的前提条件；
- 保护少数人群体（minority group）；
- 践习国家对结社权的控制。

私法的一般性部分包括如下关于交易的原则：
- 确保交易中的个人自治；
- 共识性原则；
- 保护交易，特别是诚信；
- 允许和鼓励交易；
- 假定承诺的责任和对目的的宣告；
- 由于长期被动导致的权利丧失。

除此之外，以下原则涉及合同和侵权：
- 个人责任；
- 忠诚；
- 缔结合同的有限责任；
- 作为责任依据的损害原因；
- 损害赔偿；
- 过失原则；
- 损害防范；
- 受害人一方有错时的共同责任；
- 赔偿的最大化。

财产法的原则包括如下内容：
- 对物权（物权法定）［rights *in rem*（*mumerus clausus*）］种类　[37]
的详尽列举；
- 公共性；
- 对物权中优先性的固定顺序；
- 对善意取得（good-faith acquisition）的保护；
- 财产自由；
- 公共利益下的财产限制。

家庭法的原则包括：
- 家庭关系的永久性特征；
- 家庭关系的透明性（transparency）；
- 机构的即非个人目的（某个家庭的目标）的强制执行；
- 不同性别的平等权利；
- 一夫一妻制（monogamy）；
- 根据子女利益的最大化而行为。

继承法的原则包括：

● 遗嘱自由；

● 概括继承（universal succession）。

拜德林斯基还列举了私法特定部分的原则：如商法、社团法、有价证券法（value-papers law）、非实体法（immaterial law）、劳动法、竞争法，以及保险法。

拜德林斯基因此列举了很多原则。这个列表回避了（begs）如下的问题：

● 原则包含规范性后果吗？或者它们只是空泛论式（formulas）、论据形式、老生常谈（platitudes）吗？

● 仅仅只有这一种能想到的原则列表，还是有很多可能的原则列表？

[38]　● 如果有很多原则列表，什么样的原则体系是最好的？为什么？

● 什么是评判最好列表的判准？是道德最优的判准还是最适合实在法（positive law）的判准？如果是后者，"适合"一词的确切含义是什么？

● 哪些原则论述人权？哪些原则居于相对中心的地位？特别是《欧盟基本权利宪章》（the European Union Charter of Fundamental Rights）制定的所有 50 个原则是否都表述了人权？人们能够论及 50 项人权吗？或者我们更应该论及 50 项人权来阐释尊严、自由、平等、连带权（solidarity）、公民权和正义这六个主要的价值吗？

● 上述这些原则是普遍的吗？或者它们只是与某个历史时期联系在一起？这些原则在整个现代法律中，在整个现代西方法律中，或者在整个 21 世纪的法律中都是有效的吗？人们应该如何讨论这些问题呢？

● 抛开现代社会的价值多元主义（value pluralism）不论，上述这些原则还是有效的吗？

第二节　财产的哲学与法学理论

一、财产的哲学理论

财产的哲学理论使用概念分析、本体论特性（ontological distinction)、认识论反思（epistemological reflection）和致力于解决规范性问题的一般性规范哲学。举一个例子："物质动产（material chattels）、土地，以及知识产权之间的本体论差异对证成性问题有着重要的意义。"（Waldron 1996，4）

Waldron 考察了很多提出证成性理论的哲学家（同上，11 以下）：柏拉图、亚里士多德、格老秀斯、普芬道夫、霍布斯、洛克、休谟、亚当·史密斯、卢梭、黑格尔、马克思、边沁、密尔、诺齐克和罗尔斯。

当然，这种争论涉及专业性的哲学反思——主要是个人主义和自由主义意义上的反思，也是社群主义、黑格尔哲学和其他社会中心论（society-centred view）意义上的反思。因此，黑格尔派哲学家阿兰·布鲁德纳（Alan Brudner）阐述了如下的观点："财产法（以及整个普通法）可能因此成为法律学说体系的一个系统（system）。"（Brudner 1995，24）同时：

> 财产法中相互对立的原则——即原子式自我（atomistic self）的消极自由和社会性构成之自我（socially constituted self）的积极自由——不是摩尼教式的（Manichean）① 彼此没有联系的极端原则。相反，这些原则是彼此包容的。它们的共同善（common good）是个人自主（individual autonomy）；而且个人自身的目的性价值（objective worth）……预设了共同体的存在。（Brudner 1995，78）

[39]

---

① 摩尼教（Manichaeism）是 3 世纪在巴比伦兴起的世界性宗教。一般认为，摩尼教主要吸收犹太教—基督教等教义而形成自己的信仰，同时也采纳了不少琐罗亚斯德教的成分，传播到东方来以后，又染上了一些佛教色彩。摩尼教的主要教义是二宗三际论，二宗指明暗，也即善恶。三际指初际、中际、后际。初际阶段，明暗是分开的。中际阶段，黑暗侵入光明，光明与黑暗斗争，两者混合。后际阶段，明暗重新分开。关于摩尼教教义的核心意旨是一种善恶对立的二元观。不难看出，在过去—现在—未来的三际论中，光明与黑暗是始终对立的两极，既不存在彼此的转化，也不存在彼此的融合，始终倡导的是一种极端对立、黑白分明的善恶观。参见 http：//baike. baidu. com/view/62585. htm，最后访问时间 2008 年 10 月 1 日——译者注。

财产哲学是有价值的。因此，致力于此的思想家们作出了一种最热心的尝试（earnest attempt），即在一种证成或辩护的第一性原则（a justificatory first principle）指导下规整现存的法律。因此，这些思想家们在财产法中引入了一定程度的融贯性。固然，这种第一性原则几乎不能被视为可以合乎逻辑地推演出实际存在的财产法或最好的财产法的一种公理（axiom）。但是这一原则可以作为一种理解财产法的基本模型。财产法的某些部分将会遵循这种第一性原则；而其他部分则被认为是这种第一性原则的合理阐发（justified departure）。在此，"合理的"（justified）意味着这些内容有源自各种哲学、权威著作，以及实践的其他原则和规则的支持。

即使哲学家们没有找到一条独一无二且无可争议的原则来扮演这个角色，他们仍然可能创制很多可能的此类原则。但是，某个批评家可能会发现这种评价令人费解地疏远了法律所关涉的真实生活。财产法的哲学第一性原则对于那些希望通过哲学的花言巧语来寻求对其政治策略（political manoeuvrings）和议程进行支持的政治家们可能是有用的，但是，这一原则不能真正地决定政治决策，因为那些鼓吹各种政治观点的政治家们互有分歧，并且使用哲学性论证以支持他们在特殊问题和实际问题上的立场。比如，人们提出美国关于电视广播事业地位（the standing of television）的争论：电视广播事业是一种公共信托（public trust）还是私人财产？公共信托的学说源于罗马法和英国普通法，强调公众使用某种土地和水源的法律权利。这一权利可以与私人所有权并存。一些政治改革家热心地将这一学说应用在电视广播事业上。① 这一学说的批评家则鼓吹私人财产的观点。基于财产权利的学说和公共信托学说之间的妥当界定（delimitation）将取决于一系列考量的权衡。这种权衡为政治运作（political manipulation）提供了充分的空间。

----

① 始于 1991 年，奥尔巴尼（Albany）法学院的政府法律中心（Government Law Center）主办了一系列关于公共信托学说（Public Trust Doctrine）的会议。参见 http：//stella. als. edu/glc/ptd-home. html。

二、法学理论——所有权的转移

向上越过大西洋，人们就登上了另一个星球。斯堪的纳维亚的法学家们专门承担那些相对缺少戏剧性的课题。他们描述制定法和案例——财产法的外部体系。他们甚至论述一些规范性观点，但却很少在哲学的第一性原则之下规整它们。

如果他们攀升到了一个更高的抽象层面——不是寻找规范性建议而是发现分析性真理的层面，那么，为了对实在法的复杂内容进行体系化，他们或许会使用一些由哲学所得出的分析性工具。

举例来说，Aulis Aarnio（1997，265 以下）已经讨论了有关继承人和所有权法律地位的理论。他没有提及经典的哲学家，而是讨论了所有权转移的问题，取代了在特殊语境中对财产结构的讨论。法律学说长期使用传统的理论（$T1$）——根据这一理论，所有权存在于一个所有人对所有物的不受限制权力的原则中。任何时候，所有权的所有方面只能属于一个人，并且仅仅是一个人——实体上或者法律上的人。即使几个人共同拥有同一件物品，他们中每一个人仍将享有所有权的所有方面，但是仅仅是对所有物的一部分，以实物的或者抽象术语的方式——比如百分比——所确定的一部分。一次出售将因此导致瞬间的和全部的所有权转移：最初卖方是完全的所有人，然后是买方。但是，这种传统的观点在例外情况下遇到了不少麻烦，比如，当动产分配增补了一个悬而未决的条件或者条款——根据这个条款，所有权将不会完全转移给受让人（assignee），直到后续的特定行为或事件出现。在这个过渡时期（interim period），卖受人（assigner）不再拥有完全的所有权，而受让人也将不会得到完全的所有权。因为这个原因，除了传统的所有权理论之外，某些辅助性理论得以发展。因此，过渡时期的情形被认为具有一种潜在权利、期待权利，或者有条件所有权的特征。

除了其他人的表达或论式（Ross 1958，170 以下；Wedberg 1951，246 以下）①，根据阿尔夫·罗斯提出的更新的"分析性" [40]

---

① 还可以参见 Lindahl's and Odelstad 的表达或论式，下文第五章第五节。

所有权理论——*T*2，"所有权"是一个衔接两套规范的"中间性"（intermediate）概念，第一套规范决定成为所有人的条件，第二套规范设定成为所有人的法律后果。如果 *A* 出售或者继承了一份财产，或者作为礼物得到这份财产，他随后将拥有这份财产。如果他拥有这份财产，他随后可以使用或者出售它，或者采取法律行为以对抗任何将要对这一使用或出售行为进行干预的人。现在，与 *T*1 的论述相反的是，所有权的变化不再被理解为一个影响全部所有权的瞬间事件，而是被理解为很多阶段的一系列事件。人们现在可以把所有权的转移解释为一个过程——通过这个过程，一个人随着时间逐步取得了越来越多方面的所有权（比较 Ross 1958；Zitting 1959，277 以下）。① Aarnio 的评论：

> *T*2 的概念设置（conceptual equipment）——比相应的 *T*1 的概念设置——使它可能获得对相关问题的更加详尽的分析。这意味着更加详尽的问题，而且更加详尽和丰富的答案。在这一事实的基础上，似乎也有理由宣称从 *T*1 到 *T*2 的改变已经成为了一种科学进步的表现。（Aarnio 1997，272-3）

所有权理论的一个有趣的应用涉及继承人的法律地位。在基于德国法的法律秩序中，遗产在死者（decedent）死亡之后，立即转移给继承人。如果有两个或者更多的共同继承人（co-heirs），他们获得共同的属于死者的财产所有权。有关共同所有权（joint owner-ship）之共同继承人权利的两个理论已经获得了发展。不可分割的所有权理论（*T*1）认为所有的共同继承人，基于死者的死亡，将共同拥有不动产的财产，即使单个的继承人对不动产的一部分有继承的权利。在可以分割的共同所有权 *T*2 的理论中，每个继承人都将拥有一个关于每个不动产单独标的（object）的设想，即理想的

---

① 这一观念能够被追溯到芬兰（Finnish）法院在 1880 年作出的一个裁决和芬兰法学家 Torp（我从 Lars Björne 那里获悉了这一信息）。

（imagined，ideal）部分（或份额）。相应地，继承人的权利将组成一个他的设想部分的集合体（conglomeration），而且，有多少标的物就有多少设想的部分。这两种理论限定（entail）了相同的后果：单独的继承人不可以放弃不动产中的标的物。

这两种理论在随后可能让位于第三种理论（$T3$）——通过这 [41]一理论，所有权被最好地表述为由各个组成部分所构成。每一个部分在各种情景中以各种方式易受影响地改变。Aarnio 将这种改变看做一种范式（paradigm）的转换："如果 $T1$ 和 $T2$ 被看做是一个概念论者（conceptualist）的法教义学范式的清晰表达（articulations），那么，与上述一致，$T3$ 是一个分析性范式的明确无疑的清晰表达。"（Aarnio 1997，267）

$T1$ 和 $T2$ 仅在一个非常抽象的——几乎是哲学的——方法上彼此各不相同。$T3$ 也在一种哲学的方法上与 $T1$ 和 $T2$ 不同，因为它不再将所有权看做是不可分割的。但是 $T3$ 也在其他方面与 $T1$ 和 $T2$ 有所不同，也就是说，$T3$ 是考虑到了根据 $T1$ 和 $T2$ 理论，不可能以概念的方式出现的规范性解决方式。按照 Aarnio 的论述，$T3$ 是可以考虑到这一点的，因为将所有权当做一个不可分割整体的观念太不精确，以至于不能在动态的社会中解决复杂的法律冲突。

三、本森对财产的形式主义分析

所有权理论作为一个单独的、有很多方面相互联系的理论单元——尽管几乎被具有分析思想的法学家所抛弃——正在回到它以前的路上。① 因此，彼得·本森（Peter Benson）阐发了一种独特的即法学的（distinct，juristic）权利概念，其特征如下：

被告仅仅服从于对抗已经发生的对原告所有权造成侵害的禁令：在普通法的表述中，不履行义务（nonfeasance）是没有

————————

① See also Simmonds 1998，195 以下，关于 Hohfeld 之后的意志和利益理论的再度出现（reemergence）。

责任的……其次，这一法律概念假设，这种被保护的所有权利
益，以及原告的权利，是这样一种权利，即它能够被侵害的唯
一方式是通过当事人之间的外部互动。……最后，权利的法律
概念〔不论述〕评价一般性福利和共同善可能要求的内容。
在上述限定的范围内，法律据称是根据当事人的特定互动
（particular interaction）而产生的在当事人之间公正、合理的明
确术语。（Benson 2002，755-6）

本森将他自己疏远于这样一种在财产权的分析性理论中所表述
的理念，即一种将财产权的附属权利（incidents）解析为"一束"
（"bundle"）权利、自由、权力、豁免等的集合体的理念（同上，
771）。

[42]　　　　这三种先占（first occupancy）下的财产权的附属权
利——即占有权、使用权，和处置权——是非常完整和相互衔
接的，虽然各不相同，却表达了完全相同的财产权概念。（同
上）

再者：

个体的平等在于作为权利主张之自我鉴别渊源（self-au-
thenticating sources）的他们的绝对同一性（absolute identity）。
这种在概念上将个体看做自由和平等的基本观点是一种个
人的法律概念〔"法律人格"（"juridical personality"）〕，而且
这一观点被体现在财产权中。"（同上，813）

四、作为一种财产权学说之工具的哲学

当法学家们讨论财产权的时候，他们经常转向作为一种工具的
哲学。然而，一些攻击政治问题的美国法学家们使用经典的道德哲

学作为工具，一些欧洲法学家们则使用逻辑分析作为工具。我对"工具"一词的使用意在阐示，法学理论的最深刻理据（deepest ground）并不在于一般性哲学。因此，比如说，人们注意到本森的下述论证：财产权论证的一部分内容在于——与其他一些诸如占有、使用、处置、赔偿等法律概念相关的——法定财产权利（juridical property rights）的一种概念性分析。但是，这一论证也有规范性的面向，这一面向在于假定当财产法围绕着这些概念进行编制的时候，它具有一种自身的内在规范性。这种规范性因而能够通过对自由、平等等的哲学考量而从外部被加以强化。

　　Aarnio 的论证得到了相似的评论。他把这一发展看做一种理论上更加精确的达致（attainment of greater theoretical sophistication）。这一分析性理论的确比旧有的理论更加精确。① 一方面，这一理论对复杂的形而上学的回避问题显得更加明确。根据旧有的理论，所有权是一个不可分割的统一体，而不像一个实体。而另一方面，分析性理论不承认这些自相矛盾的实体。但是，分析性理论的论证还有另一部分的内容，即主要关涉权力而不是真实的论证。分析性理论将自身从所有权概念可能具有规范性后果的任何一个想法中剥离 [43] 出来。法律人宁愿调控法的规范性内容，也不愿承担法律学说中的概念性推断。因此，分析性理论鼓励创造（立法或者法律实践中的）法律情势——在其中，传统上与所有人相一致的专有权利，被散布在很多个主体中间。这是一种弹性工具，它使得立法机关和司法机关保有先前没有保有的霍菲尔德式的法律立场的结合（combinations of Hohfeldian legal position）。这种分析性理论为立法和制定法解释创造了更多的逻辑性空间：它使政治家和法官从先前

————————

　　① Aarnio 的理论，以及总体上的欧洲理论——从表面上看——比美国理论在其对哲学的使用以制定财产法方面更少哲学韵味。但这并不完全正确。在欧洲法理论，尤其是斯堪的纳维亚理论的背后，专业的逻辑学家完成了很多工作，诸如 Stig Kanger 和 Lars Lindahl，他们精炼（refine）了源自霍菲尔德的分析。

被传统的概念法学强加的桎梏中解放出来，即有效地从法律学者的手中拿走了一部分权力，并将其传递给政治家和法官。国家可以使用这一工具接管所有权的一些方面，并因此干预私有经济。

这些问题导致了如下评价：尽管所有权的分析性理论比旧有的理论表现得更加精致，但是仍然没有理由将所有权化约为简单的霍菲尔德式的组成部分（Hohfeldian components）。所有权的各组成部分和其整体在规范性论证中都是有用的。一旦分析的这种政治性语境获得认可，人们也就获得了一种可以用于进一步政治论证的工具。比如说，只有在另一个方面获得了慷慨补偿的前提下，探询有关不动产处分权的某种立法限制是否只针对一个方面才会是有意义的。屋主是否应该受到对其重建和出租房屋权利的严格限制，但却至少保留不受限制的出售房屋的权利？这一论证还引发了一个概念性问题：被一种方式限制的所有权还能不能被另一种方式限制，并且仍然保留其作为所有权的性质？比如说，一个在意愿上可能不重建或者出售其房屋的人能不能被认为仍然拥有这个房屋？

第三节　合同的法学理论

一、何为正义？何为自由？

合同中重要的道德问题是正义和自由。哲学家们的分歧在于：一些人强调自由，一些人强调正义，还有一些人居于中间立场（如 Richardson 1990, 258）。

除了其他方法之外，道德理论通过对正义的考量进入合同法。传统观念依据交换正义（commutative justice）的概念，坚持认为裁决必须服从与当事人相关的考量，并且必须避免诸如分配正义（distributive justice）这样宽泛的道德和政治问题。

[44]　　然而，一些作者仍然强调分配正义（distributive justice）。因此，安东尼·克朗曼（Anthony Kronman）(1980, 472) 建议——与福利国家的自由主义者（liberals）和自由至上主义者（libertari-

ans）的意识形态相反——合同法规则应该被利用以实现分配性目标，而在任何时候，可以这样做的替换性方式都可能是代价高昂或者格格不入的。

克朗曼强调群体而不是个人。具有决定性的是"大多数以一种特殊的方式被利用的人的福利，通过所讨论的这种'利用'（advantage-taking）得到了提高"（同上，483）。

并不令人吃惊的是，还有更加复杂的规范性理论。例如：

> Gordley 将他的解释建立在亚里士多德、托马斯·阿奎那（Thomas Aquinas）和西班牙自然法学派的基础上，他提出公平（liberality）和交换（或矫正）正义这两种德性（virtues）组成了合同订立的重要两端。当事人一方的责任应当取决于他已经履行了哪一种德性。（Benson 1996，43）

整体的印象是当面对合同中的真实生活时，哲学家们显得相当无助。他们采用精确的概念性分析，然而他们中的每一个人到达的却是他们自己所倾向的政治立场。

同样的方法被用在对自由的讨论上。合同自由的法律概念出现在 18 世纪晚期和自由主义政治理论影响下的 20 世纪早期（比较 Gordley 1991）。自由主义和合同自由的概念之间存在着一种天然的联系。但是在什么是自由主义所需要的和"合同自由"应该意味着什么这两个问题上也存在着争议。人们应该自由地订立合同，并使之受到约束，而不管可能存在道德的、经济的、社会的或者政治的对这种自由提出限制的理由吗？

没有单纯正确的对自由的定义，但却有一系列重叠的定义。只有复杂的定义才能获得重要的关于自由的直觉知识（intuitions）。例如，根据麦卡勒姆（G. C. MacCallum）的理论（1967，312 以下），自由有积极的一面和消极的一面。自由是一种三重关系，可以用如下的方式表达：

X 对 Y 有做 Z 的自由。

克里斯蒂娜·斯旺顿（Christine Swanton）（1992）阐发了一种自由的融贯性理论，这种融贯性理论基于一种广泛的、在有关"或然性"（"endoxa"）① 的可废止性考量之中的反思平衡，这种"或然性"意味着观点或者被多数人接受，或者被明智的一方接受。奥拉·斯文森（Ola Svensson）（2001）在这一理论中加入了复杂的实质自由（real freedom）的理念，这一理念意味着两件事情：

● 在其他条件相同的情况下（*Ceteris paribus*），伴随着每一种新的行动可能性，一个人将变得更加自由；

● 在其他条件相同的情况下（*Ceteris paribus*），这些可能性越重要，这个人也就越自由。

合同自由也有经济后果。因此，形式上的合同自由导致了帕累托最优（Pareto optimality）：在没有使任何人情势变坏的前提下，如果至少有一个人认为他自己会变得更好，在资源分配中的一种变化就是最优的和可以预期的（参见 Coleman 1998，95 以下）。一个完善的市场将会导致帕累托最优。但是，没有市场是充分竞争性的。理论学家们因此讨论"市场失灵的道德性"（"morality of market failures"）问题（参见 Collins 1995；Trebilcock 1993）。另一个经济概念是卡尔多—希克斯标准（Kaldor—Hicks Criterion）：如果帕累托最优是可以实现的，或者那些受益者能够通过资源重新分配来补偿受损者，资源分配的一种变化就

① 对希腊文 "endoxa" 有不同的译法，德国学者中有的译为"可推论的"，有的译作"普遍接受的观点"，有的译成"有可能根据的"。总体上说译为"或然性的"较为适宜。笔者过去将此译成"盖然性的"，可能有误（〔德〕罗伯特·阿里克西：《法律论证理论》，舒国滢译，中国法制出版社2002 年版，第26 页）。因为"或然性"和"盖然性"在逻辑上的意义并不相同。从可信性程度或说服程度讲，"必然"、"或然"、"盖然"、"偶然"等是按照降幂排列的。参见 ［美］奥斯丁·J. 弗里莱：《辩论与论证》，李建强等译，河北大学出版社1996 年版，第203 页及以下——译者注。

是最优的。① 卡尔多—希克斯标准在概念上是独立于合同自由 [45]
的。实际上，在资源分配是否应该遵循帕累托最优、卡尔多—希
克斯标准，还是其他道德考量的问题上，理论学家们还存在分
歧。最好的解决方案可能取决于市场失灵和合同自由的程度。

二、合同的约束力

就合同的约束力而言，存在着一个复杂的争论。精确的理论在
一个高度抽象的层面是各不相同的。因此，通过合同责任是一种自
我强加（self-imposed）的责任的原则，承诺理论（the promise the-
ory）导出了规范性的后果。在欧陆语境中，一个相似的理论是温
德夏特（Windscheid）的意愿理论（will theory）。承诺理论的一个
哲学性证成如下：

> 存在一种限定承诺及其限嗣继承行为（entailments）之实
> 践的惯例（convention）。这一惯例提供了一种个人可以在他人
> 中间产生期待的方法。基于信任和尊重的基本的康德哲学的原
> 则（Kantian principles），为了作出一个承诺然后再违反它而使
> 用这一惯例是不对的。（Fried 1981, 17）

---

① 如果一种变革使受益者所得足以补偿受损者的所失，这种变革就叫
卡尔多—希克斯改进。如果在一种状态下，已经没有卡尔多—希克斯改进的
余地，那么这种状态就达到了卡尔多—希克斯效率。由于帕累托改善事实上
极少能实现，因此法和经济分析更多追求的是"卡尔多—希克斯效率"。
See Richard A. Posner, *Economic Analysis of Law*, 4th Edition, Little, Brown and
Company, 1992, p. 13. 与帕累托标准相比，卡尔多—希克斯标准的条件更
宽。按照前者的标准，只要有任何一个人受损，整个社会变革就无法进行；
但是按照后者的标准，如果能使整个社会的收益增大，变革也可以进行，无
非是如何确定补偿方案的问题。所以，卡尔多—希克斯标准实际上是总财富
最大化标准："强调只要交易中获益方的得大于受损方的失，有关交易即为
有效率。也就是说，只要符合财富最大化的要求即可，至于财富如何分配，
法和经济分析并不过问。"参见许德风：《论法教义学与价值判断——以民
法方法为重点》，载《中外法学》2008 年第 2 期——译者注。

另一个理论是信赖理论（the reliance theory）：

> 根据一种信赖理论，合同责任在本质上是一种不要让那些已经因你而产生信赖的人失望的责任。换言之，合同责任是一种确保所产生之假设（assumption）的可靠性的责任。（Smith 2000，115）

然而，合同的约束力究竟依赖于什么呢？是惯例的应用，信赖的产生，还是有效的交易呢？选择一种理论的判准又是什么呢？

三、道德哲学、经济学与法学研究

[46] 也许每一种理论都有一些重要的内容可说。合同法的背后有一套更为广泛的价值。我们必须思考三种不同研究之间的关系：道德哲学、经济学和法学研究。法学家提供了一幅我们需要依赖于评价的情势描绘（a map of situations）。道德理论家告诉了我们一些关于评价之证成或辩护的内容。存在着这样的可能，即在某一情势中，一种道德理论在直觉上更具有说服力，而在另一种情势中，则是另一个道德理论在直觉上更具有说服力。经济学为道德理论提供了有用的概念和差异，还为法学研究提供了另一些有用的概念和差异。直觉主义式的道德理论家能够从经济学中获益，因为经济学给了他们一幅可以引发道德直觉（moral intuitions）的情势描绘。法学研究从依赖某一情势进行权衡的各种道德和经济学考量中得到了收获。

这种考量的多重性（plurality）解释了为什么一些颇具影响的法学家，尤其是斯堪的纳维亚法学家，将他们自己看做是价值的多元主义论者（value pluralists）。因此，简·赫勒（2001，93）为合同法提出了如下的根本目标：

● 确保为了获益而制定合同的一方当事人能够实际获得他所期待的利益；

● 保护合同关系中相对较弱的一方；

● 保护承诺人免受承诺造成的不可预见的后果；

● 保护已经将自己的信任置于另一方承诺之上的被承诺人。

法学理论可以迫使一些重要的道德问题被纳入背景分析。在基础的哲学争论层面，这些理论随之变得更不具有一般性和更易受攻击。我将论及合同法中的两种这样的理论：诚信理论（the theory of good faith）和假设理论（the theory of assumptions）。

四、诚信

20 世纪 50 年代和 60 年代，美国的合同法学者摒弃了所谓的"概念论者"或者"形式主义论者"的进路，以支持假定的"现实主义论者"的质询。任何试图将商业实务（commercial practice）真实世界的纷繁复杂性化约为某项一般性原则的努力都是徒劳的。因此，罗伯特·S. 萨默斯（Robert S. Summers）（1968）明确否认了诚信之一般性概念的有益性，转而提出了关于不诚信履行（bad-faith performance）的六点内容：第一，规避交易的本意（spirit）；第二，缺乏勤奋并懒惰；第三，有意地仅执行"实质履行"（substantial performance）；第四，滥用权力指定合同条款；第五，滥用权力以终止对合同的遵守（compliance）；第六，干预或者不能配合合同一方的履行（比较 Barnett 1999）。

对这一学术成就（scholarship）的态度在 20 世纪 70 年代和 80 年代开始改变。比如，斯蒂芬·伯顿（Steven Burton）当时提出的诚信履行（good-faith performance）理论（1980），他拒绝了要素列举式（list-of-factors）的进路，坚持认为这一法律学术成就必须再次创造出统一性理论（unifying theories）。兰迪·E. 巴尼特（Randy E. Barnett）（1999，1413 以下）在随后探究了"合同法的核心关注（core concern）"——意愿、信赖、效率、公平，以及交易——并提出具有明确目的之判准以作为一种"指定在什么时候这些关注中的一个应该为另一个让路的框架"。

但是萨默斯所提出的分类比上文提出的哲学性上位判准（super-criterion）更加清楚和更少争议。

五、假设理论

另一个例子是合同中的假设理论。这一理论最初由伯恩哈德·温德夏特（Bernhard Windscheid）提出（1850；比较 Lehrberg 1989，34 以下），该理论将合同中的某个默会假设（tacit assumption）作为一个未展开的条件（undeveloped condition）。如果发生特定的事实，原告将不受合同的约束，而且

● 原告不曾考虑到这些事实可能会发生这一可能性，同时

● 原告曾明确表示，如果知道这一可能性的存在，他将不会订立该合同。

如果被告知道或者应该知道原告将设定这一条件，合同就是无效的。因此，这一理论基于合同双方的假设意愿。正因为如此，这一理论被称为主观性（subjective）理论。

很快就出现了一种基于看得见的假设以及正义和公平的风险分担（risk distribution）① 的"客观性"理论。

一种由伯特·莱尔伯格（Bert Lehrberg）提出的假设理论的目的论版本在瑞典获得了成功。这一理论是"一种彼此之间有着精确的和不清楚联系的不同程度的不同原则的聚合（conglomerate）"（Lehrberg 1989，277）。

[47] 这些原则提供了一种对众多一般性案例以及由它们所引起的问题的分类。解决的方法是目的论的，遵循着 Ekelöf 的一般性学说，即在非典型（棘手的，困难的）案例中使用制定法和在常规案例中使用制定法的后果是一样的学说。根据莱尔伯格的理论，人们应该多关注细微的即特定的法律条文的后果。通过这种方式，一种详尽的立法在损害法的一般性原则的情况下获得了行动指导的重要性（action-guiding importance）。

莱尔伯格阐述了如下的"目的原则"：

● 信任：被告通常依赖合同的有效性；这种信赖应该被保护。

---

① Möller and Ussing；比较 Lehrberg 1989，42 以下。

● 意愿：原告不受与其明确并显而易见的意愿相反的合同的约束。

● 保护诚信：原告应当受到保护，如果其对事实的无视不是因为疏忽。

● 合同的履行：如果合同因为任何原因而没有被履行完成的话，对原告而言，基于错误的假设而使合同无效会更加容易。

● 合理性：合同双方可能的损失必须被考虑。

● 利润：被告没有同样的保护需要，如果其坚持损失仅仅是从合同中将要获得的利润。

● 预防：合同双方必须被阻止订立能够被确认为无效的合同。

这一理论的很多内容描述了实际的或者假设的一般性案例，并且将这些原则适用于这些案例。莱尔伯格展示了 12 个单独的案例模型（同上，286 以下）。他还陈述了在不同类型的假设之间变化的对诚信的要求。

问题是如何证成这些原则。人们可能尤其会问这些原则是否建立在正义的标准之上。但是任何这样的标准在哲学上都将是充满争议的。一般性印象是这些一般性案例的体系化，而它们普遍意义上的解决方法比莱尔伯格那些案例模型中的解决方法的任何哲学性理据（philosophical grounding）都更加值得信赖。

第四节　侵权行为的法学理论

一、侵权法之证成或辩护的哲学理论

为什么人们应该为造成的损失或者对他人的伤害承担责任？何　[48]
种程度的责任是正当的？赔偿的范围应该有多大？哲学家们莫衷一是。对此，存在很多经济学理论和基于正义的理论（比较 Perry 1996，57 以下）。

第一种经济学理论（由 Pigou 和 Calabresi 在他们的早期著作中提出，比较 Perry 1996，59 以下）认为"外在性"　（externalities）——花费最初由 A 来承担，因为 B 的行为引起了 A 的损害——应该被"内在化"（*internalized*）：由 A 来承担的花费应当转移到 B 身上，即在原因上负有责任的一方。

另一种经济学理论——由卡拉布雷西（Calabresi）在其后期著作中提出，并由理查德·波斯纳（Richard Posner）所发展——是一种威慑理论（deterrence theory）。因此，根据波斯纳及其后来者的观点，被告的行为应该被认定为过失行为，只要采取预防措施的负担（成本）小于事故所造成的损害（成本）与事故发生的可能性的乘积［勒尼德·汉德公式（"Learned Hand's formula"①）］。换言之，侵权法的最高目标是，并且应该是，全部成本的最小化（比较 Perry 1996，61）。

经济理论的第三种类型假定侵权法的最高目标是在全社会范围内尽可能稀疏地和广泛地分散损失（比较同上，68 以下）。

举例来说，一些经济学理论展现给我们的是不公正，因为它们对需要获得赔偿的个人经济境遇给予了极少的关注。因此，各种基于正义的理论得以发展。其中一个理论专注于分配政治。在这一理论中，侵权法的最高目标是实现一种公正的资源分配（比较同上，71 以下）。

所有这些理论——因为没有考虑侵权法中的赔偿是一种当事人之间的地方性（个人对个人）［local（person-to-person）］问题，而不是创造一种经济上有效率的全球性问题，或者全社会范围内的资源的公正分配问题——已经遭到了批判。

---

① 法官勒尼德·汉德提出了这样一个公式——如果预防一个风险，或者一整套风险的负担（B）小于风险发生的可能性（P）与被物化的风险所造成的损害（L）的乘积，那么，造成损害的当事人就是有过失的。用公式表示，即如果 $B < P \times L$，当事人就是有过失的（United States vs. Carroll Towing Co.，159 F. 2d 169 2nd Cir. 1947）。这一公式现在被经济分析法学运动（law-and-economics movement）所普遍接受。理查德·波斯纳是这一运动的领军人物。

二、欧内斯特·温里布对侵权行为的矫正正义理论

欧内斯特·温里布（Ernest J. Weinrib）将矫正正义解释为侵 [49] 权法中原告和被告之间的一种正义。

尽管分配正义所关注的是一群人之间的利益的整体性分配，而矫正正义仅仅关注的是双方当事人之间的关系，比如侵权法中的侵权人（wrongdoer）和原告之间的关系，而不去关注整体的分配方案。

温里布将这一理念阐发如下：首先，一个私法体系应该追求一个融贯性目标或者一组融贯性目标。其次，一个私法体系应该遵循亚里士多德式的（Aristotelian）基于矫正正义的相关权利和义务的观点。

> 因为，无论是好人欺骗了坏人还是坏人欺骗了好人，其行为并无不同。无论是好人犯了通奸罪还是坏人犯了通奸罪，其行为也没有什么不同。法律只考虑行为所造成的伤害，并且平等地对待双方当事人。他只问是否其中一方做了不公正的事，另一方受到了不公正对待；是否一方做了伤害行为，另一方受到了伤害。（Aristotle, *Nicomachean Ethics*, v, 1132a）

再次，一个私法体系应该将矫正正义建立在康德保护个人自律或自主（individual autonomy）的规范之上。温里布的结论：

> 在这个观点上，不合理的风险（unreasonable risk）是一种把被告的错误行为和原告所受的伤害联系在一起的观念。被告的错误行为在于创造了一整套确定的有害后果的可能性，而只要原告所受的伤害在这一整套后果之中，原告就能胜诉。被告需要承担责任的后果被限定为在风险范围内的首先导致了错误行为的后果。（Weinrib 1995, 158-9）

这一理论有实际的后果。比如说，我们来分析著名的案例帕斯

格拉芙诉长岛火车站案（Palsgraf v. The Long Island Railroad Company）(162 N. E. 99, N. Y. 1928)。① 在对这一损害赔偿持否定意见的判决中，卡多佐（Cardozo）法官指出：侵权责任的核心观念必须被理性地限定在特定被告产生风险的行为（risk-creating conduct）和原告可以预见的损害（foreseeable endangerment）之间。通过在这一理性的范围内限定责任，卡多佐法官的意见如实地反映了温里布在权利和义务问题上形式主义观点的两极化倾向（bipolarity）。与之相反，侵权责任的观念在世界范围内被普遍归功于安德鲁（Andrew）法官在帕斯格拉芙一案的反对意见中所清晰表达的观念——这一观念背离了两极化的观点，因此，在温里布看来，它是错误的。

[50]

---

① 美国采用可预见性理论的著名案例是帕斯格拉芙诉长岛火车站案（Palsgraf v. The Long Island Railroad Company）。该案案情：被告的工作人员帮助一名乘客上火车时不小心将乘客随身携带的包裹碰落在地，由于包裹里装的是烟花爆竹，火车开动时碾过包裹发生爆炸，爆炸的冲击力将离爆炸地点相距不远的磅秤炸坏，倒地的磅秤砸伤了原告。原告请求被告承担损害赔偿责任。卡多佐法官在判决中指出："可合理预见的风险界定承担责任之范围……若在预料之中，则对另一人或他人构成风险。"被告的工作人员的行为"在具有通常谨慎标准的人来看显然没有构成对被告的威胁。对她而言，至少在表面看来，行为无危险、无害"。根据各种判例，可预见性理论的主要内容可以归结为以下几点：第一，至少在通常情况下，原告必须属于可以合理预见的因被告人的行为而处于危险中的某一类人；第二，如果损害是因侵害人身权、财产权等绝对权而造成的，那么只要此种损害的种类被合理地预见即可，被告未合理预见该损害的范围、程度或其发生方式无关紧要；如果损害属于纯粹财产损失，则被告只对其合理预见范围内的该损失负责；第三，如果损害发生的可能性极为明显而采取预防措施的成本又极为微小，那么对损害发生的微小可能的预见就足以要求被告承担责任；第四，如果继起的损害与已被预见且要求采取预防措施的损害属于同一种类，即便继起的损害不同于且超出预见范围，也无须要求被告预见损害的全部范围；第五，在极少数案件中，即便损害的结果是可预见的，但是由于该损害过于微小且过于遥远以致无法要求被告赔偿，那么也认为此时并无法律因果关系的存在——译者注。

温里布以如下具有融贯性的思考支持自己的观点。他坚持认为原告和侵权人的法律地位（legal positions）必须在概念上联系在一起（Weinrib 1995，30），而且它们必须拥有一个单独且完整的证成（同上，35）。因此：

> 矫正正义和分配正义为证成性考量的一致性提供了最抽象的表述……因为矫正正义和分配正义在范畴上是不同的，并且相互之间都是证成之融贯性（justificatory coherence）不可化约的方式，因此，一个单独的外部关系不能融贯地代表（partake）两者……当一个矫正性证成和一个分配性证成混合在一起的时候，每一个都必然损害另一个的证成性或辩护性效力（justificatory force），而单独的外部关系不能证明任意一方的一致性结构。（同上，73）

三、侵权行为中矫正正义的适可而止的地方性

温里布的理论被批评与社会性考量（social considerations）人为地割裂开来（比较 Rabin 1996）。毫无疑问，在这个问题上人们有很多疑问：温里布的理论需要（entail）具有严格责任（strict liability）的在规范上合理的解决方法吗？

在一种所谓的混合事变（*casus mixtus*）的案件中，即当一个走霉运的小偷在一个意外事件中损失了他所偷来的财物时，温里布的理论还需要合理的解决方法吗？对于有着丰富内容的侵权法而言，类似的问题是可能出现的。

另一个问题关注的是融贯性。温里布坚持认为原告和侵权人的法律地位必须在概念上联系在一起，它们拥有一个单独且完整的证成，并且这一证成必须基于同一个正义的概念，即矫正的正义。让人失望的是，原告和侵权人的法律地位并不是相互融贯的。但是这一融贯性的概念又是如此严格。温里布认为因为个人自律的原因，私法的内在融贯性必须产生效果（prevail），即使这损害了法律体系其他部分的私法的融贯性。我们并不清楚为什么必须这样做。

并不令人奇怪的是朱尔斯·科尔曼（Jules Coleman）提出的一个"混合的"概念，这一概念把要求不当的损失应该被宣告无效的矫正正义的原则和将这一宣告无效的责任归咎于为损失负责之人的"相关性原则"（relational principle）结合在一起。这一混合性概念假定，如果造成不当损失和承担责任的条件相符，侵权人必须赔偿受害人的损失，除非存在一种替代性的赔偿方案，例如一种社会保险（比较 Coleman 1992, 326）。换言之，矫正正义在一般意义上证成了对不当行为的赔偿，而不需要把赔偿的责任归咎于侵权人。当我们决定赔偿的负担是否应该由侵权人来承担——还是由与之相对的国家或者保险公司来承担时——我们可能更有理由依赖分配正义而不是矫正正义。

在一个更高的抽象层面，我们可以毫不隐瞒地介绍黑格尔哲学的（Hegelian）考量。如下的引用是饶有兴味的：

> 无论是严格责任还是过错责任都没有试图取代（engulf）侵权法，社会保险也没有试图取代过失行为法（the law of negligence）。毋宁说，每一条受到限制的规则都是与其他规则的独特存在的保持（preservation）相一致的——这些限制通过将涉及其各个组成部分的整体放在首位而形成了融贯性……这意味着，尽管某一侵权行为的权利不能被社会保险所取代，这一权利仍然必须达到（yield to）对于确保社会所有成员的基本福利水平而言必不可少的程度。

[51]　　再者，私法不是法律的一个孤立部分。法律实践——及其对解决了因果颠倒的（causal over）和难以决定的（under-determination）复杂问题的类推推理、损害赔偿分摊（apportionment of damages）和其他法律技术性手段的使用——在事实上违背了温里布的理想。每一种背离都有它自己的证成，这一证成与法律知识的总体联系在一起。温里布的融贯性过于狭隘以至于没有把握住这一关系。他有一个关于双方当事人关系的融贯性理论。这是一个好的开始。但是法律人还需要一个关于"所有事情"的融贯性理论，在

这一理论中，双方当事人的关系应该与对个人和社会的利益、赏罚、需要以及功用的考量一起思考。除此之外，这一理论必须关注原物返还（restitution）、公平的风险分配（fair risk distribution），以及对过错行为的一般性威慑（general deterrence）（Hellner 1995，37ff）。这一理论必须包括关于过失行为和相当因果关系（adequate causation）的"地方性"理论，但是它仅仅是在一个包括其他考量并且被其他考量所矫正的范围内才能这么做。这一范围必须是可以接受例外的、是可以废止的，而且是适可而止的。

被如此解释的融贯性理论必须关注矫正正义和分配正义。①

四、法律学说的三种智识性活动

一个整体的印象是哲学家们已经无法提供一种可以被普遍接受的对侵权责任进行证成或辩护的规则。法律学说应该如何处理分歧？通过进行三种智识性活动：相对化的道德理论、法律各部分内的地方化问题（localizing problems），以及在责任的要求方面出现的地方化问题。

让我们先从相对化的道德理论开始。简·赫勒（1990，162 以下；2001，92）提出了如下的侵权法的根本目标：为了补偿遭受伤害或者损失的人，为了在任何一个为附加保护（additional protection）付出的人都应该被授权获得这种保护的意义上确保交换正义（commutative justice），为了根据经济效率分担风险，为了在多人之间分摊（spread）损失等。像赫勒这样的法学家通常否认赔偿只有一个单独的根本目标。

法律学说的第二个活动是就法律的每一个部分单独地讨论问题。在侵权法中，人们必须在诸如矫正正义、一般性威慑，风险的公平分配和受害者的需求这些考量间进行权衡。在刑法中，类似的因素肯定也起着重要的作用。关于报应、社会功利，以及刑罚的改革理论也还有很多内容可以说。在合同法中，尽管有约必践（*pac-* [52]

---

① 比较 Perry 2000，237 以下，对矫正正义和分配正义的概念之间的关系的论述。

ta sunt servanda）的原则在康德的自主性理论中（Kantian autono-my）获得了明显的支持（underpinnings），需求的社会性考量仍然主导着消费者保护，比如说，劳动法必须认真地对待应得（desert）。但是，在某些案例中，法律学说的地方性问题仅仅提供了表面性（*prima facie*）解决方法，并为发掘潜隐于法律体系中的融贯性开辟了通道。相同的问题、原则，以及体系化在法律的不同部分均有阐发。比如说，侵权法和刑法都必须解决过失行为和相当因果关系。将一些原则从法律的一个部分引入另一个部分是一个正在进行的过程。

法律学说的第三个活动是把针对责任的讨论划分成几个问题。比如说，法学家区分了各种不同的责任要件，每一种都是具有代表性的独立的必要要件。责任的充分条件是所有这些要件的共同达致（joint fulfilment）。这些要件是过失行为要件（除了在严格责任的案件中）、相当因果关系要件、法律保护的目的要件、证据要件和强力证据（strong evidence）要件等（比较 Peczenik 1979a，283 以下）。

五、过失行为理论

不仅仅是在侵权法、合同法和刑法中，在法律的很多领域，过失行为都是义务和责任的一个重要前提条件。从古至今，法学家们已经提出了一些原则、准则（maxim）和理论用来在什么应该承担责任而什么不应该承担责任之间划分界限。这一划分部分地基于过失行为，即使还存在无过失行为的严格责任和无责任的过失行为（关于这一点，参见下一节）。总体而言，过失行为是一种针对应受谴责之人的心理态度。例如，明知你的行为可能带来伤害但却并不在意，或者在你应该知道的情况下却毫无所知。过失行为的经典标准与常态（normality）有关：人们会因为粗心而被谴责，因为一个正常人，即一个善良家父（*bonus paterfamilias*）① 应该负有更多

---

① 徐国栋认为此词是善良家父的意思，用来描绘"完美的罗马市民"。现在用来作为注意标准的参照系，即"中人"的意思，参见 http://www.romanlaw.cn/sub6-1-5.htm，最后访问时间 2008 年 10 月 1 日——译者注。

的预防义务。反之，对常态的估计或者基于频率（frequency）——在某一特定语境中，大多数人的行为都是没有过失的——或者基于社会期望（social expectations）。后者是复杂的，即使其他很多人在那样的情势中也做了同样的行为，一个人的类似行为仍然有理由被认为是过失行为。例如，一项时髦但却极度危险的阿尔卑斯山攀登行动的组织者的行为可能被认为是过失行为，尽管事实是其他组织者也做过类似的行为。 [53]

近期出现了其他两种与常态标准相互竞争的理论：他们是理查德·波斯纳的经济分析法学理论（law-and-economics theory①）和作为福利国家安全政策的一项基本要素的责任理论。在经济分析法学理论中，被告的行为应当被认为是过失的，只要采取预防措施的负担（成本）小于事故所造成的损害（成本）与事故发生的可能性的乘积（参见上文的"勒尼德·汉德公式"）。而在最近被当做是一些瑞典案件的某种解释（Dahlman 2000, 58 以下）的另一个理论中，如果被发现已经为意外事件的受害人创造了一种无法接受的不确定性，被告就是有过失的。三种理论之间的关系遵循着一种元规则（meta-rule）（同上，106 以下，特别是第 137 页），根据这一

---

① 经济分析法学又有法律经济学、法经济学（Economics of Law 或 Lex-econics）、法与经济学（Law and Economics）、经济学法学（Legal Economics, Economics Jurisprudence）、法律的经济分析（Economic Analysis of Law）等称谓。在波斯纳看来，Economics of Law 比 Law and Economics 的表述更清楚、明确，也更合适（参见［美］理查德·A. 波斯纳：《法律的经济分析》（下），蒋兆康译，中国大百科全书出版社 2003 年版，第 905 页）。但就字面意思来看，Law and Economics 和 Economics of Law 可以被分别译为法与经济学，或者法律经济学。在前一种译法中，法与经济学是一种平行的并列关系，无所谓侧重；而在后一种译法中，落脚点则偏重经济学。而对波斯纳理论稍有了解的读者不难发现，他本人是一个法学家，所倡导的是一种将经济学方法引入法学研究的理论，也就是学界通常所译的"法律的经济分析理论"或者"经济分析法学理论"（比如其代表作《Economic Analysis of Law》就被译为《法律的经济分析》）。基于这一背景，并考虑到本书所引用时的语境，在此，我仍将"law-and-economics theory"意译为"经济分析法学理论"——译者注。

规则，承担责任的主要依据是与常态的背离；经济分析法学的判准适合于有组织行为，而无法接受的不确定性判准适合于导致个人伤害的有组织行为。

但是这一情势引出了一个问题，即我们是否仍然需要"过失行为"这一涵盖所有案例的保护伞般的术语（umbrella-term）。如果我们确实需要这一术语，我们为什么需要它？另一个问题是这些理论怎么获得证成。它们尤其会被质疑是否遵循了任何一种正义的标准。

六、侵权行为的充分性理论

然而，对过失行为的考量仍然是不够的。大约在 1880 年，一个德国哲学家范·克里斯（J. Von Kries,）提出了一种当因果关系不够"充分"的时候，个人是没有责任的理论。这一理论吸引了一大批法学家。考虑如下的例子：一个疏忽大意的马车夫睡着了，马转错了方向，被闪电击中，并且闪电杀死了一个乘客。马车夫的疏忽大意是乘客死亡的一个原因，但是这个原因并不充分。然而，在另一个案例中，它可能是充分的，当因果的链条从马车夫的睡着开始到乘客的死亡终止，不是因为闪电，而是因为马车驶入了壕沟。因此，侵权法的一条不成文原则得以显现，它规定只要损害被认为是一个人应当负有责任的行为的一个充分结果，这个人就必须对损害进行赔偿。但是，什么时候这种因果关系是"充分"的呢？范·克里斯总结了两点：首先，这一充分的原因通常倾向于导致一种特定的伤害；其次，这一充分的原因显著地增加了这一特定伤害发生的可能性。

[54]　　　　过失行为和充分性之间的关系可以被描述如下（Peczenik 1979a，286-90）：过失行为取决于一个通常谨慎的人——一个善良家父——因为其可能已经预见到的损害风险，是否已经没有像侵权人那样行为。充分性取决于一个特别有能力的人［一个谨慎的专家，一个德性最优之人或至善之人（vir optimus）］是否已经预见到了一种与所讨论的特定类型的损害相对应的风险。如果侵权人要承

80

担责任，这一法律体系通常需要同时满足过失行为和充分性两个条件。

"充分性"的不同理论已经在法律学说中得到了发展（比较同上，153ff）；它们中的一些如下：一种行为和随之而来的损害之间的因果联系是充分的，当且仅当这类行为中的任何一个行为都倾向于导致（或者相应地增加了可能性）这一类型的某种损害。一种行为和随之而来的损害之间的因果联系是充分的，当且仅当一个非常谨慎并且见多识广（well-informed）的人［一个谨慎的专家，一个德性最优之人（vir optimus）］能够预见到所讨论的这种类型的损害。一种行为和随之而来的损害之间的因果联系是充分的，当且仅当这一行为是导致该损害的一个不太生疏（not-too-remote）的原因。一种行为和随之而来的损害之间的因果联系是充分的，当且仅当这一行为是导致这一损害的一个实质性（重要的）原因。

每一种理论都宣称是充分性的一般性理论。尽管每一种理论都具有合理性，但是也都存在争议。这些理论必须被置于矫正正义和分配正义的均衡考量中。因此，在某种程度上，道德理由可以被用以证成在可以想到的充分性判准之间作出的选择。并且，道德理由可以被用以支持这样的结论，即一个人不应该赔偿损失，即使其充分导致了这一损害的发生。在"保护目的"［"purpose of protection"（schutzzweck）］的理论中，侵权人对某一损害负有责任，仅仅是因为所讨论的规范试图对该损害提供保护。保护目的因而成为一个除了充分性之外的责任附加条件（转引自 Peczenik 1979a，153 以下；还可参见 Stoll 1968；Andersson 1993）。但是这些新的规范同样具有争议。再者，一些作者尝试以保护之目的理论或者经济分析法学理论来取代充分性理论（参见 Landes and Posner 1987，第八章，及其对应的脚注，in Posner 1995）："这不是否定因果关系：它是否定法律需要一个因果关系的概念、定义或者学说这一提法本身。"（Posner 1995，185，n. 38）

实践中，人们必须在抽象的考量和不太抽象的关于普通案例妥善解决方案的规范性直觉之间找到一种平衡。每一种学理性理论

（doctrinal theory）都用大量篇幅描述实际的和理论的普通案例，并且将选中的对具有相当因果关系的损害承担责任的原则适用于这些案例。有很多这样的案例。比如说，与损害的各种"相互竞争的"理由相关的特殊问题开始出现（参见 Peczenik 1979a, 63-100）。用一个更新的术语，人们可以谈论在多种因素决定与优先（over-determine-cum-preemption）的案例中出现的问题。因此，如果某一类型的损害 D 通常被看做是由损害类型 X 和损害类型 Y 的原因所导致的结果，那么，给定一个先前的行为 X，一个行为 Y 将不会必然提高任何一种发生损害 D 的重要可能性（尽管先前的行为 X 的确极大地提高了损害 D 发生的可能性）。既便如此，如果行为 Y 的介入优先于（preempts）行为 X 和损害 D 之间的因果联系，人们仍然可能将损害 D 发生的充分原因归结于行为 Y，而不是行为 X。

我们还必须区别财产损害和人身伤害，以及初步损害（initial harm）和相因而生的损害（consequential harm）。法律学说系统地考察了这些案例。如下种类的案例出现在侵权行为的相当因果关系的语境中（比较 Peczenik 1979a, 38 以下，206 以下）：

[55]
- 某种可分性损害（divisible harm）的多重充分原因。
- 不可分性损害（indivisible harm）的同时发生的、独立的充分原因。
- 不可分性损害的非同时发生的、独立的充分原因。
- 存在于原告的疾病或者脆弱（vulnerability）中的某种"突发性"原因（overtaken cause）。
- 当另一个人的错误加剧了损害时，A 应不应该负责？
- 当一个意外事件加剧了损害时，A 应不应该负责？
- 针对多余因果要素的责任性。
- 被归咎为累积原因（cumulative causes）的过错。
- 包括受害人介入性过错（intervening fault）的原因。
- 累积原因，其中之一存在于一种不寻常的意外事件中。
- 某种伤害的累积原因，其中之一存在于受害人的疾病或者脆弱中。

第五节 刑法的一些理论

一、刑罚的哲学证成

刑法也有自身的哲学支撑（philosophical underpinnings）。达夫（Duff）（2002b）列举了如下关于刑罚（punishment）之证成或辩护的基本问题：

> 哈特曾经精辟地指出……我们必须至少区分三个证成性问题。第一，什么是一个刑罚体系的"一般性证成目标"（general justifying aim）：什么证成了这一体系的产生和维系（maintenance）——它实现了何种善，又履行了何种义务？第二，谁可以被适当地惩罚：应该以什么样的原则或者目标来决定对个人的刑罚分配（allocation of punishments）？第三，应该如何决定刑罚的适当量刑（appropriate amount of punishment）：量刑人应该如何决定他们应当施加一项多么严厉的判决？我们可以加上第四个问题，这一问题没有被哲学家们深入地探讨：针对一般罪行或者特殊罪行，何种具体的刑罚模式是适当的？（Duff 2002b）

我们能够在刑法中找到一种张力——同我们在侵权法中找到的一样——在基于正义的责任和社会的考量之间。刑罚理论在很大程度上依赖于对正义（诸如报应论的例子）和功利（诸如阐述刑罚的目的是教化以及一般性威慑和特殊性威慑的后果论的例子）的考量。 [56]

一个后果论者（consequentialist）必须证成或辩护刑罚（如果其打算证成或辩护刑罚的话）对于某些可以独立确认的善而言是一种经济有效（cost-effective）的方式。但是这种刑罚可能是不公正的，并因此可能是错误的。因为这个原因，报应论假定了一种不同的立场：刑罚的该当性（Penal desert①）构成了刑罚的一个必要且充分的理由（比较 Duff 2002b）。报应论有规范性的后果。例如，我们来思考如下的引用："我相信这三种应受责备的心理状态——目的、认识，以及不计后果——都展示了对他者利益不充分顾虑的单一的道德瑕疵（single moral failing）。"（Alexander 2002，828 以下）再者，"过失行为和严格责任——两者不是应受责备的心理状态，而且也没有证据显示不具有刑罚的该当性——自身不能提供刑罚的可证成性"（Alexander 2002，830 以下）。

　　人们还可以讨论密尔（Mill）的伤害原则（harm principle②）

---

　　① 20 世纪 70 年代初，在美国产生了刑罚应该与犯罪行为的应受谴责性相对称的哲学理论，即该当性理论（desert, deservedness）。该当论的产生是和学者们对传统报应论的批判和反思联系在一起的。学者邱兴隆在《从复仇到该当——报应刑的生命路程》一文中对报应论的发展脉络进行了梳理，并将该当论看做是报应论的新生。邱兴隆认为该当论的逻辑结构如下：其一，谴责错误行为是一种普遍的道德标准；其二，犯罪是一种错误行为，应该受到谴责，因而具有应受谴责性；其三，刑罚作为对犯罪这样一种错误的反应，必须具有谴责性；其四，不同的犯罪因严重性不同而在应受谴责性的程度上互不相同；其五，作为谴责犯罪的手段的刑罚因严厉性不同而谴责性不同；其六，按照公正的要求，对错误的谴责程度应该与错误的应受谴责性程度相当；其七，因此，作为谴责犯罪的手段的刑罚的严厉性应该与作为谴责对象的犯罪的严重性相当。同传统的报应论相比，该当论具有如下的突破：首先，该当论并不排斥刑罚的预防目的；其次，该当论不以害害相报为理念；最后，该当论实现了罪刑评价标准的完全抽象化。参见邱兴隆：《从复仇到该当——报应刑的生命路程》，载《法律科学》2000 年第 2 期，第 88～90 页——译者注。

　　② 伤害原则也叫作"不干涉原则"（non-interference principle），是 19 世纪后半期英国自由主义的代表性人物约翰·密尔概括出的一条"极其简单的原则"。该原则认为："人类之所以有理有权可以个别或者集体地对其中任何成员的行动自由进行干涉，唯一的目的只是自我防卫。也就是说，权力能够正当地施与文明群体中的任何成员的唯一的目的只是要防止其对他人的伤害。"密尔所提出的这条原则并不是为社会对个人的干涉提供了依据。恰恰相反，每个人在其不伤害到别人的情况下都拥有着自己的一切自由。更确切地说，除某个行为正在伤害或必会伤害他人或社会的利益外，作出这一行为的自由不应受到限制——译者注。

是否为承担刑事责任（criminalization）仅仅限定了好的理由（比较 Duff 2002a），或者是否还存在无害的侵权行为。

刑法对哲学的依赖表明了其自身的一种抽象性趋势。和在侵权法中一样，我们能够在刑法中看到有关抽象哲学问题的高度精致（sophistication）和巨大争议（controversiality）。让我们再次引用达夫的论述：

> 凭心而论，合理刑罚的规范性理论将不可能证成或辩护我们现存的刑罚制度（penal institutions）和实践：这样一种理论将更可能揭示我们现存的极度不完善的实践——目前所施加的法定刑罚，如果被充分证成或辩护的话，会严重偏离它本来的意义和目标。（Duff 2002b）

因此，一些学者鼓吹一种基于多元考量（a plurality of considerations）的相关概念似乎就变得合理起来。比如说：

> 责任分配并没出现在司法的真空状态（juridical vacuum）下，而是存在于特定人际间的、酌情而定的语境中。这样的分配在根本上是相关的：它们取决于介于行为人、受害人，和评判人之间的道德、法律以及社会关系属性。（Kutz 2002，550）

这一对刑罚证成或辩护之复杂性的洞见有着黑格尔派先哲们（Hegelian antecedents）的风范。因此，在一份对黑格尔哲学的明确批注（explicit endorsement）中，布鲁德纳（1995）作了这样的阐述：

> 因为每一个体系都是整体的一部分，它必须被法官和立法者以一种反映这一构成状况（constituent status）的适度方式实施……因此，将过失行为作为违背人性犯罪的责任基础，或者弱化严格的报应论者对这些犯罪行为的该当性理解都是错误的。主观论者的正统说教（orthodoxy）适合于真实的犯罪。然

而，将主观过错作为侵犯福利之犯罪① （welfare offences） 应受谴责的标准，或者以该当性的观点来评价对这些犯罪行为之刑罚的正义性同样是错误的。因为福利法（welfare laws） 是在工具层面上获得证成或辩护的，在这方面，被严格理解（strictly understood） 的该当性概念没有明确的适用。（Brudner 1995，255-6）

二、一些法学问题

[57]　　　法学家有时候对哲学持怀疑态度，然而，他们可能会问与哲学家相似的问题。很多刑罚的报应理论、社会功利理论（social-utili-

---

①　在严格责任出现之前，犯意（*mens rea*） 一直是刑事责任构成的必备要件之一。在法官作出判决时，犯意和行为两者必须同时具备而且相互结合，才能构成一个犯罪；作为一般规则，如果犯罪行为的发生没有相应的犯意的存在作为支持，则不能认为是犯罪。这种情况在 19 世纪末期发生了一些改变。由于民众健康和公共安全日益受到关注，有关劳资、福利、教育、经济等社会立法相继出现，侵犯公共福利的犯罪（public welfare regulatory offences） 也被创制出来。在此，我将侵犯福利的犯罪（welfare offences） 和侵犯公共福利的犯罪（public welfare regulatory offences） 等同看待。侵犯公共福利犯罪的出现提出了这样的问题：普通法假定犯意是构成每一个基本的和真正的犯罪的必要要素，那么这一假定是否也适用于由条例规定的“并非真正的”犯罪呢？如果答案是否定的，它的根据又是什么呢？在这些讨论中，一些侵犯公共福利犯罪的案件，如尼科尔斯诉霍尔案（Nichols v. Hall 1873）、坎迪诉勒考科案（Cundy v. Le Cocq 1884），首先被引入这样一种观念：对于某些犯罪，犯意不是犯罪构成的必要条件。在这些案件中，法官确立了在普通法中犯意作为犯罪构成必要条件的规则存在例外情况，这是严格责任早期运用的含义。所谓严格责任是指这样一种情况：对于某些特殊的犯罪，法官并不把犯意作为决定刑事责任的先决条件要求检察官加以证明，只要被告实施了一定的为法律禁止的行为，而被告又不能证明自己“主观上不存在过错”，包括“已尽自己的能力注意和避免”，则被告可能被判有罪。侵犯福利的犯罪就是典型的一类适用于严格责任的犯罪，它不以主观过错作为应受谴责的标准，也不以该当性的观点来评价对其进行刑罚的正义性——译者注。

tarian theory）和改良理论（reformative theory）的问题都能够在此讨论。人们还可以思考尼尔斯·贾里伯格（Nils Jareborg）（1992，98 以下）关于犯罪意识形态（crime ideologies）的分类。原初意识形态（the primitive ideology）和集体主义意识形态（the collectivist ideology）将刑罚建基于侵权人的态度之上。原初（意识形态）理论（the primitive theory）将刑罚建基于侵权人对规则的不服从之上；而集体主义（意识形态）理论（the collectivist theory）则将刑罚建基于对与道德、社群（community）或者自然法相关联的法律权威的不服从之上。基本理论（the radical theory）根本不能改变侵权者的态度，而仅仅只能改善犯罪行为应受刑罚的情形（circumstances），更确切地说，在很大程度上，它只能补救侵权者所造成的伤害。贾里伯格（同上，106 以下）认为基本理论有着重要的实践结果。比如说，它认为对盗窃罪（larceny）的刑罚应该比对施加精神痛苦的刑罚更加温和，而且刑法应该更有效率地保护受害人的利益。

由于原初意识形态和集体主义意识形态都建基于态度之上，它们引发了与报应论有关之问题的相似问题。而另一方面，基本理论则对应了结果论（consequentialism）。两种意识形态之间的关系是复杂的，因为这两种意识形态是纯法律的而不是道德的（Jareborg 1992，105）。贾里伯格对法律之道德证成（the moral justification of the law）的怀疑主义相当富有争议，但却值得关注，至少他对法律中的道德规范性（moral normativity）的怀疑路径没有表现出一种价值虚无主义（value nihilism）。相反，贾里伯格批判了这种价值虚无主义。

刑法学说的最重要贡献是系统化（systematization）。刑法由总则和分则构成。总则部分从一种裁判权变到另一种裁判权，但却有代表性的关注犯罪概念、刑罚、合法律性（legality）、自首要件（requirements of voluntary action）、作为和不作为（omission）、刑事归责（criminal culpability）、个性化犯罪（the individuation of crime）、开脱罪责的情况和理由（exculpatory circumstances and excuses），以及已遂未遂（completed attempt）等。分则部分则论述具体犯罪。

根据贾里伯格（1988，106ff）的观点，刑罚体系的结构由三个层面构成：犯罪化和有威慑力的刑罚（threatened punishment）、与刑罚有关的管辖权，以及刑罚的执行。在犯罪化层面，下列问题是最重要的：什么类型的行为应该被犯罪化？什么人是法律威慑应该直接针对的？这种威慑应该被区分（differentiated）吗？如果要区分，该如何进行？

稍微降低一点抽象的程度，我们就可以致力于法学的概念体系和特征体系研究。比如说，刑法中的法学理论论述什么是犯罪行为。它们讨论一个教唆（instigates）他人犯罪的人或者帮助实施犯罪的人是否可以被看做本人（the first person）亲自实施犯罪。人们可能会提到如下理论（Jescheck and Weigend 1996，645 以下）。例如，奥地利采用的所谓犯罪行为的统一概念把所有以任何形式和犯罪结果有因果关联的人都看做侵权人。另一种德国采用的概念对参与的各种形式进行了区分。直接犯罪（被限制性地或者扩展性地界定）与间接犯罪相对，后者包括共谋（complicity）和教唆。

精致理论（sophisticated theories）论述如下的问题，同谋者的责任应该取决于原初行为是否故意的还是过失的吗？它应该取决于原初行为是否不可宽恕（inexcusable）的吗？其他理论论述 A 以其他人的行为作为工具进行犯罪的间接犯罪问题。在这一语境中有意思的问题是，举例来说，利用"工具"合法地作为这一事实是否应该减轻间接侵权人的责任。比如说这样一个案例，当某人欺骗了警察，并使他以不合法的依据逮捕了一个人。

三、故意犯罪与过失犯罪

一些犯罪需要意图（故意）［intention（*dolus*）］；另一些犯罪只是疏忽大意或者过失［negligence（*culpa*）］。有如下各种过失（比较 Jescheck and Weigend 1996，297 以下）：

● 意图［Intent（*Absicht*）］：被指控之人 A 想要达到一个犯罪结果。

● 直接故意：A 确切地知道这一结果将要发生。

● 间接故意（*dolus eventualis*）：A 考虑到这一结果，并且接受它可能发生。

不出所料，不同的"间接故意"理论获得了发展，如下：

● 间接故意 1：A 考虑到将要发生之结果的某种可能性。　　[58]

● 间接故意 2：A 考虑到该结果的一种具体可能性。

● 间接故意 3：A 将会以同样的方式行为，如果他已经确信这一结果将会发生。

间接故意的每一种理论，尽管合理，但都具有争议。再次不出所料，还有一些对这些理论之意义表示怀疑的法律学说的批判性观点，这些观点鼓吹：

● 在可能性方面对故意的一种重构；或者

● 司法实践的一种非理论性描述。

在刑法中，还有各种各样的过失理论。因此，贾里伯格（1988）作了如下区别：

> 疏忽大意：作为过错的过失、指向行为（act-orientated）的过失、作为或不作为的过失，这一过失既没有被承认也没有被证成。过失行为：作为罪行的过失、指向行为的过失、让一个人作出一个未被证成或辩护的行为或者应受谴责的不作为（blameworthy omission）的过失、这一过失是不能原谅的。（同上，29）

四、刑法的因果关系

还有一个因果关系的问题，即使相当因果关系的理论在刑法中比在侵权法中起着相对较小的作用（比较 Jareborg and Weigend 1996, 285 以下）。

在哲学层面有一些基本的争议。因此，拉里·亚历山大（Larry Alexander）宣称我们应该"反对把尝试等同于成功，并且排斥近因的问题"（the equation of attempts and success and the problem of proximate causation）（Alexander 2002, 840），但却对这一问题添加

了如下饶有兴味的注脚：

> 迈克尔·摩尔（Michael Moore）……相信成功提高了与潜在意图（underlying attempts）相关的消极该当性（negative desert）。因此，和我不同，因果关系是一个摩尔必须解决的难题。（同上，n. 52）

[59]　摩尔的理论（1999，1 以下）的确复杂。除了上述问题，它还论述如下问题：

- 区别因果关系和纯粹的相关性；
- 原因/条件的区别；
- 多重决定的原因（over-determining causes）；
- 法律因果关系的量化性（the scalar nature）；
- 因果关系的有限传递性（limited transitivity）；
- 因为（明显的）新因果关系的出现而使因果链条突然断裂；
- 不作为的有限责任。

摩尔因此列举了因果关系的法律概念必须实现的 10 条要求（同上，43-5），他认为休谟（Hume）的因果关系理论不能满足这些要求，并且得出了如下的结论：

> 近来有人建议，我们应该关注单一论者（singularist）而不是一般论者（generalist）的因果关系理论。一种单一论反对上文提及的休谟的化约论（reductionist）的第四原则（fourth tenet）。这既是说，一个单一论者，根据因果关系法，拒绝分析单一的因果陈述，"原因 X 的满足将引起结果 Y 的满足"（"x caused y"）。这样一种理论将因此致力于单一因果关系之存在 [而不是，像一般论者那样，仅仅致力于整体的或者或然的一致性（uniformities）的存在，或者是整体之间的整体或者或然关系的存在]。（同上，51）

这些考量有更多形而上学的（metaphysical）而不是法学的意

味。它们也具有很大的争议性。

另一方面，当我们降低抽象层面，会遇到中级层面的原则（midlevel principles）和比一般性哲学考量更具稳定性的范式情形。比如说，考虑到德国刑法中的客观归责条件学说［the doctrine of objective liability conditions（*lehre von der objektive zurechnung*）］。这一理论包括了一定数量的依据法律字面含义（the letter of law）构成犯罪的情形，但是大多数法律学者的意见认为它的刑罚是不公正的。德国法律学说对这些情形进行了一次系统的考察。以下是其中被讨论最多的一些问题（参见 Jescheck and Weigend 1996, 286 以下；Koriath 1994；Roxin 1989 and 1993）：

● 一个人想通过传染感冒杀害另一个人，因此他和那个人握　　[60]
手，并把感冒传染给他。"受害人"死了（案件类别：正常危险）。

● 一个人想借助雷暴（thunderstorm）的帮助杀害另一个人，并且把"受害人"送进了森林。雷暴杀害了"受害人"（案件类别：不可抗力）。

● 一个人想击打另一个人。第三人试图以石头击打头部杀害第二个人。第一个人及时阻拦，石头击中"受害人"肩膀而非头部。"受害人"幸存（案件类别：危险降低）。

● 一个司机闯红灯，并且在经过红灯 200 米后发生了车祸，造成一人死亡（案件类别：保护目的）。

● 一个人击打另一个人，受害人拒绝治疗，并死亡（案件类别：可归咎于受害人的过失行为）。

● 一个人企图开枪杀害另一个人。受害人落入河中，游到一个岛上，然后死亡，不是因为枪伤，而是因为缺少食物［案件类别：非典型的事件链（untypical chain of events）］。

● 一个人企图下毒杀害另一个人。第三人在毒发前射击并杀害了受害人（案件类别：第三方的行为）。

一个特殊问题是不作为是否犯罪结果的一个原因。在此，我们又看到了相互竞争的理论（比较 Jescheck and Weigend 1996, 617 以下）。

因此，客观归责理论比哲学理论更少抽象和更多实用。固然，它的起源部分地来自哲学，因为它由颇具影响的法学教授卡尔·拉伦茨（Karl Larenz）对黑格尔法哲学的修正演化而来，但是它目前·的使用和黑格尔的初衷已经完全不同了（比较 Toepel 1992，137）。

总之，法学家提供了一幅置身其中的人们需要依靠评价的图景。道德理论家告诉了我们一些评价之证成或辩护的内容。这一图景比证成或辩护本身更加稳定和更少争议。

第六节　作为主要法学理论的经济分析法学理论

在人性—激励（humanities-inspired）的软性法学理论（soft juristic theories）和数字—激励（mathematics-inspired）的微积分理论（calculus theories）之间有一个重要的区分。前者位于法律学说的核心；后者展示了精确的现代主义理想（modernistic ideal）。人们尝试了很多这样的理论，但只有极少数获得了成功。此类理论中的最成熟的典范就是"经济分析法学理论"。

理查德·波斯纳（比较 Posner 1990）① 认为法律的功能是在市场之内追求财富的最大化：

> "财富最大化"中的"财富"是指所有有形的和无形的商品和服务的总和，这些商品和服务的价值可以用两种方式来衡量：出价（人们为他们所没有的商品愿意付出的价格），以及要价（人们对他们所拥有的商品希望卖出的价格）。（Posner 1990，356）

一项法定权利（entitlement）应该被授予购买它的人，如果她这样做的交易成本不是非理性的（Spector 1997，360）。这一理论声称适用于法律的所有部分。它还对立法者和法院在不同的法律规范之间的选择提供建议。例如，立法者可以通过建立某种刑罚来阻

―――――――

① 波斯纳从诺贝尔奖获得者罗纳德·科斯（Ronald H. Coase）那里得到了启发。

止一个污染河水的因素，通过让排污人买单的方式，通过为"排污权"定价的方式等。只要能使利益最大化，选择就是正确的。

关于其理论的道德可证成性，波斯纳两次改变了自己的观点。他从最初对财富最大化政策的功利主义辩护，转到基于同意的进路（consent-based approach），然后又转到一种实用主义（pragmatist）的立场（同上，359）。①

功利主义的可证成性显而易见但又不够充分。功利主义论者认为一条重要的道德原则是功用最大化（maximize utility）；波斯纳认为法律的一条重要原则是财富最大化。财富等于功用吗？这一观点的反对者阿拉斯（Alas）并不认同：在波斯纳所讨论的意义上，有很多的功用不同于财富。比如说，对任何一个正常人而言，友谊和家庭都有一个非常重要的功用：它使人感到快乐并且满足人们的喜好。但是友谊和其他类似的功用却"避开"（elude）了波斯纳，因为人们无法在市场上买到友谊。 [61]

波斯纳理论的一个令人满意的证成如下：在包含不确定性的选择中，所有的个体都将试图使他们所期望的财富最大化。因此，财富应该被最大化。然而，

如果我们认为，在一项法律原则实施之前，一些个体将他们自身看做是这一原则实施的失败者（losers）是合理的话，那么，假设共识的存在就是不可能的。（Reidhav 1998，112以下）

结果是：

有人认为，波斯纳的理论是契约论（contractarian）和功利主义的，但是，正如我们在这一章以及先前各章所看到的那样，它两者都不是。（同上，115）

---

① 在1979年，波斯纳使用了功利主义（结果论）策略以证成财富的工具性价值（Posner, 1979）。在1980年，他转向了（康德的）基于同意的进路（Posner, 1980）。

简单来说，失败者将不会接受一份把他们和波斯纳的理论束缚在一起的社会契约。因此，出现了波斯纳理论的实用主义转向：

> 我们观察这个世界并且发现，总体上，那些生活在市场能够或多或少自由发挥作用的社会中的人不仅比其他社会中的人更加富有，而且享有更多道德性政治权利（moral political rights）、更多自由和尊严，他们更加满意自己的生活（正如他们较少的移民倾向所论证的那样）——因此，财富最大化可能是实现各种道德目标（moral ends）最直接的途径。

波斯纳把最大化看做财富的实用主义证成（比较 Posner 1995，1-25）。在这一语境中，理解"实用主义"的确切含义并不容易。[62] 让我们来看奥拉西奥·斯佩克特（Horacio Spector）的阐释：

> 假定波斯纳认为市场建制（market institutions）和人权为现代社会的人们所喜好，而且这也是它们为什么值得拥护的原因。在一种偏好满足（preference-satisfaction）的规范性理论中，市场建制和人权因为能够满足人们的偏好而被证成或辩护……基于同样的原因，市场建制将被证成或辩护，因为市场建制的设置最大限度地满足了人们的偏好……我不确定这一观点是否能够归功于波斯纳。如果可以，他的整个立场和基于偏好的功利主义并没有区别。（Spector 1997，368）

如果确实如此的话，波斯纳的理论将不再能够宣称它自身是普遍适用的，而仅仅只对那些在市场中交易的商品适用（Spector 1997，369）。更进一步说，哪些是市场中的商品而哪些不是市场中的商品是一个实用主义的问题。因此，挑出哪些问题是波斯纳理论恰好可以适用的任务将不得不通过一种对后果主义、非后果主义（non-consequentialist）和多数主义（majoritarian）考量的复杂糅合（melange）来实现。因此，财富最大化原则的范围必须被限定在那些不直接涉及诸如自治、生命、健康，以及身体完整（physical integrity）等基本价值的法律领域内。与之相对，如果所讨论的商品不在市场之中，它就是一个不可通约的（incommensurable）的理论。

再者，即使那些商品我们能在市场中找到，波斯纳的理论仍然存在问题。他把财富最大化理解为被支付意愿（willingness to pay）所支持的人们偏好的满足。但是在这个意义上的财富并不总是和功用相关。比如说，一个穷人比一个富人更需要一块面包，但是却不想和富人支付同等数量的钱。根据财富最大化原则，富人将得到面包，而功用最大化原则却要求面包给那个穷的、饥饿的人。

波斯纳的理论，尽管充满豪言壮语，只不过是众多法学理论中的一种：它帮助我们理解和在规范层面上提高了法律的一些部分，[63]但却不是全部。尽管如此，它仍然是非常成功的，填补了法律现实主义者对经典的"软的"法学理论的破坏所留下的真空（参见本书第三章的内容）。在很多案例中，它的确导致了不公正的结果，但是仍然可以作为当代主要的法学理论。人们或许会认为最简单的和权衡道德考量的最具政治现实主义的方式是直达财富最大化的进路，即在需要的时候能被其他考量所修正的进路。人们可以有所取舍地接受它，也就是说，只要道德考量证成或辩护了它的背离（departure）。这些考量可以在其他的法学理论，即和常识性德性直觉（moral intuitions）而不是财富最大化理论更接近的法学理论中表述它们自己。

第三章　对法律学说的批评与辩护

第一节　批　评

一、革新运动与法律学说的所谓缺陷

现在，让我们转向批判性的评估。法律学说是前现代演化
（premodern evolution）的产物，因为其发展跨越了从古希腊哲学、
罗马法到中世纪普通法（jus commune）和对那种受黑格尔、萨维
尼精神影响之自然法的反抗。现代哲学经历了语言学转向，把这种
传统抛在脑后。新的哲学——大体上是分析哲学——使法律学说的
发展受到了侵蚀。同时，激进的改革者将法律学说看做是一种不必
要的累赘（ballast）。的确，批评影响到了所有的法律论证，法律
实践中的论证和法律学说中的论证皆不例外。

古典法律学说随着概念法学（conceptual jurisprudence）的出
现而达致巅峰（比较 Hellner 2001，138 以下和 Peczenik 1974，144
以下），其

- 讨论的是与法律的系统化结构有关的法律规则；
- 试图用一种统一的方式来展现法律规则；
- 将特定的法律规则置身于更为抽象的概念之下；并且
- 详细阐述法律学说从其中获得规范性后果的那些愈发抽象的
原则。

概念法学在 19 世纪的德国经历了伟大的历史时期。其最重要

96

的代表人物是奥尔格·弗里德和里希·普赫塔（Georg Friedrich Puchta）。

后来，概念法学面临着批评，因为它高估了法律推理中演绎推断（deductive inferences）的作用，也因为某些概念缺乏实践重要性。根据鲁道夫·冯·耶林（Rudolf von Jhering）因有意对抗概念法学而形成的利益法学，法律体系的内容反映的是人民的个体利益和共同的善。制定法解释应当具有目的性，亦即它应当关切法律所保障的利益——不仅仅是指实体性的物品，而且也指荣誉、爱、自由、教育、宗教、艺术与科学。但是，耶林是以目的论的方式看待法律的局限（limitations in the teleological method）；因此，在界定司法概念、使刑法典系统化以及依据私法为权利归类时，他拒绝使用"法律的目的"这一术语。

上述两个学派之间的紧张关系一直持续到当下——尽管是以一种修正（且更为谨慎）的方式呈现出来。哈特的选择理论（choice theory）与拉兹的权利的利益理论（interest theory of rights）（比较 Kamm 2002，481 以下）之间的争论是 19 世纪温德夏特与耶林理论之争的回响。

在 François Gény、欧根·埃利希（Eugen Ehrlich）（"自由法学派"）和赫尔曼·坎特诺维奇（Hermann Kantorowicz）的著述中，对概念法学的批评变得更为激进。菲利普·冯·赫克（Philipp von Heck）所阐发的利益法学版本则——再一次——更为谨慎。卡尔·拉伦茨（1983，117 以下）后来发展出了评价法学（*Wertungsjurisprudenz*），它基本上是对概念法学的（*Interessenjurisprudenz*）一种承继。

	形式主义 （新批判主义）	心理学	结构主义 ［符号学（semiotics）］
学术参照	有机形式（organic-form）类比（来自生物学，抑或绘画？）	心理学［弗洛伊德主义、荣格主义（Jungian）和拉康主义（Lacanian）］	语言学、人类学
假设	你所需要的任何事物都在文本中；伟大的作品化张力为统一；阅读是非政治性的；理想的读者都将以同样的方式来阅读某一给定的文本	由于文献的形成在有意识与无意识的层面都存在，我们弄清楚那些无意识的层面是如何对我们对作者、文本和读者的理解作出贡献是有助益的	语言包含着万物，亦即其是一种带有规则、惯例和分殊模式（patterns of differentiation）之代码的符号系统；评论家应当能够系统地破解这些结构
流行语词	要素（结构、特征、主题、观点、语气、符号和背景等）	压制、投射（projection）、置换（displacement）、否认、升华、理性化、阉割、本我自我超我（id-ego-super-ego）、无意识、恋母情结（Oedipus complex）、性欲（libido）、愿望的达成（wish fulfillment）与原型	代码、符号［能指/所指（signifier/signified）］、语法、二项对立（binary opposition）、共时性 vs. 历时性、分化体系（system of differentiation）
[66] 窍门/导引性问题	避免谬误：（意图性、情感性、模拟性和重述性的）；识别出形式与内容之间的张力，并找到其被塑造为有机统一体的方式	在文学形式、角色、作者和读者中寻找被压抑欲望的竞争欲（rivalries）和征兆（特别是性冲动和攻击性驱力）	通过在语言结构与某个文本或文本群中所形成的体系之间进行类比，破解该文本或文本群

续表

	形式主义 （新批判主义）	心理学	结构主义 ［符号学（semiotics）］
后结构主义 （解构、新历史 主义）	马克思主义	女性主义	读者反应论（reader re- sponse）
结构主义、修 饰哲学与欧陆 哲学	经济学、政治科学 与社会学	其他所有学派、社会 学与女性研究	心理学，主观论；［读 者：文本：执行者 （performer）：乐谱 （musical score）］
意义是文本性 的，因此其本 身不能被拆分； 系统化的闭合 与确定意义是 不可能的	文化再生产着（但 有时也生产）经济 关系；阶级很重要 （因为其影响着我 们对角色、作者和 读者的理解）	性别很重要（因为 其影响着我们对角 色、作者和读者的理 解）；个人性的总是 政治性的	在文学体验的型塑中， 读者扮演着重要的角色
德里达主义： 二元对立，差 异，原始（原 初）书写 （arche），自由 游戏（free play），边缘 （margin）， （privileged term）， 补替（supple- ment），在场/缺 场；福柯主义： 考古学，话语， 权力，断裂 （rupture）；新历 史主义：深描	异化、意识形态。 阶级冲突基础/上层 建筑、生产方式、 物质主义和资产阶 级	性（生物性）vs.性别 （文化性）；家长的 （patriarchal），修 正，颠覆，抗拒性读者 （resisting reader），语 言的家长性权威，教 规（canon），传统，文 化、意义，"书写身 体"（writing the body）	主观性；隐含读者 （implied reader）；"解 释共同体"；期待的 "视域融合"（fusion of the horizons）

续表

	形式主义 （新批判主义）	心理学	结构主义 ［符号学（semiotics）］
离析等级（i-solate hierar-chies）并说明那些所谓上等的地位是如何依赖于派生的地位；使已然确立的新批评（new cri-tique）或结构主义解读重新动摇	关注对待劳工的态度：文本是挑战还是强化了主流意识形态？	关注角色与性别有关的言行；自由地借用其他进路；追求个人性	考量你自己对文本的期待、反应和贡献（可能还把这些预期同其他人的预期进行比较）

[67]　　在美国，罗斯科·庞德（Roscoe Pound）阐发了一种相关的理论。法律秩序的功能在于社会工程，也就是说，在于承认特定的个体、公共和社会利益，确定法律应当保护这些利益的限度，并保障在如此确定的限度内被认可的利益。就此而言，庞德又阐发出了许多解释私法的规则。财产法和商法的大多数规则应当利用那些基于法律渊源之上的确切论据而加以解释，这是为了保障法治——一种重要的社会利益。但是，补偿规则（indemnity rules）却要求根据解释者对相抵触之利益的评估而自由解释。

　　同时，许多法学家接受——尽管常常是表面上接受——在根本上与法律学说不相兼容的分析哲学的世界观。许多法学家也采取一种将矛头指向法律学说和一般法（the law in general）的批判性进路。批判的技巧有很多。法律学者们可以对个殊化情形和制度进行政治评价。在更抽象层面上对法律进行意识形态批判更为有趣。在此，人们可以想到马克思主义、批判法学研究、解构主义和女性主义。Steinwand 的著作第 66～67 页的分类为我们提供了一种人们在这一复杂问题上的一般性取向。

总而言之，法律学说已然面临着聚焦于下列要点的重复性批评。尽管其常常声称它们只把法律理解为实定的（posited）［现行法（*lex lata*）］，但法学理论仍具有重要的规范性组成部分。而且，法律学说被认为具有这样的缺陷：本体论的模糊、无期限性（interminacy）、不能获得证成或辩护的规范性主张、哲学上的碎片化、与政治多元论的不清楚关系、区域上的地方性（territorial locality），以及非科学性。

二、所有规范性理论的所谓非理性

对各种各样的价值怀疑论者和规则怀疑论者而言，法律学说的规范性内容是他们宣称这类理论属于非理性的最卓越（*non-rational par excellence*）理论的一个充分有力的理据（ground）。换言之，这些怀疑论者认为，不存在任何诸如规范性理由（normative reason）的事物。人们可能把这种立场归结为大卫·休谟（David Hume）的影响。我们不妨引证其著名的片语： [68]

> 就以任何一种可以视为邪恶的行为为例：比如说，故意杀人。让我们从所有的方面对此加以考量，并且看看是否能够发现你称为邪恶的事实问题或真实存在问题……只要你在对象方面进行考量，你就完全发现不了邪恶。惟有你反思，转向自己的胸臆（breast），并且发现你对这一行为有一种不满情绪涌起之时，你才能发现邪恶。在此，这是一个事实问题；但它是感情的对象，而不是理性的对象。它存在于你的心中，而不是存在于对象之中。（Hume 1985，520）

依休谟之见，存在着两种心理状态。第一种由信念组成——其旨在展现世界如何存在的状态。第二种由愿望（desires）组成

——其旨在展现世界应当如何的状态。愿望并不旨在展现世界如何存在（参见 Smith 1994，7）。这种休谟式的心理学是一种对应当（Is and Ought）之间的逻辑分歧（logical gap）的心理学翻版。正如应当被认为在逻辑上互相独立一样，信念与动机之间也是如此。但是，在道德理论中，这种信念—愿望心理学（belief-desire psychology）聚讼纷纭（比较 McNaughton 1988，20-23，47-50，108-113；比较 Hage and Peczenik 2001）。而且，休谟式的批评具有一般性，并不限于法律。任何利用休谟来批评法律学说的人都必须承担这样的后果：其对所有的规范性道德理论都具有同样的批判性。

后来，像 A. J. Ayer 这样的哲学家认为，道德陈述仅仅表达了个体的道德情感或态度，哲学没有任何方法可据以评价哪套道德陈述是最好的。

海格斯多姆（Hägerström）的哲学更为复杂一些，但与道德的理论化（theorizing about morality）形成对照的是，他也强烈否认在道德中进行合理理论化努力的可能。

三、不确定性与正面合法化

法律学说的另一个问题是它们过于模糊。这里有一些事例：

● 制定法解释的理论认为，法条的平义（plain meaning）常常优先于——尽管并不总是——司法实践中形成的意义，但该理论并不能准确地识别出司法实践中所形成的意义优先于法条的字面的例外情形；

● 过失行为的常态理论（the normality theory of negligence）认为，过失行为通常涉及对常态实践的某种偏离，但其却不能准确地告诉我们何谓常态；

● "相当"因果关系的可预见性理论认为，如果连一个专家都不能预见其行为的后果，那么某个有过失行为的人就不应当为其承担责任。但是，这一理论却不能告诉我们能够预见何种后果和不能预见何种后果。

[69]

并不令人吃惊的是，某些理论家宣称我们的法律解释是不可避免的，也必然是具有不确定性的。在聚焦于法律规则和法律中已制颁的材料时，法律学说和司法裁决的成文证成（written justification）仅仅关注人们称为"正面合法化"（"façade legitimation"）的事务（比较 Ross 1958，151 以下）。尤其是诸如类推解释和反面论证（*argumentum e contrario*）这样的解释准则：

并不是事实上的规则，而是这样一种技术工具：这一工具——在某种限度内——使得法官达致他认为在某些情景中是可欲的结论，同时也使法官赞同这样的虚构——他只是在坚持制定法和法律解释的客观性原则。（同上，154）

拉尔夫·德赖尔（Ralf Dreier）（1991，120 以下）将这种批评称为非理性主义的，并一般性地讨论了方法论和本体论的非理性主义，进而对司法裁决的非理性主义理论作出了如下解读：

● 司法裁决事实上是非理性的，亦即其依赖于大量心理学、社会学和意识形态因素；

● 司法裁决的证成不过是对裁决背后的真实动机的一种正面隐藏（facade concealing）；

● 司法裁决应当依赖于非理性的因素。只有个人化的智慧有意义，而论证并无价值。

美国法律现实主义者和批判法学研究的鼓吹者宣称：在大多 [70] 数案件中，就在逻辑上获得唯一法律后果而言，采取对可获得的法律材料进行分门别类的方式是不充分的，并且在不确定案件中的司法裁决还要受到法官政治信念和道德信念——而不是法律考量——的影响。通过把"形式主义者"当做假想敌（straw man），并通过仔细检查那一长串为批驳起见而大体上采用夸张的方式形成的名单，它们的批评常常以"反形式主义"（"anti-formailism"）的形态呈现出来。

不确定性（indeterminacy）的概念也呈现出更为精致（more-sophisticated）的版本。拉兹认为，法律解释具有革新性即前瞻性的方面。革新否认进行一般化的概括。因此，拉兹认为尝试建构一种区分好的解释与坏的解释的一般性理论是无意义的（比较Raz 1996a and 1996b；Dickson 2001；在道德哲学中，另请参见Williams 1985；Dancy 1993）。再者，森斯坦（Sunstein）（1996，36）呼吁司法决策中的"不完全的理论化一致"（incompletely theorized agreements）具有特殊的作用。即使法官们不能在何种一般性理论对结果而言是最好的问题上达成一致，他们仍然可能就个别案件的结果取得共识。他们可能也都赞同一般性原则，但在特定案件中需要何种原则的问题上则分道扬镳；或者，他们可能就"中级"原则（"midlevel" principle）达成一致，但在潜隐于原则背后的一般性理论和何种特定案件适用该原则的问题上则争论不休。在德国法律理论中，Friedrich Müller（1997）认为，规范的意义不是一种前解释的标准（a pre-interpretive standard），其并不能限定解释的范围。

在维特根斯坦（Wittgenstein）对规则遵循（rule-following）的评论中，人们可以发现这种怀疑论的基础（Wittengenstein1958，§198）：

基于某种解释，我所做的任何事都符合规则的要求。

并且，我们能够

使某个解释追寻另一个解释；似乎其中的任何一个解释都至少能暂时满足我们的要求，直到我们想到还有支持该解释的另一个解释。（同上，§198）

一个特别的支持不确定性的论据是这样的：难道法律学说没有引入减少法律规则有效性的那些过于复杂的理论吗？创制规则的要点恰恰是简化；卢曼（Luhmann）（1993，54，62，并且在别处也）

谈到了一种"复杂性的减化"（"reduction of complexity"）。如果法律学说使得法律体系更为复杂，这难道不是一个缺陷吗（比较 Noll 2000，58 以下）？

四、本体论的模糊性

英美批评家们聚焦于不确定性，而斯堪的纳维亚的批评家们则关注本体论。

法学理论的一个大缺陷是人们不能准确地说出这些理论的论述对象。由于立法和司法实践的细节可以被视为政治妥协、专断评价——在最糟的情形下可以被视为是腐败——的产物，并且由于这些细节仍然具有约束力并因此影响到法学理论的基础，那些阐发融贯理论的法学家们必须回答：他们并不仅仅是描述了法条和裁决，毋宁说他们也揭示出了潜隐于这些法条和裁决背后的更为深刻的事物。但是他们所能揭示的如果不是政客、法官与大众的真实实践（factual practice）或类似的分裂态度（split attitudes），会是什么呢？换言之，自然科学中的纯微积分式演算（neat calculi）似乎揭示了世界的秩序，而纯粹的法学理论则不能揭示出这样的秩序，因为不存在这样的秩序。

一个更为激进的质疑是法律规则究竟存在吗？法律从业者们显然相信存在着一个法律体系且某些规则属于该体系。的确，如果某个理论认为所有法律从业者是错误的，那么该理论将是奇怪的。但是，法律是否存在的问题在哲学上是饶有兴味的。一个强有力的本体论批评来自于所谓的斯堪的纳维亚法律现实主义——一个将法律学说置于本体论真空（ontological vacuum）的理论。

所谓的乌普萨拉学派（Uppsala School）的奠基者阿克塞尔·海格斯多姆（Axel Hägerström）将其理论建基于有关现实（reality）的下述问题之上（比较 Hägerström 1929，111 以下）。所有的知识都关切真实的事物。只有一个现实是存在的，它由位于时空中的客体组成。由于每个人都存在于特定的时期，而在该时期内他又总是占据空间中的某个位置，因此人类是存在的。心智过程（mental process）是存在的，因为存在于空间中的人们又在时间中体验其存在。时间和空间是客观的。所有不能被置于时空的事物都是不存在的。

[71]　　让我们添加一个术语学的警示（caveat）。斯堪的纳维亚的"法律现实主义"与形而上学的实在论（realism）———一种规定着复杂概念所涉及的复杂实体之存在的理论——没有任何关联。因此，形而上学的实在论者肯定了有效法律的存在，亦即肯定了与"有效法律"相对应之实体的存在。他们的对手是否认这种实体存在的规范主义者。在这一点上，法律现实主义与形而上学的实在论恰恰相反：他们认为，不存在可以属于物质性现实的此种实体。因此，与形而上学的实在论者相比，法律现实主义更接近于规范主义者的立场。

依海格斯多姆之见，像"善"、"美"这样的价值概念是自相矛盾的。这些价值概念显然论及了关于客体的事物（比如说，"这幅画是美丽的"），但事实上言之无物，只不过是表达了感情（诸如人们对这幅画的赞赏）。而且，价值陈述缺乏真理性价值（truth-values），因为它们对事物的"描述"处于时空之外。"存在"于某个客体上的价值——比如说，"存在于"该客体上的善——在任何确定的意义上都是根本不存在的。因此，在海格斯多姆看来，抛开其他不论，国家与法律不过是我们想象力的产物。①

当其为诸如卡尔·奥利芙克罗娜（Karl Olivercrona）和阿尔夫·罗斯这样的杰出法律学者发扬光大之时，海格斯多姆的观念在法律人中产生了影响。奥利芙克罗娜坚定地遵循海格斯多姆的下述论题：有效的法律不过是想象力的产物，但他为此付出了很高的代价——我们不能以任何科学的方式研究有效的法律；我们只能研究人们关于有效法律的信念。在奥利芙克罗娜看来，法律规则不是严

---

①　海格斯多姆仍然明确赞同自主的"自我实现道德"（比较 Bjarup 1997，106 以下）。同时，正如他所提出的"作为社会道德替代物的法律"。

格意义上的命令，但在其承受者（addressee①）视其为（命令）
的意义上，它们仍是独立的命令。关于何谓有效法律的信念并不指
向任何事实。但是，这些信念的确服务于社会功能——指导人类行
为、便利法条的简练书写，甚至传递模糊的信息，诸如在通常的事
件过程中，不动产的"所有者"对不动产实施某种控制。

　　阿尔夫·罗斯也接受海格斯多姆的哲学。但他提出了一种有效
法律的新定义。依罗斯之见，根据其真实内容，特定规则具有有效
性这一科学断言是这样一种预言：在未来的法律裁决中，该规则将
成为正当理由的一个完整的部分。此种理论的哲学背景在于这样一
种信念：科学命题必须具有关于人们的物理行为和精神体验的可确
证后果，而这里的人们又垄断着社会中物质力量的运用。

[72]

---

　　①　"Addressees"的字面意思指"收件人"。因此，"addressees of law"
一词的字面的意思即"法律的收件人"，亦可转译为"法律的角色承担者"、
"法律的受众"、"法律的接受者"或"法律的用户"。这里之所以翻译为"法
律的承受者"，主要是考虑到作者本人显见的"亲哈贝马斯"立场，因此在
哈贝马斯的意义上将其译为"法律的承受者"。在哈贝马斯那里，"法律的承
受者"（addressees）是相对法律的创制者（authors）而言的。哈贝马斯继承
卢梭的人民主权思想和康德的公共自主和道德普遍主义思想，强调法律合法
化的根源在于法律的承受者必须同时是法律的创制者："在没有宗教或形而上
学支持的情形下，与个体权利的利己主义使用相适应的强制性法律要保持其
社会整合力，只有当法律规范的承受者（addressees）同时作为整体把自己理
解为那些规范的理性创制者（authors）时才能实现。"See J Habermas, *Between
Facts and Norms: Contributions to a Discourse Theory of Law and Democracy.*
(Trans Williiam Rehg, Polity Press, Cambrige, 1996, p. 33；中译本参见［德］
哈贝马斯：《在事实与规范之间——关于法律和民主法治国的商谈理论》，童
世骏译，三联书店 2003 年版，第 40～41 页）"法律的承受者只有他们将自己
理解为法律——作为私法上的主体，他们服从该法律——的创制者时才能获
得自主（康德意义的）。" See J Habermas, *The inclusion of the other*, Ciaran Cro-
nin and Pablo De Greiff (eds), Polity Press, Cambrige, 1999, reprinted 2005,
p. 207. 曹卫东在不同的地方将"Adressaten"（德语）分别译为"受众"和
"接受者"。参见汪晖、陈燕谷主编：《文化与公共性》，三联书店 1998 年版，
第 343 页；［德］哈贝马斯：《包容他者》，曹卫东译，上海人民出版社 2002
年版，第 242 页——译者注。

五、未被证成或辩护的规范性主张

"法律现实主义者"的批评聚焦于不确定性与本体论，而自由主义的批评则关注规范性（normativity）。

自由主义的批评假定了真实的规范性（genuine normativity）与转述的规范性（quote-unquote normativity）之间的二元对立。法律学说的错误在于其意欲借用某个规范性主张来断言命题的正确性。如果适当地加以分析，可以发现那些被断言的法律学说的命题会被证明是"虚假的"法律陈述，而不是"真实的法律陈述"。它们没有表达任何真实的规范性，而只不过是描述了制度上形成之法律的内容（比较 Hedius 1963，58）。

在这种批评的背后，存在的是一种建基于个人的理性意志之上的理性主义契约论（contractarian）（或康德主义的）规范性理论。如果所有被宣称的规范性都源自于个人的理性意志，而不是（像法律实践中那样）源于社会事实，法律的规范性——特别是法律学说形成的规范性——何以能够存在呢？

再者，法律学说也关涉到特定国家的法律体系的语境。例如，德国侵权法中的相当因果关系理论根本就与英美的近因理论（theory of proximate cause）不同。也不同于法国的因果关系（*theory of cause étrangère*）理论，但这三种理论在各自的法律体系中却具有类似的影响。在这个意义上讲，法律学说在根本上是实证主义的（positivistic）。其内容不仅依赖于带有普遍有效性主张的诸原则，也依赖于特殊法律体系的偶成性（contingencies）。任何这样的内容何以能够具有规范上的约束力呢？

六、碎片化的风险

[73]　　另一种批评强调的是法律学说的内在张力。相对于实践理性和道德的基本理论而言，法学理论呈现的是令人好奇的模糊性。法学理论常常明示或默示地建基于实践理性与道德理论之上。但是，哲学理论以充满争论而闻名。为了应对这种争论癖好（controversialism），法学研究者可以将法律学说碎片化：某些人遵循一种哲学理

论，而其他人则追随另一种。冒昧地概而论之，人们可以说：欧陆法律学说的主要威胁是彼此隔绝，而美国法律学说的威胁则是哲学观的碎片化（philosophical fragmentation）。因而，功利主义论者、权利理论者、道德排他主义者（moral particularists），以及其他道德哲学家之间的争论对欧洲法律学者即使真的有影响，也影响甚微。美国人对哲学更感兴趣一些，但法学研究常常追随一种或另一种哲学潮流，进而面临着哲学观的碎片化。当我们要为法律学说的规范性力量提供某种深刻的根基时，哲学观的碎片化与彼此隔绝之间的张力就带来了问题。

　　法律学说哲学观的碎片化是伴随着现代社会与日俱增的复杂性而出现的。例如，Mark van Hoecke 与 Françis Ost 曾经谈到法律学说的危机；他们指出了这种危机的影响因素，诸如法律的加速发展（acceleration of law）、专业化、法律学说中诸影响因素的增殖（proliferation of factors）、法律系统的多元化与信息混乱等。他们的结论：我们日益需要完成（欧洲）法律的重新系统化（re-systematization）（van Hoecke and Françis Ost 1997，189 以下）。

七、非科学的特征

　　另一种形式的批评源于追求科学的理念。否定法律学说的非科学性并不新颖。Julius von Kirchmann 在 1848 年对法律学说非科学性的抨击即使在今天仍然能够获得支持：授法者所提供的三种语词（three words by lawgiver）足以将法学文献库变成垃圾箱。

　　对法律学说非科学性的否定甚至可以变得更为精致。因此，恩里克·帕特罗（Enrico Pattaro）对法律学说的特征作出了如下解读：

　　　　仅仅具有部分分歧的法律与法律科学属于伦理学的广泛领域，这里所谓的伦理学是在把其规定（prescriptions）指向实践即行为，作为一个整体的所有话语（道德、政治与法律等）在广义上进行解析的伦理学。为了获得实践性的结果，法律与法律科学可以利用逻辑工具，且这些逻辑工具没有因为这样做而变成科学话语，而毋宁是使此类逻辑工具为法律的实践性感知功能（perceptive func-tion）作出贡献。(Pattaro 1997，109-110)

上述观点也是很多版本的法律现实主义的特征。例如，法律现实主义的一个重要版本——心理学法律现实主义（psychological le-gal realism）——已经对波兰的法律理论产生了巨大的影响。Leon Petrazycki（1959b，1959a，1960 和 1955；参见 Peczenik 1975a）创建了一套涉及道德与法律哲学、科学理论、心理学以及社会学的原初理论体系。依 Petrazycki 之见，法律学说使得法律统一起来并对其加以调整以适应其创造和平的社会功能。法律学说以尽可能精确的方式使用类比、归纳、概念分析与演绎等方法。因此，Petrazycki 并不赞同美国现实主义关于法律与法律学说不确定性的观点。但他仍坚持认为，法律学说不是一种科学，因为它不是一种充分的理论。在 Petrazycki 看来，科学理论必须充分，亦即它们必须既非"跳跃性的"（jumping）理论，也非"跛足的"（lame）理论。"跳跃性"的理论过于宽泛：仅仅对某一类别中的部分而言是真实的东西被（错误地）说成对整体有效；"跛足的"理论则过于狭窄：原本对整个类别都有效的理论被说成仅适用于其中的某个部分。依 Petrazycki 之见，某种充分的法律理论必须是一种心理学上的法律情感（legal emotion）理论。由于其论述的是实证的法律规范并间接论及潜隐于这些规范之下的情感，法律学说不能被视为是充分的——考虑到类似的情感也潜隐于游戏规则，以及各种各样的社会惯例规则等之下。Petrazycki 提出了一种新的心理现象的分类。不仅感觉、认知和意愿是存在的，而且冲动（"情感"）也存在。它们是消极/积极的；因此，某人感觉饥饿并同时要寻找食物。道德冲动（moral impulsions）存在于下列情形中："感觉"到某种义务的存在，同时又带有积极的意愿（readiness）依据这一义务而行为。法律冲动只是某种充分的理论有可能加以论述的一种法律现象。因此，正确的法律理论必须是心理学的，并且法律的创制在于法律冲动。这些冲动具有命令式的属性，亦即它们以参照他人权利的方式由我们自己的义务加以引导，反之亦然。自省（introspec-

[74]

tion）是研究我们自己法律冲动的一种合适方法。只有将其同我们自己的冲动相类比，我们才能理解他人的法律冲动。法律的统一应当按照达尔文意义上的自然选择方式依据进化来进行解释。权利被侵害之人想要报复侵害者。因此，法律的精神是进攻性的（而由于缺乏权利要素，道德的精神则具有和平性）。因此，法律规则和法律概念出色地——尽管是无意识地——适应着对不同人们的法律冲动进行统一的需要。实在法——亦即官方法（一种法学意义上的法律）、非法律组织的规则，以及儿童游戏的规则等——必须在同样充分的理论中进行研究。如果将实在法限定于诸如立法和习俗（custom）这样的"官方法"，潜隐的冲动就被归结为主体间可认知的"规范性事实"。法律规则不过是"冲动的幻觉"（impulsive phantasms），亦即共享的法律冲动的外化（projections of shared legal implusions）。

八、批评的哲学背景

对法律学说的批评部分地反映了两次世界大战期间言过其实的极简主义的观点（minimalism），也部分地反映了 20 世纪后期智识文化（intellectual culture）的主流。关于不同文化的较大信息与多元主义民主的到来表明：

- 道德观点必然是相对的；
- 如果使用道德评价，法律解释也必须是相对的；
- 法律不过是政治的工具；
- 为了不具有压迫性，法律需要在道德上保持中立。

诚然，道德相对主义、法律论证中的相对主义以及——不是最不重要的——法律与道德的分离已经在现代文化中具有了相当的影响力。在这样的语境下，法律学说看起来有些奇怪。与 20 世纪晚期的智识文化主流相抵触，所有的法律学说都聚焦于下列基本立场：

- 认识论中的基础主义（foundationalism）；
- 本体论中的极简主义（minimalism）；

[75]

- 论证理论中判断与权衡的演绎主义（deductivism）与怀疑主

111

义（scepticism）；

● 道德理论中的个人主义与教条主义（dogmatism），特别是在其将规范性化约为对第一性原则（first principles）的个体化、契约论或康德主义反思的意义上；

● 社会理论中的个人主义。

但是，对法律学说的批评常常与下列现象相联系：在后现代主义的精神指引下，对理性、特别是实践理性的力量给予一般性的怀疑。只有小"叙事"是完整无缺的；居于其间的是形式逻辑的推演（formal logical calculi）和地方性的法律学说。

因此，一些法律学者常常是那些被匆忙接受的时尚哲学理论（fashionable philosophical theories）的受害者，常常因为持过于分析与批判的态度而无法与法律学说兼容，并常常以一种肤浅方式被人所理解。①

第二节　对法律学说的辩护

一、哥白尼转向：适合于法律学说的哲学

现在，尽管环境不甚友好，但法律学说——这是一个真正的奇迹——进展相当顺利：它经受住了批评，并继续展现着概念法学的主要特征——尽管是以一种弱化的形式（diluted form）。但是，它也付出了很大的代价：法律院校充满着所谓的技术性法学家——他们仅仅以较低的抽象程度兜售法律学说，而没有任何的反思。

在一定程度上，他们是正确的。主流哲学家大约在 1950 年所做的反思不可挽回地摧毁了法律学说。但是，哲学思潮改变了，法律学说仍在继续。

而且，我主张法律理论与道德理论之间关系的"哥白尼式转向"（Copernican inversion）。不是调适法律理论以符合某个声名狼

[76]

---

① 比较 Moore 2000，193 以下，论"实用主义工具论"的肤浅特征。

藉、矛盾重重的道德理论，而是代之以使道德理论符合法律理论。
合理性的标准也同样如此。我们可以将目标指向法律学说的理性重
构，但是这种重构不是意在使法律学说符合预先存在的强势理性标
准。毋宁说，这种重构是调适理性标准以符合法律学说；也就是
说，它创造了一种被认可的理性模式——大多数是弱势的模式——
的亲学说性选择（pro-doctrine）。其要点在于：哲学选择是适应指
向法律的实践和法律指导下所从事的实践的。如果哲学不过是对有
关世界不同部分（segments）的知识的一种概括，这就是可行的
（比较 Castañeda 1980，各处）。法律实践是世界的一个重要部分。

　　因此，为了理解法律学说，理论家必须作出下列主张：尽管其
具有规范性、本体论上的晦涩、模糊性、哲学观的碎片化和区域上
的地方性等特征，法律学说仍然是可以证成或辩护的。特别是，如
果我们想要理解法律学说，我们就必须质疑——比如说——海格斯
多姆与其关于实践理性的激进主义（radicalism）相伴而生的化约
主义本体论（reductionist ontology）。因为如果不存在任何有效的法
律，法律学说就根本没有意义。而如果评价性的陈述是无法证成或
辩护的，那么法律学说也将没有意义。同时，法律学说的辩护者能
够接受海格斯多姆及其后继者对理性自然法和从概念反思中得出精
确规范之理性主张的批评。即使理性仅仅为我们提供了论据形式、
融贯性主张和老生常谈——而没有为我们提供精确的规范，法律学
说仍然是有意义的。诚然，如果理性自然法哲学是正确的，法律学
说会面临着更多的——而不是更少的——问题；因为在这种情形
下，法律学说的理性重构面临着一个困难的——在我看来是不可能
完成的——任务，亦即它们要表明：法律学说的每一个单一的评价
性陈述是如何追溯至自然法的抽象原则的。

　　这种辩护策略必须与分析哲学中存在的如下趋向相背离：在海
格斯多姆精神的指引下接受化约主义的本体论，但却忽视了奥利芙
克罗娜和其他法律现实主义论者所提出的对理性主义自然法哲学的
批判。上述趋向带来了一个难题：人们如何能够通过下列方式来讨
论权利的存在——利用无知之幕（veil of ignorance）背后的纯粹理
性在逻辑上推导出规范性后果，并仍然包含着本体论的化约主义？

只有对精确之愿（the dream of precision）所占有的心智而言这才是可能的。这种趋向的鼓吹者需要一种——与基于某种单一性的第一性原则之上的精确规范性相伴而生的——精确且极简主义的本体论。他们只能在部分中获得精确性，而这些部分相互之间是不一致的。他们没有任何方式来理解法律学说。

二、法律学说的所言所为

[77]　　在我们对法律学说的辩护中，我们将把更多的注意力放在法律学者事实上的而不是他们声称的所为（do）上。如果我们将其加以清楚地说明，学者们所声称的哲学假设会不同于他们在其工作中事实上所使用的哲学假设。特别是：

● 法学家们常常在嘴上动听地说道德观点必然是主观的，但实际上他们却继续表达道德观点，特别是关于正义的道德观点，似乎它们是客观的；

● 法学家们常常在嘴上动听地说：如果法律解释使用道德评价，其必定也是主观的，但实际上却继续表达解释立场，似乎它们也是客观的；

● 法学家们常常在嘴上动听地说法律不过是政治的工具，但实际上他们却继续拿法律同政治相比较；

● 法学家们常常在嘴上动听地说：为了避免压制，法律应当在道德上中立，但实际上他们却继续讨论法律的中心原则（central principles），似乎这些原则具有客观的道德力量；

● 法学家们常常在嘴上动听地主张认识论中的基础主义（foundationalism），特别是经验主义，但是他们却不能将法学理论还原为经验素材；

● 法学家们常常在嘴上动听地主张本体论的极简主义，特别是唯物主义（materialism），但是他们却不能将有效的法律还原为物质性的现象（material phenomena）；

● 在理论上，法学家们常常是本体论的现实主义者，并因之致力于寻找（常常却不能找到）诸如有效法律这样的实体，但他们在实践中却是工具主义者，做着他们一贯所做的事情，缺乏必要的哲学反思；

● 某些法学家们常常在嘴上动听地主张关于非演绎性论证（non-deductive argumenation）的演绎主义（deductivism）和怀疑主义（scepticism），但他们却不能将法律推理表述为完全演绎性的；

● 法学家们常常在嘴上动听地主张道德理论中的个人主义，特别是将规范性还原为对第一性原则的个体性、契约论或康德式反思，但是他们却仍然谈论着集体性和超个人的价值，难以进行上述还原。

而且，对法律学者角色的自我反思常常会导致某种哲学观的混合（philosophical melange）。某些哲学立场适合法学工作的某一部分，而其他哲学立场则适合另一部分。因此，法律学说的哲学立场常常被描述为描述性的，甚至是不证自明的（self-evident）。 [78]

三、反对批判的哲学背景

我们的反对批判（anti-critique）的哲学背景可以简要地总结为如下三个陈述：

● 统一的理性（global reason）是可能的；
● 理性是系统的；
● 所有的哲学都是充满争议的。

我们的很多推理是地方性的。但是我们不能未经自我驳斥（self-refutation）地说，所有的推理都是地方性的。如果这是真的，那么我们根本就不能声称关于"所有推理"的任何事物（比较Suber 1997, 21 以下）。

而且，自从逻辑实证主义（logical positivism）衰落以后，就不存在任何普遍接受的形而上学或科学哲学了。人们一致认为，所谓的被接受观点的所有成分都建立在不可靠的基础（shaky ground）之上：理论建构的演绎观、理论形成和理论检验的假设演绎观（hypothetical-deductive view）、演绎—定律的说明模式（deductive-nomological model of explanation）与覆盖律（covering-law cousins），所有这些要素都失去了其可信性。它们已经遭遇了与许多经验理论相同的命运：异常现象（anomaly）的出现迫使它们采取推脱策略

（evasive manoeuvres），而使得上述基本观念失去其原初简易性（simplicity）——这种简易性正是上述观念得以诉诸的事物（Sintonen，1998）。

Nicholas Rescher（2001）的哲学推理理论得出了相似的结论。他对现代哲学作出了如下评估：19世纪的哲学在于对雄心勃勃的体系的阐述（Rescher，2001，257），而一战后的许多哲学家认为必须放弃传统的那种哲学体系化（同上，259）；二战后，哲学开始复兴，但是这种复兴却是某种没有伟大体系（great system）的特殊主义哲学的复兴（同上，261以下）；今天，哲学家又开始创制复杂体系——即使他们采取的是由分散的、无计划的协作予以推进的、多向的和集体性的方式（同上，268.）。换言之，哲学又开始对全球性的理性产生兴趣。

同时，所有的哲学理论都具有严重的问题：

> 任何给定的哲学立场，任何哲学立场的特定发展阶段，如果进一步发展下去的话，都会遭遇不一致……当我们展示我们的特征时，我们仅仅使难题从一点转到另一点上了。一种熵原理（entropy principle）处于争论之中：我们从某一点上转移的不一致或概念摩擦（conceptual friction）又会在另一点上同样重现出来。（Rescher，2001，212）

> 就这一视角而言，我们可以看到，对哲学理解具有基本重要性的第一性原则仅仅在第一种情形下（first instance）或第一次分析中——而不是在最终的情形下和最终的分析中——是"首要的"（且最终的问题）。在合法化辩证法的较大图景中，其首要性仅仅代表着一个"单一性的"时刻……在此，"为什么这些原则优于其他任何原则"的问题当然是具有合法性的。（同上，243）

换言之，人们可以拿某种哲学同 Sisphus 相比较（Peczenick 1999，209），而且：

诚实的哲学家别无选择，只有从事体系化的工作……任何哲学立场的完全充分发展都必须考虑这样一个全盘性的问题：它自己的审慎（deliberations）何以适合更大的事物安排（scheme of things）。（Rescher, 2001, 43）

某个解释愈是更好地（更圆融和更融贯地）使某个文本适合其范围更广的语境，它愈是可以作为一个解释而被接受。（同上，69）

对更好的体系化之观念的诉诸为最佳的解释提供了一种明显更有希望的替代……因为体系化既要求融贯性，也要求获得最大化的整全性（comprehensiveness）。（同上，138，139）

四、语境上的充分证成与对弱理论的偏好

法律学说似乎同时包含着所有大的哲学问题。但是这种包含只 [79] 是间接的。为了阐明词语"间接"在本书中的含义，我已经在别处提出了两种证成层次之间的区别：一种我称之为语境上的充分证成或辩护，另一种我称之为深度证成或辩护（profound justification）（Peczenik, 1983, 1; 1989, 156-157）。语境上的充分证成或辩护属于法律推理的框架，也就是说，属于已形成的法律传统或法律范式，或者属于法律人的视域（horizon）。因此，语境上的充分证成或辩护在哲学上是中立的。与之形成对照的是，深度的（或"深刻的"或"基本的"）证成或辩护与诸如道德推理这样的、属于法律推理框架之外的事物相联系。

但是，希望进行哲学上的深度证成或辩护与希望使证成或辩护在哲学上中立这两者之间是互相排斥的。法律学说的最优策略似乎要沿着下列线索进行：

● 列出法律学说与哲学之间可能联系的清单；

● 选择出我们有助于理解法律学说的哲学束（clusters of philosophies）；

● 避免强哲学理论的承诺，而代之以偏好弱哲学理论。

显而易见，一个法律学者必须放弃那些忽视和无视现实世界的

复杂性的强理论。如果其不是分析哲学和法理学的历史告诉我们的两个事物，那些旨在阐明包罗万象的（整全性）理论也是可以的：

首先，在其放弃精确性的意义上，整全性理论是弱理论。特别是，法律学说会将下列的弱理论协调得融洽无间：

● 关于法律约束力的弱理论：无须作出任何规范性理论的承诺，法学家们就可以认为，法律具有约束力和规范性；

● 诸如弱契约论——在其中，契约的观念不过是证成或辩护的一种形式化策略（正如在 Scanlon 1998 中一样），亦即规范性的确切内容必须来自社会——这样的弱道德理论；

● 弱逻辑理论，比如说非单调逻辑（nonmonotonic logic）和模糊逻辑（fuzzy logic）（Hage 1997b）；

[80]　　● 弱本体论理论（正如在 Sears 1995 中一样）；

● 弱认识论理论，比如说 BonJour（1985）、Lehrer（1997）和 Thagard（2000）；

● 科学哲学中的弱理论（正如在 Cartwright 1999 和 Haack 1998 中一样）。

在下文中，我们会看到：所有这些理论都是整全性的，但必须为此付出代价——较之于大多数分析哲学家 50 年前本来应当要求的精确性，它们的精确性更少一些。

其次，即便是这些整全性的理论，它们也是充满矛盾的。在我看来，法律理论应当尽可能地避开充满矛盾的哲学问题：法律理论最好走向弱理论，因为这对矛盾的避免是必要的。一个大的问题：在本书中，"弱理论"这一术语所指为何。在此，存在着两种可能性：

● 弱理论是整全性但充满矛盾的强理论之束的共同核心；比如说，BonJour、Lehrer、Thagard 和其他的融贯论者（参见下文）分享着这一观点：知识是一个融贯的整体。然而，问题是这种共同核心难以描述，且可能是微不足道的。

● 弱理论是整全性理论的替代物。这样，认可融贯论的某个法学家必须从 BonJour、Lehrer、Thagard 和其他少数融贯论者之中挑选出根本的东西，而无须说明他们之间的任何共同核心。对该法学

118

家而言，对融贯性的理解就相当于对这一事实的理解——存在着替代性的融贯性观念，以及对上述不同的融贯性观念之间的差异的理解。

第四章 法律与道德

第一节 道德与法律之间的关联

[81] 现在，让我们论述法律学说的规范性问题。正如前文所言，法律学说包含有"被融合的"实在法陈述（"fused" statements *de lege lata*）。这些陈述的含义具有规范性要素。但是这种规范性是可以证成或辩护的吗？如果是可以证成或辩护的，它是一种道德的规范性吗？除了其他观点之外，法院应当遵循法律学说的观点吗？如果法院无视这些观点，它们的行为是不道德的吗？

面对上述问题，一个现代的法学家常常会明确地作出否定的回答。但是，对这些问题的反思被证明是复杂的。为了回答这些问题，我们必须首先讨论更深刻的问题：法律与道德之间的关联。不幸的是，这个问题是出了名的模糊，并且事实上也使得它对论述许多问题而言是必要的。

其中的一些问题可以简单地找到答案：

● 作为一个事实问题的最低限度的道德（moral minimum）：法律的内容受到道德影响了吗？所有的法律秩序事实上都是保障基本的道德价值吗？大多数法学家都对这些问题作出了肯定的回答——尽管许多法学家会说：也存在着道德上中立的法律规则，比如说，在公共道路上规定左边行走或者右边行走的规则。

● 对法律的道德批判问题：几乎是少数法学家否认有效的法律可以服从于道德评判。

● 证成或辩护的问题：道德应当影响法律的内容吗？几乎是少数法学家对此作出了否定回答，而许多法学家会说，也存在着法律应当关注的非道德性理由（non-moral reason）。

其他问题更难以回答：

● 作为一个分析性问题的最低限度的道德：法律与道德之间存在着一种"必要的关联"吗？更具体地说，与道德相冲突可以使有效的法律失去效力吗？

● 我们具有一种以道德的方式解释法律的法律义务吗？大多数法学家会承认，公民们常常期待法律以一种正义和公平的方式加以解释。但是，存在着某种混乱。尽管正义和公平是道德观念，某些法学家否认我们具有一项以道德的方式解释法律的一般性法律义务。他们也许会说，所有的事物都依赖于我们这块土地上的（实在）法的内容。

● 法律学说的实证主义假设：法律学说必须假定法律与道德的分离吗？

● 法律创造了一种真正的规范性动机（motivation）亦即一种不同于道德动机的动机吗？

● 法律的深度道德证成问题：存在着遵循法律的道德理由吗？我们具有遵循法律的道德义务吗？

● 法律学说的道德力量：法律学说创造那些应当从道德观点予以遵循的规范吗？

与道德相冲突可以使有效的法律失去效力吗？这一问题处于自然法学派与法律实证主义争论的核心。一个经典的问题是，法律与道德之间是否存在必要的关联？并且，这种必要性是概念上的必要性吗？① 一个更为时髦的（fashionable）问题是，这种联系是从法律的"本质"中得出的吗？

但是，问题是复杂的。描述意义上的"有效的法律"是"有效力的法律"，其存在的是一个社会事实问题。然而，有效的法律的概念也具有规范性的方面。说一个规范是有效的即是说它应当被遵守。

---

① 除了其他学者之外，Wittgenstein、Sellars、Quine、Davidson、Rorty 和 Brandom 注意到：正是这种概念上的必要性带来了一些问题。

人们可以强调描述性的问题。从这一视角出发，法律实证主义宣称——而自然法则否认——法律有效的条件纯粹是一个社会事实问题。在法律理论中，法律实证主义的著名格言——法律的存在是一回事，其善恶是另一回事——大概是最常印证的句子（John Austin，除了其他学者之外，为 Bjarup 1995-1996，1179 所引证）。

[82]　　这种法律实证主义忽视了"有效的法律"的规范意义。它在英美世界相当流行；在此，我们可以提到边沁、奥斯丁和哈特。即便是今天，它在斯堪的纳维亚也还相当流行。①

这些法律实证主义论者倾向于解除法律的约束力，并且认为，法律仅仅具有一种转述的规范性。这种实证主义仅仅认为，法律宣称自己具有事实上的约束力，但这种约束力不是任何较深刻的意义上的——无论这种较深刻的意义可能是什么。这一特有的法律实证主义接近于法律现实主义。

从规范性的视角看，有效的法律是我们应当遵守的法律。为清晰起见，我将采用一种法律有效性的弱规范性理论（weak normative theory），并因此将法律规范性的深度证成问题推向一个更深的分析层面。因此，Giovanni Sartor② 认为：

> "x 在法律上是有效的"这一陈述纯粹是规范性的，它仅仅意味着"x 应当在法律推理中被接受"。在有效性辩论中，为立法者所制颁、为某一神圣的书籍所包含、为大多数法官所接受、为大多数公民所接受、为共同体政治道德性的最佳释义（construction）所包含，对应于上帝的意志等是与法律上有效的规范性特征相关联的不同的先决条件。可能更为理性的是，赋予这些理据中的一个或另一个以更突出的重要性，排除某些理据，考虑其他事实，但是这适合某种有效性理据的实质性理论，而不适合限定性的规定。（Sartor 2001，585 以下）

---

① 比如说，Frändberg 2000，657 将"何为有效的法律"的问题仅仅理解为描述性的。

② Wieslaw Lang 阐发了一种相似的观念（1962）。

但是，这只是复杂研究计划的第一部分。Sartor 的理论并不想为人们在有关法律规范性的诸基本哲学立场之间的选择提供便利。它意在切掉本体论、认识论和规范性，并意在使某种碎片化的澄清成为具有某种较深刻反思的已完成状态。

法律有效性理据（ground）的不同观点可以被归结为三类：自然法、法律实证主义和法律虚无主义（legal nihilism）。自然法倾向于在道德中找寻法律的超规范（super-norm），法律实证主义则在法律本身中找寻，而法律虚无主义（常常但欺骗性地被称为法律现实主义）则把整个问题视为处于理性反思的范围之外（比较 Peczenik 1989，216 以下）。因此，融贯性的法律实证主义倾向于接受这一假设：有效的法律具有约束力——在某种程度上具有规范性，这意味着法律应当被遵守。与此同时，所有的实证主义论者都拒绝认为法律与道德之间具有任何分析性的联系。他们认为，法律 [83]
体系可以是完全不道德的，但仍然有效，从法律的观点看，人们甚至应当遵守属于这种在体系上不道德的法律体系的那些规范。

第二节 自 然 法

一、强自然法

自然法理论家宣称，法律有效性的条件不是社会事实可以穷尽的；规范的道德内容也具有其法律有效性。圣·奥古斯丁（Saint Augustine）的著名格言是：*Lex iniusta non est lex*（不公正的法律不是法律）。

许多自然法的鼓吹者在以下两者之间作出了区分：权威当局创制的"实在"法与符合自然法的真正有效或具有约束力的法律。尽管"自然法"这一术语模糊不清，人们仍然可以假定，它关涉着那些特别重要的道德规范。

自然法的强理论从自然法的第一性原则中获得了一套丰富的实

质性后果（material consequences）。这些第一性原则可能是宗教性的、人类学的或分析性的。

古典自然法常常具有宗教性要素，但是人们也可以基于世俗化的理据而干预自然法。（在亚里士多德、西塞罗、奥古斯丁、阿奎那和其他论者那里）古典自然法

对下列问题有着清晰的理解：如果人们不承认存在着关于人的某物可以将人同次理性的造物（subrational creature）在根本上区分开来并……内在于每个人的事实性存在中，那么就不能理性地肯定人类的品质，或人权的普遍性和约束力。（Finnis 2002，4）

因此，古典自然法理论立基于人类学的洞见之上。

如果其最重要的部分是由理性以某种方式所赋予的陈述来支撑的话，那么这种自然法理论就是理性主义的。这些陈述要么是可以被分析出来的（对某些概念意义的说明），要么是显然的，亦即为每个具有某种融贯的世界图景的人所接受，等等。这种理论也可以具有经验性的支撑，但其重要的部分中无一需要宗教性假设的支撑。

[84]　　　17、18世纪的现代自然法传统开始采取"将逻辑规范吸收进自然法规范（道德）的策略"（Finnis，2002，7）。

这主要是通过下列假设而达致的：如果否定某些特定的规范，它们将会带来自相矛盾（self-contradiction）。因此，霍布斯认为，不遵守诺言将是自相矛盾的（同上，6）。格老秀斯（Grotius）和普芬道夫（Pufendorf）聚焦于我们基于理性之上的自然法则（laws of nature）而带来的义不容辞（duty-bound）的义务清单（lists of obligations），而洛克则聚焦于所有人天然拥有且其他人有责任承认的权利。几乎所有这些思想家都假定：人类在总体上（*to the summ*）享有一种自然权利——也就说，是他们自有的，或对他们而言是应得的事物，包括生命权、肢体完整权（limb）、思想权利、尊严权、名誉权、荣誉权和行动自由权（比较 Olivecrona 1971，

278 以下）。"*Summ*" 的理念证成了承诺的约束力，包括社会契约中的承诺。他们认为，法律的内容可以由这一契约的过程得到辩护。

理性自然法用传说中的社会契约和其他基本概念的逻辑分析代替了上帝的无所不能。这种分析是一种典型的先验分析（proceeded a priori①），也就是说，其独立于现实社会的素材。但相矛盾的是，从逻辑必要性中获得自然法的主张导致了诸冲突性理论的扩展。在此，我们看到了寻求确定性的著名争论。在相互竞争的理论中，还存在着多少个"自然状态"（states of nature）呢？

康德的道德哲学也是理性主义的——尽管其先验理论不是分析性的。受格老秀斯和普芬道夫影响，康德认为，我们具有对自己和他人的道德义务，比如说发展我们的技能的义务、对他们信守承诺的义务。但是，所有这些义务都依赖于某个单一性的绝对命令（categorical imperative）。作为理性的存在物，通过追问某个

---

① 根据维基百科的解释，先验（A priori；又译为"先天"）在拉丁文中指"来自先前的东西"，或稍稍引申指"在经验之前"。近代西方传统中，认为先验指无须经验或先于经验获得的知识。在此，维基百科的解释将"先验"和"先天"混为一谈。参见 http：//zh. wikipedia. org/wiki/% E5% 85% 88% E9% A9% 97，最后访问时间 2008 年 9 月 1 日。而实际上，先天（a prior）和先验（transzendental）是有区别的，先验的当然是先天的，先天包括先验的，但是先天的不一定都是先验的。"先天的"是说我们在一件事情还没有发生前就可以先天断言它。"先验的"除了我们可以先天断言之外，还是关于我们的这个断言如何可能的知识。"先验"可以解释为关于先天的先天，关于先天的先天知识就是先验的知识，先验的知识比先天的知识层次更高，它是对先天知识的反思，即先天的知识如何成为可能（参见邓晓芒：《康德哲学讲演录》，广西师范大学出版社 2006 年版，第 16 页）。不过通观上下文，作者此处所意指的应该是一种"先验的知识"，因为他论述的是"理性自然法用传说中的社会契约和其他基本概念的逻辑分析代替了上帝的无所不能"，既然是对社会契约和其他基本概念的逻辑分析，这种分析本身已然超越了断言的层次，而进入了关于这个断言如何成为可能的探讨，即先验的层次。基于上述分析，我仍将本书出现的"a prior"译为"先验"——译者注。

行动是否符合绝对命令，我们能够判断该行动是否合乎道德。绝对命令的一个表述："仅仅按照你能同时将其意愿为其将成为一个普遍性法则（law）的准则（意图）[maxim（intention）] 来行事。"另一个表述："总是把人性（humanity）——无论是你自身的，还是他人的——当作目的本身，而从不仅仅将其当作一种手段。"

[85]   当然，问题是像社会契约和绝对命令这样的抽象（内容）是会带来任何特定的义务，还是权利？黑格尔为我们提供了自他以后已成为经典的一个批判要点：这些抽象（内容）是形式化且空洞的。如果要具有成效，它们必须以历史性和社会性所决定的素材作为补充。因此，社会契约不能被简单地视为从自然需要或者当事人的可算计的合理性（calculative rationality）中得出的东西。毋宁说，它必须被历史性地当做是社会生活在文化中形成的一种形式——在其中，个体的实际需要及其推理性能力（reasoning powers）起着决定性的作用。

人们可以批评说：强自然法理论试图从关于社会契约和绝对命令的形式化即"逻辑性的"（formal，"logical"）假设中获得太多内容。人们也可以批评说，他们中的一些人试图从关于人类本质及其相似事物的描述性命题（descriptive propositions）中获得规范性或者评价性的结论。自然法理论也面临着经验性难题。列举出人类本质的不可改变要素亦即对法律而言具有必要性的要素不是一件容易的事情。

无论可证成与否，强自然法对法律学说而言都没有意义。法律学说过于复杂化和多样化以至于不符合一套有限的第一性原则。当然，人们调适它以适合古典的、理性主义的，甚或宗教性的自然法，但是法律学说的某些部分将会变得矛盾重重或者模糊不清。例如，温里布将侵权法建基于康德和亚里士多德之上的努力是难以令人信服的。

真实情形是由于其将法律的规范性建基于社会契约之上，理性主义自然法仍使某些法律理论家着迷不已。他们的策略是在法律的合法律性（legality）与法律的合法性（legitimacy）之间作出区分。因此，理论家可以说，法律的有效性是一个事实问题——比如说，议会制颁某一制定法或者法院实施这一法律的事实——而同时又将理性主义自然法偷放进来作为立法（legislation）和司法实践合法性的判准。例如，人们可以依据洛克或霍布斯的理论来判定立法和司法实践是否具有合法性。① 但是，对自然法遗产（the heritage of natural law）的这种运用已不再是一种法律理论，它是用以批判既存法律的一种政治学说。

二、晚近的发展：弱自然法理论

今天，自然法不是很有影响力。但其仍然存在，因为与古老时代的自然法相比，现在的具有代表性的自然法更加弱势。诸如菲尼斯和穆尔（Moore）这样的思想家已经为我们提供了关于法律本质的深刻洞见，但他们甚至不再梦想在普芬道夫精神的指导下阐发出详细的自然法的"法典"（"codes" of natural law）。

因此，富勒（Fuller）列举出了法律之内在道德性的最低要求：其规则必须是一般性的、不溯及既往的、可理解的、不矛盾的、可能遵守的（possible to obey）、相对稳定的，被宣布的规则与被适用的规则之间必须具有一致性等特征。约翰·菲尼斯追随托马斯·阿奎那，强调法律的温良性（moderate）和常识性的一面。因此，

大多数法学家认识到，为了被视为法律，法律似乎必须通过道德过滤器的过滤这一观念与我们所知道的法律世界是不相兼容的。因此，当代的自然法论者主张不同的、对自然法主要原则的更精巧解释。比如说，约翰·菲尼斯不是将（托马斯主义版本的）自然法作为实在法的法律有效性的一种限制，而是聚焦于法

---

① 例如，Zetterquist 2002 依据霍布斯和洛克的理论讨论了欧盟法的合法性。

律有必要加以促进之共同善的诸方式，将自然法主要视为对最完好或者最高尚意义上的法律理念的一种阐明。（Marmor 2002b；比较 Finnis 2002）

迈克尔·穆尔（Michael Moore）表达了一种强烈的信念（robust belief），他相信形而上学的实在论意义上的道德真理（moral truth）的存在和可接近性。这是一种强理论，但其规范性意蕴是弱的、常识性的，因为他还偏好理解知识的一种融贯性理论（比较 Moore 1992，各处，以及 Bix 2002，89 以下）。

在奥地利，Alfred Verdross（1971，92 以下）阐述了一种转向古典自然法之人类学根基的温良理论（moderate theory）。该理论包括四个部分。其中，第一部分基于这样的命题之上：所有正常的人类都能感知某些特定的基本需求（basic needs）并展示着某些基本需要（primary wants）。他们都想活着。尽管环境能够迫使某个人自杀，但是自我持守的倾向（the disposition to self-preservation）是天然的。所有的正常人都想避免物理性的伤害、诽谤和经济损失。尽管只有某些人具有服从领导的性情，但所有正常的人类都希望享有某些实现其意图的自由，而不是被迫行为。永恒的社会道德表达了这些需求和需要。首要的自然法则由下列规范构成：属于社会道德的规范和调整法[86]律问题的规范。首要的自然法则是永恒的。第二性的自然法则所指示的是在给定的社会条件下，从首要自然法则中获得的法律体系之目标是如何最佳地予以实现的。第二性的自然法则不断地改变，因为它必须考虑改变着的社会事实。只有在其符合第二性的自然法则的时候，制定法和先例等所赋予的并由制裁加以实施的实在法才是有效的。

法律学说可以从这些理论中获益，因为这些理论无须将法律学说强加于理性主义—自由主义正统（rationalist-liberal orthodoxy）的普罗克拉斯提斯之床（Procrustean bed）①　就可以使其规范性成分得以合法化。

三、正确性主张

另一种精致的理论依赖于实践合理性（practical rationality）的观念。最好的例子是罗伯特·阿列克西（Robert Alexy）的法律观——亦即直接把法律规范和法律体系作为一个整体——必然带来某种正确性主张。这种正确性具有某种道德性特征。阿列克西不是把正确的道德逐一地标识出来，而是坚持认为其将历经某一自由的论证过程而存活下来。一个重要的命题是这样的：

> 如果某些个体化的规范或者决定不能唤起正确性主张的话，法律体系就不会失去其法律特征。如果大量的规范或决定不能唤起正确性主张，它只能是这种情形：人们可以说作为整体的法律体系放弃了这种主张。（Alexy 2000b，142）

如果不是这种灾难发生，某一法律体系仍将是法律体系，但如果其中的某些规范是不道德的，该法律体系则是有缺陷的。

---

①　在雅典国家奠基者（Theseus）的传说中，从墨加拉到雅典途中有个非常残暴的强盗，叫达玛斯贰斯，绰号普洛克路斯提斯。据公元前 1 世纪古希腊历史学家狄奥多（Diodoros，约公元前 80—前 29 年）所编《历史丛书》记述：普洛克路斯提斯开设黑店，拦截过路行人。他特意设置了 2 张铁床，一长一短，强迫旅客躺在铁床上，身矮者睡长床，强拉其躯体使与床齐；身高者睡短床，他用利斧把旅客伸出来的腿脚截短。由于他这种特殊的残暴方式，人们称之为"铁床匪"。后来，希腊著名英雄提修斯在前往雅典寻父途中，遇上了"铁床匪"，击败了这个拦路大盗。提修斯以其人之道还治其人之身，强令身体魁梧的普洛克路斯提斯躺在短床上，一刀砍掉"铁床匪"伸出床外的下半肢，除了这一祸害。由此，在英语中遗留下来"a Procrustean bed"这个成语，亦做 the Procrustes' bed 或 the bed of Procrustes，常用以表示"an arrangement or plan that produces uniformity by violent and arbitrary measures"之意。按其形象意义，这个成语与汉语成语"削足适履"颇相同；也类似俗语"使穿小鞋"、"强求一律"的说法——译者注。

Eugenio Bulygin 已经指出了阿列克西理论的弱点。他提到了成吉思汗（Genghis Khan）、西班牙国王菲利普二世（Philip II of Spain）、英格兰国王亨利七世（England' Henry VII）、何梅尼（Khomeini）和皮诺切特（Pinochet），得出了如下结论：

[87]

> 也许，他们用正义或道德正确性来理解十分不同的事物。现在，法律与道德之间的必然联系的命题表明：任何法律体系作为一方，不仅仅是任何道德体系的同一性道德（one and the same morality）作为另一方，两者之间存在某种概念上的关联。在阿列克西的情形中，它是建基于程序性商谈伦理学（discourse ethics）的普遍主义道德（universalistic morality）。所有的规范颁布行为都以施行性地（performatively）暗含着某种正义主张这一被宣称的事实并不能证明：在所有的法律体系与这种特定的道德之间存在着某种必然联系。为了维持这最后的一个命题，阿列克西必须得做下列事情：不仅要证明存在着一种客观的道德，还要证明这种道德为所有的法律制定者所共享。（Bulygin 2000，134）

毫不意外的是，阿列克西并没有吸收这一建议。相反，他写道：

> 法律与道德之间的必然联系并未预设所有人事实上分享着某种道德。这与道德争执是兼容的……为了获得法律与道德之间的必然联系，人们不需要允诺——正如 Bulygin 认为的那样——所有的法律制定者共享着某种客观道德。某种正确的道德观念、关于何种道德具有正确性的理性论证实践，以及基于此而建构实践合理性的可能性，就足够了。（Alexy 2000b，143-144）

这一争论是相当典型的。Bulygin 需要清晰性和精确性，他对诸如实践合理性这样的抽象观念不满意。他的哲学语言没有为这些观念留下空间。这是一种值得尊敬的立场。然而，法律理论的晚近发展似乎指向了另一个方向，亦即通向弱但并不总是显而易见的理论的方向。

第三节　排他性的法律实证主义

一、排他性的法律实证主义——规范性意义的成分

现代法学家为法律实证主义所吸引，这一点毫不奇怪。"法律实证主义"的名称是现代的，但其核心观念则是古老的。法律是取悦统治者的事物：*Quod principi placuit，legis babet vigorem*（法律的力量在于取悦统治者）（Dig. 1，4，1 pr.，Ulpianus）。自 19 世纪以降，法律实证主义的传统已经强烈地挑战了自然法理论。

现代实证主义是相当精致的（sophisticated）。① 一个重要的区分是包容性实证主义和排他性实证主义之间的区别。排他性的实证主义论者否认法律体系可以吸纳进对法律有效性的道德性限制，而包容性的法律实证主义论者则认为，我们识别出的法律可能——但并不必然——会建基于其上的社会惯例会参照道德性内容作为合法律性的一个条件。

当其尝试证成法律的权威之时，排他性法律实证主义面临着难题。"把所有的因素都予以考虑"，一个排他性理由"从未证成人们放弃自主的正当性，也就是说，从未证成人们作出其应当做什么之判断的权利和义务的正当性"。但是，在某些情形下，它可能会证成下列事项："基于一阶理由（first-order reason）的平衡，不去做应当做的事情。"一个排他性理由"是豁免于下属主张的理由：理由应当以其适用的每个场合下可能被修正的观点加以重估"。（Raz 1979，18，27，and 33）

斯蒂芬·佩里（Stephen Perry）（1987）和弗里德里克·肖尔（Frederick Schauer）（1991，88-93）不同意拉兹的意见，他们主张，法律的功能不是要排除一阶理由，而是要改变其分量，亦即创造一

---

① 参见 Hart 1961 and 1983；另请参见 Geprge 1996，Himma 和 Marmer 的论文集和著作在本书中得到引证。

个非常强烈的、主张特定一阶理由而不是其他理由的假设。罗杰·沙纳（Roger Shiner）(1992，103-115) 则偏好拉兹的观点。其论据的关键是思考的三分模式（three-part pattern of thinking）：细心的人们倾向于具有法律的图像（representation）；他们倾向把法律当做是行动的一个理由；他们愿意遵守法律。另请参见本系列第三卷Shiner 的著作。

排他性实证主义的优长在于它显示了一阶理由的可废止性（defeasibility）。法律规则可以击败这些理由，从而形成这些理由的例外情形。但是，排他性的实证主义论者看不到硬币的另一面。他们没有注意到：法律规则本身是可以由某一权衡过程所废止的。我们等会将重新回来讨论权衡和可废止性的问题。

第二种理论认为法律的规范性是不真实的。一个排他性的实证主义论者可以抛弃法律的约束力而认为，法律仅仅具有某种转述的规范性。这种实证主义仅仅认为，法律宣称自己具有事实上的约束力，但这不是较深刻意义上的约束力——无论这种较深刻的意义可能为何。这种法律实证主义接近于法律现实主义。

[88]

依约瑟夫·拉兹之见，法学家作出分散性的法律陈述（detached legal statements）（参见 Raz，1981 441 以下）。分散性的法律陈述是从下述立场中作出的绝对性陈述（categorical statements）：不是法学家的个人化立场，而是（虚构的）法律上之人（legal man）的立场。法学家可以说伪装地包含了法律上之人的立场。换言之，法律并没有创造真正的规范性动机。拉兹认为，"分散的法律陈述……并不使言说者获得该陈述所表达的规范性观点"（Raz 1979，153-154）。

该观点是与拉兹对遵守法律之一般性义务的否定相一致的（Raz 1979，233 以下）。如果我们考虑到拉兹假定（且反对）的是一种非常强烈的、遵守法律之义务的理论，而不仅仅是我所假定的适可而止的（pro tanto）义务（同上，234），他的这种否定就是有意义的。而且，拉兹承认：对某些特定的人——比如说主教——而言，存在着例外情形（同上，237）。

我不会从这一点进入到这样一个非常诡异的问题：排他性理由

的理论是否与分散性法律陈述的理论相兼容。在此，我们可以自信满满地说：分散性陈述的理论并不符合法律学说的传统。毋庸置疑，我们可能作出关于古老法律体系和外国法律体系以及自身法律体系的分散性法律陈述。但是，也存在着法律研究者所作出的、暗含着法律所言之义务（commitment）的内在陈述。声称"瑞典法律要求我缴纳所得税"的瑞典法学家常常被激发缴纳这种税务。

某个传统法律学说的辩护者会争辩说：这种激发揭示了法律的真正规范性和关于实在法（de lege lata）学理陈述之一般规范性的事物。但是，批评者会反驳说：诸如法律和法学研究这样的社会事实的真正规范性并不能够存在。我们还将回过头来再次探讨这一问题。

19世纪和20世纪上半叶的德国法律学说不同于此类英美法学观点，因为它常常确认某种法律的内在规范性。关于法律之真正规范性的最精致的实证主义学说是汉斯·凯尔森（Hans Kelsen）的纯粹法学理论。依凯尔森之见，法律规范构成了一个特定种类的等级体系（hierarchy）。如果某个规范是根据更高级别的、决定着谁有权创制规范以及这种规范创制如何进行的有效规范创制出来的，它就具有法律上的有效性。如果高级规范本身是根据更高级的有效规范所规定的方式创制出来的，那么它也是有效的，等等。但是，[89]宪法中规定的最高级法律规范则不能从更高级的法律规范中获得其有效性；因为在法律体系中，不存在任何这样的规范。相反，最高级的法律规范必须从德国基本规范（Grundnorm）——亦即基础的或者最高的规范（apex norm）——中获得其有效性。这个规范的一个表述——宪法应当被遵守。更确切地说：

> 暴力行为（acts of force）应当按照历史上的、国家的第一部宪法和在同意该宪法的基础上所制颁的规范规定的条件和方式而实施（简言之，人们应当像宪法规定的那样行为）。（Kelsen 1960，203-204）

最高的规范在法律上是无效的，因为它没有以法律规定的任何方式而存在。它不过是任何人进行有关有效法的法律推理中在概念上所预设的东西（比较 Bindreiter 2002，特别是第二部分），并且依凯尔森之见，它仍是法律有效性的一个"理据"。

但是，仅仅一个预设可以构成法律有效性的一个理据吗？凯尔森并没有解决法律的深度证成问题。他甚至不准备回答是否存在着遵守法律之道德义务的问题，而是仅仅指出：这个问题不是一个法律问题。他也没继续解释法律的法律规范性即非道德性的规范性（legal, non-moral normativity of the law）。的确，

> 凯尔森并没有为我们提供任何同拒绝自然法理论——亦即，拒绝道德命题——之论据相类似的东西。相反，在这个方面，他仅仅为我们提供了一种粗糙的、普通的实证主义。（Paulson 2000, 292）

关于排他性法律实证主义的争论远未结束。但是，有一件事情是确定的。排他性法律实证主义

> 宣称：所有的法学家总是无意识地以两种不同的方式采用凯尔森的基本规范——一方面，想当然地认为法律被法律受众（legal audience）的其他成员视为具有有效性和约束力；另一方面，法律的有限性和约束力被托付给他们本身的认可。（Bindreiter 2002, 127）

[90]　　然而，这些实证主义论者却没有任何办法来深刻地证成这种假设。他们不能告诉我们为什么把这一问题托付给法学家。特别是，他们不能告诉我们创造法学理论的法学家们应当受到他们自己行为的约束。他们也不能告诉我们，为什么法官和公众应当受到法律学说之成果的约束。他们可能会说，有约束力的法律是取悦统治者的东西，而当然不能说，有约束力的法律是取悦法律教授的东西。

这解释了为什么我们必须在法律实证主义与自然法理论之间找到一个理性中庸的方式（middle way）。法学家需要将弱法律实证主义及其语境上充分的法律证成同深度辩护中的某种道德基础结合

起来。

二、可废止的基本规范、条件性的基本规范与法律的转型

更进一步地探讨这个问题，人们可以想象出可废止性基本规范与条件性基本规范之间的区别。

排他性法律实证主义仍然停留在常见法学家（everyday jurist）的视域之内。他们无条件地认为，宪法应当得到遵循。因此，他们接受凯尔森意义上的基本规范。

法律理论家认为，这种基本规范是可以废止的。换言之，他们意识到：存在着基本规范的例外情形，而这些情形则预示着超越常见法学家之视域的可能性。法学家接受基本规范，但是如果足够多的法律判准没有得到满足的话，他们就不会这么做。比如说，如果一个法律体系不再具有效率，他们将不会把它当做是有效的法律。而且，如果法律是极端不道德或者不正义的，某些法律人至少（我们可以把他们称为反实证论者）会不再把它们视为有效的法律。

不是排他性实证主义论者的法学家事实上超越了常见法学家的视域。他们可以把基本规范重新表述为一个条件性的规范（比较Peczenik 1981 and 1982 各处和 1989，293 以下）。换言之，他们列出了基本规范的例外情形。

一个认识论学者（epistemologist）可能会补充说：基本规范例证了一种飞跃或者"跳跃"（比较 Peczenik 1989，116）以及法律思维中的一种"转型"（transformation）。当且仅当满足如下条件时，从一套前提 S 到一个结论 q 的跳跃就会存在：

● q 不是演绎性地从 S 中得出的，而且，　　　　　　　　[91]

● S 不能被扩张或改变以获得一套同样的结论据以得出且仅仅由特定的前提——亦即特定文化所预设的前提和被证明具有真实性的前提——所构成的前提 $S1$。

在法律论证的体系中，跳跃在很多地方都会发生（比较 Peczenik 1979b，47 以下）。最难的问题涉及法律内的跳跃，亦即从法律的判准到法律的有效性的跳跃。① 这种跳跃把某事物转型为法律。法律心智（the legal mind）把我们对较简单事实的认识转型为对有效法的认识。从比喻意义上讲，它把这些事实变型成了有效法。

这种跳跃语言是富有成效的，因为它指出了许多哲学性问题。某些问题是逻辑性的，因此，我们碰到

● 被追问某种跳跃是否正确或者是否为有效的推理模式的形式逻辑问题；② 以及

● 在人工智能（artificial intelligence）与法律的讨论中涉及的模拟法律论证（modelling legal argumentation）问题；为了这个目的，几个可废止性逻辑（defeasible logic）和非单调性逻辑（nonmonotonic logic）体系以及论证理论和对话模式已经发展起来（参见下文）。

另一个问题是认识论的；它是这种情形：

● 可废止性规则与可废止性知识的问题；以及

● 我们是否可以作出下列跳跃的问题：从对诸如议会制颁特定法律、法院作出特定裁决和法律学者出版特定著作这样的事实描述跳跃至法律渊源中表达的规范应当被遵守这样的结论。

[92]

最后，我们还会碰到本体论问题：

● 何为法律？它是某个议会制颁布的规则吗？它是法院的裁决

① 但是，当我们从一套至少包含着一个提及或表达有效法之陈述的前提中获致关于有效法的结论之时，法律之内的跳跃也会发生。这种跳跃导致法律之内的一种转型（比较 Aarnio, Alexy 和 Peczenik 1981, 149-151，以及 Peczenik 1983, 33 以下）。在此，我应当在法律渊源形成的跳跃（legal source-establishing leaps）与法律解释性跳跃（legal interpretive leaps）之间作出区分（比较 Peczenik 1989, 299 以下）。解释性跳跃在下列情形中结束：将法律渊源的表达（wording）转型为一种对被解释之法律的一种了解。

② 关于此问题的一个概述，参见温莎大学（University of Windsor）哲学系（温莎，安大略湖，加拿大）出版的《非形式逻辑杂志：论证和实践中的推理》（*Journal Informal Logic：Reasoning in Argumentation and Practice*）。

吗？或者，它是由某种跳跃性的方式所证成或辩护的法律学者的观点吗？或者，它是其他事物吗？

法律理论家可以稳妥地说：如果我们说我们的语言并按照我们的方式行为，我们法学家需要跳跃。哲学家必须为我们提供更精确的法律逻辑理论、法律证成理论、法律认识论理论和法律本体论理论。遗憾的是，许多哲学理论要么过于化约主义（reductionist），要么过于形而上学。跳跃理论（the theory of leaps）的要点在于：它包括法学家提出并指向哲学家的一系列问题。

三、有效法律的实证主义判准与非实证主义判准

现在，让我们放下法律的规范性而转向何为法律的描述性问题？也就是说，何为法律的判准？

毋庸置疑，从心理学的立场看，法律人可以自发地承认某个给定国家的法律规定、法律程序等的效力——这即是说，不用必须作出推论，也无须求助于任何一般性的法律定义。较之于理论性（theoretical）而言，这些信息更具有文献目录性质（bibliographical）（比较 Wedberg 1951，254）。通过进入某一特定社会所形成的实践，人们可以获得这些信息。法科学生常常通过接触这一"文献目录"（bibliography）而开始他们的学习。除了其他渊源之外，他们还学到了一系列的法律渊源，比如说人们必须、应当或可能注意的制定法和先例。法律人也从其实践中学到进行法律推理的本领。

但是，许多法律理论家认为，人们也需要某种更为抽象的理论，亦即指示法律判准的理论。因此，法律是相互联系成分的一种复合体（比较 Peczenik 1989，268）。在这一复合体中，两种成分占据了中心位置：规范和行动（比较 Peczenik 1984，97 以下）。也存在着次要的成分（secondary components）——即证成和解释规范 [93] 的法律价值以及同我们的行动相联系的心智过程（the mental processes）。法律规范组成了一个体系，许多理论文献论述了这一体系的结构：汉斯·凯尔森、H. L. A. 哈特和尤根尼奥·布柳金（Eugenio Bulygin）就做过这样的工作。

　　人们也可以形成决定规范性体系何时在整体上属于法律的判准。在此，我将仅仅关注发现规范之内容和规范之间关系的判准，而把——比如说——规范的社会后果的问题撇在一旁。这些判准构成了一个"大的群体"（big crowd）。这里是一种样本化的说明（sampling）：

　　● 法律包含着一种"动态的"规范等级——在这一等价体系中，较高级规范决定着创制较低级规范的恰当方式（比较 Kelsen 1960，228 以下）。

　　● 法律不仅包含着行为规范，也包含着可以使我们谈及制度性事实——例如合同、承诺、婚姻和公民资格——的构成性规则（constitutional rules）。

　　● 法律包含着作出如下宣称的规范：宣称法律秩序有权调整任何种类的行为，并在社会中构成至高无上的规范体系（比较 Raz 1979，116 以下）。

　　● 法律也包含着作出如下宣称的一些规范：宣称法律享有独占性的权利以批准其领土内暴力的物理性使用（physical use of force）（比较 Ross 1958，34；Olivecrona 1971，271；Kelsen 1960，34 以下）。

　　● 法律具有某种高度的效率（effectiveness）［或实效（efficacy）：比较 Kelsen 1960，10 以下］。实效意味着两种事物：首先，在任何给定的领土内，我们都会发现，较之于非法律组织的规范，其法律规范为更多的人、在更多的情势下得到遵守；其次，法律规范由法律上得到授权的官员——比如说，法官、公诉人、警察和行政官员——予以实施。

　　● 法律常常公开发布，并公开适用；它也常常由职业性法律人使用已形成且显著发达的方法和学说予以解释。

　　这些判准回答了何为法律这一问题。它们将道德考量撇在一旁。如果它们被证明足以识别出法律，那么法律实证主义就赢得了一个重要的胜利。但是，添加了如下的另一个判准的非实证论者会争辩这种胜利：

　　● 只有当某个规范性体系不包含或者产生过多严重非道德的规

范和惯例（practice）的时候，它才是法律。道德推理决定着何为
"严重非道德"（grossly immoral）、何为"过多"。

诸如希特勒（Hitler）或波尔布特（Pol Pot）的某些立法那样
的法律所具有的极端非道德性使得法律人使用法律方法来减少法律
实践中的非正义成为不可能。现在，假定我们讨论的"法律"体
系包含着非常多极端非道德或者极端非正义的条款。假定"这一
法律体系不是法律"是合理的：*Lex inniustissima non est lex*（恶法
非法）。这一命题可以同认为不正义的法律不是法律的自然法之核
心传统相比较，但较之不太激进（比较 Lucas 1980，123）。

由于立法的民主过程是不完善的，不正义的法律不仅可以在一
个极权主义国家（totalitarian state）中制颁，也可以在一个民主社
会中制颁。即使人们赞同法律体系本身，也可以批判这些法律。压
迫性体制（oppressive regime）的法律体系应该受到更多的综合性
批判，但人们必须承认其作为有效法律的特征。只有作为整体的某
个规范性体系的极端非道德性才可以支持我们达致这样的结论：该
法律体系不是有效的法律。

四、提升中的精致化

使法律之判准远离道德的一个可能途径是把这些问题装到另一
个"盒子"（box），亦即放入法律规范的可适用性（applicability）
之中。在这种关系中，几个精致的区别（sophisticated distinctions）
被证明是有助益的。比如说，人们可以用某些大体上无可争议的事
实——例如立法实践和司法实践——和涉及语言和形式逻辑的同样
无可争议的素材来界定法律有效性；在具体的情形中，道德商议
（moral deliberation）则将决定着有效之法律的可适用性或者不可适
用性。

为了进一步提升精致程度，人们可以尝试采用一种价值中立的
可适用性定义。因此，Pablo Navarro（2001，251 以下）阐发了下
述关于法律规范之可适用性的理论：

● 在规范之于法律案件（legal cases）的内在可适用性与外在
可适用性之间作出区分；

[94]　　● 内在可适用性涉及法律规范的范围，而外在可适用性则涉及其效力；

　　● 内在可适用性与其案件的关系是内在的（概念性的），但外在可适用性与其案件的关系则是外在的（非固有的）；

　　● 可废止性影响着法律规范的外在可适用性（或效力），但并不影响其内在可适用性（或范围）。

Navarro 认为，一个规范的范围包括与经典逻辑（classical logic）相一致的逻辑后果。比如说，"任何车辆（vehicles）都不得进入公园"这一规范禁止小汽车、救护车等进入公园。但是在紧急情形下，该规范的效力并不是决定性的（conclusive）；它可能意味着同意某辆救护车入内的一个制度化决定可以在法律上获得证成。我们刚刚提及的这个规范内在地适用于（或调整着）救护车的情形，但其效力并不是决定性的。其效力——而不是其范围——是可废止的；这即是说，它向那些可能依赖于道德估量（moral valuations）的例外开放。为了回答效力的问题，人们可能需要道德估量，但范围的问题则按照非道德的方式就可以获得答案。

在法律中，在有效性即可适用性（validity, applicability）的不同概念化事物（conceptualizations）与可废止性之间作出选择，需要依赖很多要素；而且，这些要素难以列举，更难以估量。但是，无论人们可能选择何种概念化事物，在法律中都不免存在着道德估量的空间。人们是选择表明这些估量决定着有效之法律为何的术语体系（terminology），还是选择仅仅表明何为可适用之法律的术语体系，或者选择可能暗示何为外在可适用之法律的术语体系，都是无关紧要的。

五、政治的合法性，而不是政治的证成

人们可以把政治哲学作为法律的深度证成（profound justification）的基础吗？当下占据支配地位的法律哲学家们——比如德沃金（Dworkin）、哈贝马斯（Habermas）和拉兹（Raz）——都把讨论的关注点从法律的规范性问题转移到了法律的合法性问题。这与较早的欧陆传统形成了对比——在欧陆传统中，许多法律理论都与

关于法律之存在、道德价值之存在的本体论和认识论问题相联系，　[95]
并因此与道德知识、法律知识相联系。法律理论导致人们从整全性
思想和先验思想转向了政治思想和后形而上学思想（post-meta-
physical thought）。① 合法性是具有政治性联系（associations）的概
念。在这种精神指引下，由于其被宣称缺乏政治合法性，法律学说
面临着批判。因此，对法律学说的一个众所周知的批判在于：法学
研究者所作出的规范性陈述，其政治意蕴（implications）充满了争
议（比如说，Welhelm 1989，86 以下和 Wagner 1985，各处）。

但是，对这种批评而言，政治合法性不是一个稳妥的理据。
"合法性"是一种极端复杂的现象（比较 Berger and Luckmann
1971，110 以下）；就此而言，在对法律规范性进行复杂分析时，
它并不是特别有助益的最后步骤。人们可以争辩说：如果政治合法
性的诸理论与本体论和认识论不相兼容的话，它们只能悬在空中，
毫无用处。

最后但并非最不重要的是，对政治合法性的讨论也并不是理解
法律学说最有前途的一种方式。一个值得尊敬的法律学者的目标是
旨在追求真理，而不是政治正确性（political correctness）。

第四节　包容性的实证主义与实在法命题

一、法律实证主义是法律学说所固有的吗？

将这些难题抛在一旁，人们可能想知道：所有的法律学说是否
都预设着（presupposed）法律实证主义的存在？Aulis Aarnio 对这
一观念作出了如下解释：

> 法律学说的基质（matrix）……似乎（至少）由下列要素组

---

① 在这种趋势中，像穆尔和菲尼斯（Finnis）这样的自然法论者是值得
注意的例外。

141

成……：（1）常常是隐而不显——亦即很少明确表达出来的一套法律哲学背景假设和/或承诺。我们可以提及下列观念作为例证：（a）法律的起源，（b）法律规范的有效性［承认规则（the rule of recognition）的问题］，（c）规范和规范性的概念，以及（d）理性商谈（rational discourse）的观念。关于法律之起源的基本假设似乎接受某种全社会性主权者（societal sovereign）的观念。法律规范的约束力（bindingness）不需要由自然法所支持的任何假设——

[96]　关于实在法原则背后的某种"高级"法律原则的假设。在这个意义上讲，法律学说的基本基质似乎包含着某种具有决定性的、法律实证主义的基本观点。（Aarnio 1997，82）

　　学理性法学家（doctrinal jurists）必须同意法律实证主义，否则就是自相矛盾的吗？正确答案从表面上看（prima facie）是对此作出肯定回答。我们首先假定——亦即前提性的假定（arguendo）：约瑟夫·拉兹是正确的，且法学家仅仅表达分散的法律陈述（参见 Raz 1981，441 以下），而不是真正的规范性陈述。从定义上看，这种法律学说是实证主义的，亦即在逻辑上同真正的道德性陈述分离开来。与我们前文的分析（analysis supra）相一致，现在，我们假定：法律学说也包括真正的规范性陈述。同时，我们假定：这些陈述的规范性力量被限定于某个给定的法律体系，亦即受到时空的限制，仅仅是因为法律学说是受到限制的。最后，我们假定：这种法律学说为几乎所有适格的（competent）法律学者所认可，并独立于其在道德理论中的观点。这些假设使得我们可以貌似合理地得出结论说：法律学说之陈述的规范性力量是与普遍性道德相分离的，并在这个意义上是实证主义的。

　　二、包容性的实证主义与图瑞的批判法律实证主义

　　然而，法律学说所固有的法律实证主义并不是排他性的实证主义——它必定是包容性的；这即是说，它必然假定：我们识别法律时可能赖以为基的社会惯例要——但并不必然——参照道德内容作

142

为合法律性的一个条件。① 只有这种法律实证主义才能理解具有下列特性的法律学说：其意欲将自己限于法律的限制之内，但仍然包括了基于社会性所形成的价值、原则和政策对制定法和先例的规范性批判。换言之，排他性法律实证主义（exclusive legal positivism）的一个重要缺陷是，它倾向把法律规范的多样性弃之不顾（比较 Atienza and Manero 2002）。一个法律理论，如果想对法律学说有所助益的话，必须关注不同种类的法律规范，亦即：

- 调整性规范（表达命令、禁止和许可的规范）；
- 构成性规范，特别是权力授予性规范（power-conferring）；
- 确实需要商议（deliberation）的规范，比如原则和政策。

在这一语境下，人们也必须讨论卡阿洛·图瑞（Kaarlo Tuori）理论——这一理论把法律规范性的基础置于法律的深层结构之中，而不是置于道德之中。

大部分建基于米歇尔·福柯（Michel Foucault）、弗朗索瓦·爱华德（François Ewald）和尤根·哈贝马斯（Jürgen Habermas）的论述，图瑞将其理论导向了哲学反思。但是，他也直接反思了实际上的法律（law as it is）、现代社会中法律的创制与适用，以及法律传统：萨维尼（Savigny）、普赫塔（Puchta）和拉邦德（Laband）等。他力图把这两个理路（lines of reasoning）整合起来。第二个理论是其核心。第一个则是补充性的且——以所有强哲学理论的式样显示出来——更易于招致批判，亦即具有把目标指向前文提到的每个哲学家的性质和质疑这些哲学家理论之兼容性的性质。

图瑞的理论对我们理解法律学说的计划而言颇有助益。它独立于福柯、爱华德和哈贝马斯的未来命运。可能发生的事情是，这些哲学家将会过时。但即使到那时，图瑞的理论仍将幸存下来，仅仅因为它是一种一流的（first-rate）法律理论。图瑞区分了法律的三

---

① 关于排他性实证主义和包容性实证主义间关系的讨论的一个总结，可以参见下列文献：Marmor 2002a，Himma 2002a and 2002b。另请参见 Shapiro 2002。

个层次（layers）：

　　"成熟的"现代法律不仅仅由可以在制定法汇编中读到的规章（regulations）或可以在已出版的判例汇编中发现的法院裁决组成。它也包括更深的层次：同时为表面层次的素材创造先决条件、强施限制的层次。我将这些次表面层次（sub-surface levels）称为法律文化和法律的深层结构。
　　……
　　不同法律领域的一般性学说把法律文化的概念性要素和规范性要素结合起来。法律领域从其一般性学说中获得了其身份（identity）：在新的、进取性的法律领域——比如说，劳动法或社会法的发展中，一般性法律学说的形成可以被视为一个独立的信号（sign of independence）。
　　……
　　如果我们可以在法律史中识别出法律的不同类型，并且如果这些不同类型是随着各自的深层结构而变化的，那么，即使这一深层结构也必须被视为是历史性的，亦即转瞬即逝的。但是，在这一深层结构中，在法律的基本原理（the fundamentals of law）层面，改变的速度是最慢的；深层结构代表着法律的长时段形态（the *longue durée*）。（Tuori 2002，147，169，and 184）

　　深层结构包括古老的要素或全球化的要素，或者同时包括这种要素。时空上的深层结构比法律文化更稳定，而法律文化比表面层次更稳定。最后，图瑞（2002，199 以下）阐发了一种有关这些层次之间关系的分类：

- 沉淀（sedimentation）关系；
- 构成（constitution）关系；
- 说明（specification）关系；
- 限制（limitation）关系；

[97]

144

- 证成关系；以及
- 批判关系。

经由沉淀关系，深层结构——在其他方面，类似于道德——收获了一种从法律文化和法律的表面层次中获得的"实证化"（positivization）。法律何以能够是实证化的（positive）——在建基于裁决之上，但却仍然具有某种深层结构，亦即具有明显独立于这些裁决的某种结构的意义上？答案是内在结构通过裁决者的某种默会知识（a tacit knowledge）而限制着这些裁决。法律学说是有意识地将深层结构推向表层的唯一原动力（agent）。

我大体上同意所有这些观点。特别是，我完全同意：没有较深的层次，成熟的法律（mature law）就不能运行。但是，这样的话，为什么要把法律文化和法律的深层结构层次当做法律本身呢？为什么不把它们视为道德或者伦理——也许是实证化的道德或者伦理——的层次呢？① 这个术语体系是合宜的（convenient），因为它与自启蒙时代以降在我们的文化中根深蒂固的道德多元主义（moral pluralism）是一致的。遵循哈贝马斯，图瑞使用"［后习俗道德（post-conventional）morality］"这一术语来指称与在该社会中相互竞争的多元化伦理信念（ethical convictions）相对的普遍性道德。[98]普遍性的道德原则太抽象而不能为对法律规则的某种有效批判提供辩护（justification）。个殊化的伦理信念则太具争议性而不能使这一批判为所有的社会成员所接受。与普遍性道德的抽象原则形成对照的是，法律文化和法律的深层结构具有历史性，且与某个特定的社会相联系。同时，它们对整个社会而言是一样的；因此，与个殊化的伦理信念形成了对比。

但是，在我看来，普遍性道德与以社会为中心的伦理（socially centred ethics）之间的区别是一个幻象（illusion）。理由在于：不存在任何非社会性（non-social）的道德。所有的道德都是以社

---

① 另一个问题是，我们应当采用什么样的判准把法律文化层次同深层结构层次分开？

会为中心的。在某种程度上，社会道德是具有争议的：存在着许多相互竞争的价值。在某种程度上，它又在社会中——并穿越诸社会——稳固地形成。但是，没有任何道德是先验的、普遍性的，且对所有可能的世界都是必然的。在下一章中，我们将讨论这一问题。

抛开这一质疑，最重要的问题是，图瑞的理论如何在法律实践中运行？这将使像法律人一样思考的某个进取性的（progressive）法律人的视角得以合法化，进而展示其法律文化——这一文化必然具有历史性，且在这个意义上具有保守性（conservative），但仍然能够吸收现代或者后现代意识形态的快速演替。

图瑞的理论有一个饶有兴味的方面：其本体论转向（ontological turn）。对法律学说之方法论和认识论问题的深刻回答是本体论的，因为这种回答是依据"法律是什么"的方式表现出来的。因此，法律具有复杂性：它不仅具有一种表面结构，而且由法律文化和深层结构证成。法律学说是这种复杂法律的一部分。等一会我们将回到本体论问题上来。

三、有效性的判准与假言命令

另一种形式的包容性法律实证主义聚焦于有效性的判准和假言命令（hypothetical imperatives）。依 Christian Dahlman（2002，119-122）之见，由法治（the rule of law）在一定程度上所掌控的每一个法律体系都适用于许多法律的有效性条件；这些有效性条件要求：比如说，如果一个规范与宪法或者欧盟法相违背，则该规范无效。当凯尔森说如果一个规范同一个较高位阶的规范相冲突则无效之时，他注意到了被主张之法律的有效性的一个条件。法律之有效性的其他类似条件有：如果一个规范与最高法院有约束力的裁决不一致，它将是无效的；如果对某个法定规则的解释与该制定法的目的相冲突，这一解释将是无效的；如果一个规则不能同样情形同样对待（treat like cases alike），该规则将是无效的，等等。在"某个法院没有认可琼斯（Jones）所要求获得史密斯（Smith）赔偿的权利是错误的"这一陈述中，X 教授一般只打算提供一个关于法律的

[99]

146

学术观点，亦即在这种情形下，法律有效性的某个特定条件的后果。这个教授几乎不打算——基于他从某种道德观点中所偏好的判断——主张一种纯粹个人化的观点。依 Dahlman 之见，这种法律命题并不是预言或指示，而是推荐性的。

在这里，饶有兴味的要点如下：当 X 教授沿着这些思路陈述某一事物时，这一陈述可以被理解为下述两种事物的一种结合（conjunction）：首先，他表达了这样一个描述性的命题——法律有效性的一个特定条件在这种情形下得到了满足。让我作出下列补充：最常见的是，该教授在其大脑中对各种情形有一个分类，而不是只有特定的情形留存在脑海之中。这些命题让我想起了约瑟夫·拉兹发散性法律陈述（detached legal statements）的理论。其次，X 教授诉诸符合这种有效性条件并具有有效性的某个规则。这种诉诸行为可以用道德的方式获得证成，但该教授足够明智，而无须进入关于这种证成或辩护的讨论之中。

Dahlman 的故事像这样继续下去：因此，如果某人诉诸元规范（meta-norm）——亦即这样的一个规则：其满足有效性的这一条件应当被遵守，因为他认为守法的理由胜过不守法的理由，他并没有创造守法的一个道德理由——亦即独立于在具体情形下守法之理由的道德理由。他只是想出了一个方法，以避免在每一个单独的情形下，都耗费时间在守法的理由与不守法的理由之间作出权衡。

那么，使我们的教授诉诸该规则的最终的、默会的理由（tacit reasons）是什么呢？在某种程度上，它们是经济性的理由，比如说避免浪费时间（time-consuming enterprises）的愿望。但在某种程度上，它们也必定是道德性的理由，比如说在法治之下促进正义的愿望。我们可以完全忽视这些道德性的理由吗？对此，我表示怀疑。如果我们的确不能忽视它们的话，那么包容性的法律实证主义就不能达致法律与道德之间的最终分离（definitive separation），而不过只是把道德驱逐出法学家的视域之外罢了。而且具有充分的理由，当然——具有充分的（最终且部分的是）道德理由。

147

四、被融合的实在法命题的描述性和规范性特征

[100]   前文提到的这一反思使得我们理解斯威因·恩格的理论成为可能——其理论使实在法（*de lege lata*）命题展现出"被融合的描述性和规范性特征"（Eng 1998，第二章第 F 节；Eng 2000，各处；Eng 2003，第二章第 F 节）。它们既不是纯粹描述性的，也不是纯粹规范性的。如果在某个法律人的实在法陈述与其他法律人的观点之间——比如说，有关法律执行机关的规定——被发现存在差异，作出陈述的该法律人可能要么会改变其陈述以符合其他法律人所持有的观点，要么会坚持其陈述，而不关心其他法律人所持有的观点。在第一种情形下，实在法陈述似乎是描述性的；在第二种情形下，实在法陈述则似乎是规范性的。但是，在法律语言或者法律方法论——其帮助我们确定法律人所作出的实在法陈述的常见种类是描述性的还是规范性的——层面，不存在任何规则。客观意义的层次也并没有为我们提供任何据以作为作出上述确定之基础的判准。而且，如果人们问法律人他是否能够在其实在法陈述中把描述性陈述和规范性陈述区分开来，最可能的回答是否定的：在作出实在法陈述时，他并没有采取关于下述问题的任何观点——如果随后的分歧出现，应当作出何种调整。他常常会补充说：他并不认为采取这种观点是正确或者可能的。换言之，主观意义的层次给我们带来了描述性命题与规范性命题之间的混淆。在法律人实在法陈述中的一般性的描述性成分——其总被认为统统对下述问题的追问和考虑具有相关性："其他法律人将持有何种观点"——符合恩格的术语"广义法律人的视角"（the perspective of the generalized lawyer），亦即建基于对其他法律人之观点和行动的概括之上的、由个体化法律人作出的基本意识（fundamental consciousness）的视角。这一视角为我们展现了混淆可能的一个条件（Eng 1998，第二章第 F 节 2.3；Eng 2000，第二、三章；Eng 2003，第二章，第 F 节 2.3）。一般性的描述性成分的具体语境及其相应的意识视角是由下列要素构成的

语境：一方面，包括有能力作出——就如何依据法律规范解释和纳入具体案件这一问题——最终和有约束力决定的机构；另一方面，还包括法律人对这些机构将作出何种结论的相应兴趣。一般性的描述性成分、其附随意识的视角（the perspective of corresponding consciousness）及其具体语境将法律与语言一般性地区别开来，并将法律同道德以及两者之间的父子关系区别开来，而且解释了为什么在这些最后的领域（last domains）我们没有发现混乱（Eng 1998，第二章，第 F 节 3.26；Eng 2000，第 3.2 章；Eng 2003，第二章第 F 节 3.26）。

人们将这种观点和 Hedenius（1963.58）对真实的法律陈述 [101]
和虚假的法律陈述（legal statements）之间区别的论述相比较，真实的法律陈述是纯粹规范性的，而虚假的法律陈述则是纯粹描述性的。它们之间的区别像斯堪的纳维亚分析法学（analytical jurisprudence）的一只"受惊的奶牛"（scared cow）一样摇摆，并且使 40 年来所有严肃的法学方法研究都陷入了困境。

Dahlman 批评了恩格，谴责他鼓吹一种"被混淆的特征"（confused modality）。但是，Dahlman 也批评了 Hedenius，因为他忽略了法律论证包括建议（recommendations）这一事实。但问题是，先前提到的 X 教授立刻做了两件事情：他提出建议——以一种发散的方式指出了一个有效性的判准——而且他服从于达到这一判准的规则。正如恩格所说的，X 教授以一种融合的方式（fused manner）提出建议。他本可以把这一陈述分析为一种假言命令的结合——一种基于判准有效性的建议——以及一种服从于这一命令的无条件行为（categorical act）。如果他做了这样的分析，那么他就是在研究法哲学。然而，作为一个法学家，他回避了这一分析，将自己陷入一种"被融合"的困境（box）中，亦即一种在现行法框架内（de lege lata）提出建议的困境。这种困境是一个事实。恩格要求我们认识到它的存在。Dahlman 没有否定它的存在，他只是想让法学家们进行哲学性的分析。我十分怀疑法学家们准备自始至终都进行此类分析，这是一项耗费时间

149

（time-consuming）且也许是不明智的工作。在此，我第二次使用了"耗费时间"这个词来强调法律论证的实践性特征。法学家们进行一些概念性的分析，但却拒绝作其他的分析，不是因为在能力上不可为，而是因为在其他方面这样做既耗费时间又不切实际。

恩格在"广义法律人"（generalized lawyer）的层面鼓吹哲学的中立性（philosophical neutrality）。他认为在目前的论证和语言中，存在着这样的领域：亦即（a）被相对合理界定的（well de-limited），并且（b）在基础的本体论和认识论立场上享有一定程度独立性的领域。这一独立性可能是多种多样的，而且必须在特定的语境下予以阐明。比如说，恩格认为在现行法框架内（*de lege lata*）的法律论证是一个相对独立的环节（segment），其特征在于法律人没有任何判准可以用来决断他们的话语（utter-ance）究竟是规范性的还是描述性的。但是，让我对恩格的观点进行补充，我们还需要找出在这些领域和世界观的其余部分之间的哲学性联系。用一种具有煽动性的（provocative）方式表达，我们需要一种法学和哲学的分离———种语境上的分离，而不是根本的分离。由于实践的原因，在一些语境中，将法律与哲学分离是合理的，而在另一些语境中，这么做则是不合理的。

同样的语境问题（contextuality）存在于法律实证主义的问题之中。实证主义论者鼓吹法律与道德的分离，但是这种分离也仅仅是语境上的，而不是根本的，亦即在一些语境中是富有成效的（fruitful），而在另一些语境中则不是。

第五节 合道德性的证成

一、实证主义、自然法和道德理论

法律实证主义与自然法理论，以及与道德理论之间的关系是复杂的。

　　自然法理论家试图为自然法寻找客观的道德基础。一种把法律看做是基于某种社会需要等内容而在客观上获得证成或辩护的立场在逻辑上是可能的，但同时，这一立场也导致了对客观性道德（objective morality）的质疑。

　　法律实证主义是独立于道德理论的。道德的客观主义论者（moral objectivist）和道德的相对主义论者（moral relativist）都可以是法律的实证主义论者。因此，杰里米·边沁（Jeremy Bentham）是一个道德的客观主义论者，亦即一个功利主义论者，而汉斯·凯尔森则是一个道德的相对主义论者。

　　现在，让我聚焦于那些试图将法律置于道德基础之上的法律理论。这些理论从道德的规范性中推导出法律的规范性。法律实证主义论者对这些推论（derivations）存有疑问。规范性得以推导之基础——客观性道德——也被认为是有疑问的。

二、强道德理论的争议性

　　众所周知，自然法的强道德理论是富有争议的。之所以如此，一方面是它们建基于强的和富有争议的道德理论之上。法律理论和道德哲学中有三种理论：怀疑论（虚无主义）［skeptical（nihilist）］、唯理论（rationalist）和社会中心（society-centred）论。虚无主义的道德理论明显无力证成或辩护法律学说。它们不能规范性地证成任何理论，因为它们拒绝规范性的证成这一理念本身。另一方面，基于相互竞争的非虚无主义道德理论中的任意一种：功利主义、康德主义、亚里士多德主义、黑格尔主义等，人们可以提供一种法律的深度证成或辩护（deep justification）。怀疑主义论者不赞同客观主义论者；权利理论家不赞同功利主义论者；自然法理论家不赞同各种历史主义论者（historicists）；规则功利主义论者（rule utilitarians）不赞同行为功利主义论者（action utilitarians）。对每种重要的道德理论，人们不仅能够给出赞同的理由，也能够给出反对的理由。问题在于这种深度证成或辩护本身是富有争议的。一个哲 ［102］

学家，比如说西西弗斯（Sisyphus①），总是试图就那些通常被认为根本没有答案的问题得出毫无争议的答案。

三、强契约论

自然法之理性主义理论的核心理念——契约理念——在道德理论中重新找回了它的影响力（随着 Rawls, Nozick 等）。此处的这一理念比 17 世纪的自然法理论弱了很多。比如说，它回避了与自然法相矛盾的实在法之无效性的绝对性陈述。它还回避了有关如下情形的强形而上学假设（strong metaphysical assumptions），即作为价值被宣称为客观存在之样式（mode）的情形。

但是，契约论面临很多问题。② 人们可以假定将道德和自然法建基于一个现实的和明确的社会契约之上，但是这是一种纯粹的科学幻想（science fiction）。从来就没有简单地存在一个时刻，当"所有人"聚集在一起并达成某些安排。一个更有前景的方法是列举作为某种默会（固有）［tacit（implicit）］的社会契约之证据的事实。德沃金的建构性模型（constructive model）意味着这一精神下指引下的一种社会契约——公民彼此之间不约而同地允诺：法律将只用一种声音来表达（the law will speak with one voice）。德沃金
[103] （1977，162）倡导一种"建构性模型"而不是"自然模型"（natural model）。自然模型论述道德和法律的价值与知识，建构性模型

---

① 西西弗斯（Sisyphus）的故事：西西弗斯是古希腊时期的一位暴君，死后坠入地狱，被罚推石上山，但石在近山顶时又会滚下，于是重新再推，如此循环不息。参见陆谷孙主编：《英汉大词典》，上海译文出版社 2007 年版，第 1875 页。作者在此引用西西弗斯的寓意意在指出，对任何一种重要的道德理论，都不存在赞同或者反对的毫无争议的理由，对此所做的尝试只能是无休止且永无答案的——译者注。

② 请比较 Cudd 2002 和斯堪的纳维亚法律现实主义者对契约性自然法（contractarian natural law）的批判（比如说，Olivercrona 1971，12 以下；Strömberg 1989，23-43）。即使是质疑这一批判本体论基础的人们也会同意现实主义者们的观点——亦即社会契约论在哲学上造成了富有争议的假设，并且可能导致人们希望它达致的任何结果。

则关注责任：

> 建构性模型……要求我们依据原则而不是信念行为。它的源动力是一种责任理论，这一责任理论要求人们在必要的时候，将他们的直觉知识（intuitions）与该责任融为一体并且使其中的一些直觉知识服从于这一责任。（同上）

因此，责任要求人们将他们的规范性直觉知识融为一体，但是原因何在呢？这一问题并不难回答，因为德沃金给出了一个没有本体论甚至是没有认识论的模型。德沃金理论的一大弱点在于他拒绝讨论元理论性的（metatheoretical）问题（比较 Dworkin 1986, 78 以下 and 266 以下）。而且，他的理论并没有完全地明确哪一种行为预示着一种遵照这种或者那种安排的默会协议（tacit agreement）。

理想的"假设—同意"理论（hypothetical-consent theories）更加流行。它们象征性地使用了一种为确保客观性而设的"无知之幕"（比较 Rawls 1971, 12）的说法（version）或替代论述（surrogate）。但是，为什么一个从来没有真正处于这一理想的选择情形之中，也没有真正认同过其中任何一个条款的人，会考虑将他自己束缚于如果他位于其中就应该同意的内容呢？（比较 Dworkin 1977, 150 以下）简言之，一个假设的契约如何创造一项现实的义务？人们也许还想知道：我们是否可以在相互竞争的无知之幕的各种版本之间作出一个理性的选择。一个契约论者该如何证成或辩护"无知之幕"究竟应该有多"厚"这样的元层面命题（meta-level propositions）——也就是说，什么样的知识必须被排除在外——如果不是通过在同一个"无知之幕"背后的契约内容（resource to the contract）来证成或辩护的话？否则，就没有一种方法能够用来确定一个位于无知之幕背后的理性之人是选择罗尔斯的最大化标准（maximin criterion）还是选择 Harsanyi 的平均功利主义（average utilitarianism）（比较 Reidhav 1998 and Harsanyi 1953），甚或是选择某种形式的赌博。所有的事情都取决于遗传安排（genetic dispositions）以及所讨论之人的社会根源（social roots）。固然，人们可以如此定义无知之幕以支持这样或那样的哲学，但是这些定义是刻意而为且悬而无靠的（ad hoc and hover in the air）。

[104]　　　强契约论是充满争议的——它太强了以至于使法律学说变得毫无意义。比如说，解释或者证成所有基于罗尔斯或者诺齐克理论基础之上的法律学说的复杂问题（intricacies）并不容易。

四、弱契约论

然而，理想的假设—同意理论（hypothetical-consent theories）仍然提供着很重要的哲学性服务（philosophical service）。它们阐明了何为道德上正确和错误的观念的意义。因此，斯坎伦（Scanlon）的契约论认为：

> 某一行动是错误的，如果它在特定情势中的表现将不会被任何一套针对一般性行为规章的原则所允许；而任何人都不能合理地拒绝这种一般性行为规章是被广泛认可的即非强迫的（informed, unforced）一般性协议（general agreement）的基础。（Scanlon，1998，153）

斯坎伦把他的理论建基于人类动机（human motivation）① 的理论之上。所有的人类动机都是有理由的，而道德理由只是其中的一种。

斯坎伦关于契约论的基本理念是，对人而言，道德义务必须是可证成或辩护的（比较 Scanlon 1998，154）②，而不是抽象的（in abstracto）。根据斯坎伦的观点，它遵循这样的理念，即这一证成或

---

① 这一点将斯坎伦的理论和黑尔（Hare）的理论区别开来，后者的理论建基于道德语言的分析之上；比较 Hare 1981。

② 这里可能需要补充的是，斯坎伦对其他事物的证成或辩护和 Aulis Aarnio 的在一个"听众"面前的证成或辩护的理念之间有一种平行关系（parallel）（Aarnio 1987，221 以下）。还可参见 Perelman 1963；Perelman and Olbrechts-Tyteca 1969，13 以下。

辩护的接受者（addressee）必须是契约一方的当事人。①

因为其在内容上是弱理论，所以斯坎伦的理论在哲学上是强理论。斯坎伦承认社会生活的环境可能影响道德上正确和错误的内容。他因此追问，"究竟有多少有效的道德原则？我只能说那是一个不确定的数字"（同上，201）。

最后，"人们有理由期盼的东西取决于他们被设置的条件，而这些条件中的一些是关于他们周围的大多数人想要的、相信的，以及期盼的事实"（同上，341）。

因此，斯坎伦（1998，228）将罗尔斯之原则的有效性限定在一种特殊的语境中。

斯坎伦理论的一个关键概念是合理性（reasonableness）。"合理的"是一个原初概念（primitive concept）：它可能包括任何人们有理由认为是道德上重要的考量（同上，216以下），并且它也是"一个具有道德内容的理念"（同上，194）。"与功利主义和其他观点相比较，哪一种观念把福利（well-being）作为唯一的基础性道德观念（notion）？"（同上，216）根据斯坎伦的理论认为，"能够在一个统一的道德框架内解释不同道德观念的重要性，而不需要把它们都化约为某个单独的理念"（同上，216）。

但是，即便是弱契约论也免不了受到批评，因为：

> 如果弱契约论是理性的，同意订立契约的，它将不得不随社会的样态而定（pivot）。但是，在这种情形下，我们倒不如走一条社会契约的捷径（"short-cut" the social contract），直接追问什么是理性的。因此，在这种情形下，"社会契约"的理念变得多余和可有

---

① 斯坎伦把他的理论同 Gauthier、黑尔、康德、罗尔斯（Scanlon 1998，393，nn. 2-4）和哈贝马斯的理论进行比较。他承认与哈贝马斯有一种相近的共同之处（resemblance）。根据斯坎伦的观点，两者之间的不同之处在于"达致一种有关正确和错误的结论需要做一个关于其他人能够或者不能够合理拒绝的判断。这是我们每一个人都必须为他或她自己做的判断。其他人的同意……不能解决这个问题"（Scanlon 1998，190）。

可无了。(Rescher 2002，7)

再者，弱契约论不能提供一套人们可能从中推导出法律学说内容的第一性原则（first principles）。它不能回答何种法律具有规范上的约束力，而何种法律则不具有这样的约束力。我相信，这一问题不是基于理性主义论者的准逻辑推断（quasi-logical speculation）就可以找到答案的，而是要在我们对社会现实认识的基础上才能找到答案。

五、以社会为中心的道德规范性

一种以社会为中心的（society-centred）道德理论的提倡者可能更喜欢另一种术语。他可能会说所有的规范都是社会性的和历史性的。他可能会怀疑普遍性规范。他可能会说最适合法律学说需要的道德理论是以社会为中心的和融贯主义的（coherentist）[黑格尔主义的、亚里士多德主义的、社群主义的（communitarian），或者可能是其他主义的]。所谓的社群主义者已经为以社会为中心的道德理论作出了贡献。社群主义者反对康德主义论者和契约论者，并且尤其反对罗尔斯。罗尔斯似乎将他的正义理论，至少在最初，看做是普遍正确的，而社群主义者反对这样的观点，即只有在生活的样态和特定社会的传统中才能发现正义的标准。① 在另一种哲学传统中，人们可以把黑格尔主义的国家理念（idea of the state）作为一种伦理共同体（ethical community）。在此，我们有一种三位一体的概念（triad），其结合了共同体道德（*Sittlichkeit*）——理性主义论者的道德——和法律。以社会为中心的道德（共同体道德）是一种共同的称谓（common denominator）。个人主义者的道德理论仅仅在对抗社会背景（backdrop of society）的时候是有意义的。法律从这种以社

[105]

---

① 参见 Bell 2001；比较 Mulhall and Swift 1992，155 以下。罗尔斯后来试图从他的理论中消除这种普遍主义的预设：参见 Rawls 1993 and 1999。

会为中心的道德中承继了它的规范性。①

现在，让我们简要地介绍科普（Copp，1995）对合道德性、规范性，以及社会性的观点。他阐发了两种相互独立的理论：基于标准的（standard-based）理论和以社会为中心的理论。

> 基于标准的理论提供了一种对规范性命题（normative propositions）之真理性条件（truth conditions）的一般性解释……标准是可以被命令（imperatives）所表述的规范或者规则……根据这一理论，规范性主张所表述的必须是不同一般的要求（entail）相关的标准具有适当地位的命题。这一地位的性质取决于所讨论的规范性主张的类别。在道德性主张的情形中，这一地位自身就是规范性的；只要相应的道德性标准是可以被适当地证成或辩护的，道德性命题就是真理性的。（Copp 1995，3）

第二个理论——以社会为中心的理论，"试图解释一个道德标　[106]准可以以相关的方式获得证成或辩护的条件"（同上，4）。这即是说，"一部最好的满足社会需要的道德法典是一部社会以最理想的方式选择的法典，并且是一部被社会证成或辩护的法典"（同上，7）。

科普书中的很多内容都在致力于解释社会的需要、最好地服务于社会的内容、社会的选择，以及其他更多的内容。其内容公开质疑是否这些——经常是十分大胆的——解释需要获得认可从而使法律学说变得有意义。但是，有一件事情似乎成了不可欠缺之条件

---

① 另外在这里要说："法律的基础是一种整体性（totality），我们称它对话的共同体（dialogic community）。这一整体性意味着形式上的权利和公正的原则仅仅在明确和理性的限度内是有效的。因为形式上的权利和公正都是法律的真实背景的实例，它们中每一个都必须以一种反映了这一从属地位，而且保存了另一个与众不同的特性的审慎的方式（moderation）被实现。"（Brudner 1995，150） （*conditio sine qua non*）：一种合道德性的社会理论能够对诸如我们的态度（we-attitude）和分享知识、共同知识，以及分享之价值的问题提供解释。因此，科普的理论源于对法学家提供的服务性工作（come of service to jurists）。一个认可这一理论的法学家可以说：法律可以是在道德上具有约束力的，同时也是社会的，因为一种具有约束力的合道德性，其自身必须是以社会为中心的。

这些（经过观察之后的）言论（observations）回答了众所周知的针对法律学说的异议，亦即它们是地方性的，因此就不能是真正规范性的。它们似乎是在解释某一时期的某个国家的法律的独特性（peculiarities）。一种批评可能会强调：这种区域上的地方性（territorial locality）不同于内在地具有科学性和合道德性的普遍性。但是合道德性的这种普遍性——作为与社会的，进而是地方性的法律特征相对应的内容——在面对讨论时，其自身是相当开放的。再者，法学理论的这种区域上的地方性是相对而言的。这些理论经常被其国家以外的地方所应用。比如说，罗马的法律学说，以及之后的德国的法律学说将它们的影响施与了不同的欧陆国家。诸如"侵权行为"、"合同"、"财产"，以及"所有权"的学理性概念在不同的国家可能会有不同的外延（extensions），正如它们在这些国家也有着同样的核心内涵一样。

尽管科普的理论是以社会为中心的，它仍然有办法论述不同社会之间的重叠性问题（overlaps）："如果一部获得证成或辩护的道德法典是一部能够最好地服务于社会的法典，那么这部在某个社会中获得证成或辩护的法典将不可能和在另一个与之重叠的社会中获得证成或辩护的法典相冲突。"（同上，212）

但是这里仍然存在着一个更为基本的问题（同上，242-3）："可能会有这样的情形，即一个人的行为将不会在他所赞成的（in subscribing）……被证成为与他所在的社会相关的道德法典中获得证成……为什么人们应该遵守已经被证成为与他们所在的社会相关的道德法典？"

[107] 科普认为这些问题是无关紧要的，因为建基于错误的假设之上的行动导向（action-guidingness）或者规范性，必须根据合理性进

行解释（同上，244）。然而，这些问题并不能简单地得到解决：它们提倡一种全面的、可能会使科普的理论过时的研究，并且探究了如下的问题：（Pettit 1993，书目介绍—编者注）

● 什么造就了人类的意向性和思想性主题？

● 他们的意向性（intentionality）① 和思考是如何同他们的社会属性和共同体经验（communal experience）相联系的？

● 对这些问题的回答是如何形成这样的假设的，亦即在社会解释和政治评价中进行此类假设是合法的假设。

在这一语境中，还有如下的问题：

● 什么是以社会为中心之标准的规范性渊源？

● 在新的情势中正确的理由是如何被决定的？

Giovanni Sartor 在本套丛书的第五卷已经分析了如下的多能动主体② （multi-agent） 的实践推理和集体意向性（collective inten-

---

① 意向性，原本是中世纪经院哲学的概念，布伦塔诺用这个概念标示心理现象的基本特征，即任何心理行为都有其指向和对象，表象中必有被表象之物，判断中必有被判断之物，爱必有某物被爱，等等。这是心理现象区别于物理现象的最根本特征。一般而言，意向性，其含义止于此。可以参看经验立场上的心理学第一卷，第二部分第一章。胡塞尔在逻辑研究中继承并改造了这个概念，使之成为现象学的关键概念。海德格尔在《时间概念史导论》中对这个概念进行了很精辟的论述，可以参见全集第 20 卷。另外，约翰·瑟尔（John Searle）在其《意向性》一书中，对这个概念进行了不同于胡塞尔的解释，也可以备阅——译者注。

② "Agent"一词是社会理论中常见的术语，吉登斯、布迪厄以及包括哈贝马斯在内的许多新马克思主义者也广泛适用这一术语，理论家日益以之取代与"主体"观念及与之相应的意识哲学有着千丝万缕联系的"actor"（行动者）一词。一般而言，"agent"往往有批判理论背景，"actor"有解释社会学背景，也因此带上一些"主体论"色彩（例如布迪厄）（参见［法］布迪厄、［美］华康德：《实践与反思：反思社会学导引》，李康、李孟译，邓正来校，中央编译出版社2004 年版，第 146 页译注①和［英］吉登斯：《社会的构成》，李康、李孟译，王铭铭校，三联书店 1998 年版，第 529 页）。一般可译为"能动主体"、"行动主体"、"能动者"、"施为者"等，当与"human"连用形成"human agent"词组时，可译为"人的能动"、"人类能动"、"人的施为"等——译者注。

tionality）。

首先，一个能动主体有我们称之为自我指向的关切（self-directed concern）。……他可能还有我们称之为他者指向的关切（other-directed concern）。这些关切存在于对其他能动主体的关注中，还存在于使用实践性推理以改善他们的条件中。……最后，一个能动主体可能还有我们称之为集体指向的关切（collective-directed concern）。这些关切存在于对属于（某个集体）的一组能动主体之条件的关注中。当某个能动主体采用一种集体关切的视角（collective-concerned perspective），他把自己看做是其所提及的这个集体的一员，因此，能动主体的身份变得无关紧要了，尽管根据能动主体所采用的与这个集体相关的判准，他的特征和行动也可能相关——如果它们属于这一集体的任何一个成员，它们就会相关。一个有此类关切的能动主体将具有集体关切的嗜好（collective-concerned liking）：比如说，思考能动主体怎样才能喜欢他所在的有着高速发展的经济、繁荣昌盛的文化与科技、参与政府管理的公民和不再遭受贫穷的人民的国家。（Sartor，本套丛书的第五卷，sec. 9.1.1）

以社会为中心的理论在后现代主义的饰情矫行（post-modernist rhetoric）和解构主义（deconstructionism）面前面临着消融的危险。但是，这一危险是可以避免的（比较 Pettit 1993，xiii）。

第六节　法律的多元主义和共同理据

一、唯一正确答案之理想与道德相对主义

没有了其理论是正确还是错误的理念，法律学说没有任何作用。放弃这一理念而继续提出这样的理论将是毫无意义的。

罗纳德·德沃金（1977，81 以下）——其关注法官而不是法

160

律学者——假定对于任何法律问题而言，都必须有一个唯一正确的答案（one-right-answer）。而实际上，当今的法学家们已经抛弃了对基于不可反驳之前提（irrefutable-premise）的推论的确定性的追求。①

对德沃金理论的一个早期回应如下（比较 Mackie 1977, 9）。　[108]德沃金仅仅看到了三种可能性：

● 就某一结论而言，其理由比抗辩（counterarguments）更重要；

● 就支持这一结论而言，其抗辩比理由更重要；

● 这些理由和抗辩是同等重要的。

他忽略了第四种可能性，那就是：

● 就某一结论而言，其理由与抗辩（counterarguments）是不可比较的。

实际上，法官甚至是更多的学理性研究者们（doctrinal researchers）为最好的解决方案而争论，并因此假定这种争论是有意义的。这种争论要有意义，只有他们首先明示地或者默示地承认一种对法律解释性问题的唯一正确答案的理想。

麦凯（Mackie）对德沃金的回应带给了我们相对主义的问题。人们可能想知道是否有一个对任何道德问题而言的唯一正确的答案。精确的区分也是可能的，比如说，假设存在一个对任何正义问题而言的唯一正确的答案，同时否定存在一个对任何与正义无关的道德或者伦理问题而言的唯一正确的答案。这些区分预设了富有争议的哲学性立场。抛开对这些区分中任何一种的赞同，人们可以问这样两个一般性问题：

● 规范性观点——和特殊的道德观点——真的必须是相对

---

① 让我们赞同如下观点（Dworkin 1986, 412）："我没有为法庭设计一套运算法则（algorithm）。没有电子魔术（electronic magician）能够从我的论证中设计出一套电脑程序，这一程序将提供一个每个人都可能遵守的裁决，一旦案件的事实和所有过去的制定法和司法裁决的文本都被放入该计算机的处理（disposal）之中。"

的吗？

● 规范性观点——和特殊的道德观点——真的必须相互冲突吗？

第一个问题是一个相对主义的问题，第二个问题是一个多元主义的问题。

道德相对性——即第一个问题——被一些相互竞争的哲学理论所解答。但是因为这些理论的强词夺理（sophistication），它们反而造成了更多的问题。我们有一个好的、存在于哈曼（Harman）和汤姆森（Thomson）的对话之间的例证。哈曼的立场如下：

> 本着提出真理性条件的目的，某种形式的判决——亦即一种因为从 P 到 D 的原因，可能在道德上是错误的判断，不得不被理解为是对另一种形式的判断的省略（elliptical）——亦即一种与道德框架 M（moral framework M）有关的，因为从 P 到 D 的原因，可能在道德上是错误的判断。对于其他的道德判决而言，情况亦是如此。（Harman and Thomson 1996，4）

对汤姆森而言（同上，68），他提出了一个"道德客观性的论题（Thesis of Moral Objectivity）：人们有可能认识到：某些道德性主张（moral sentences）是真理性的。"但是他争辩道："道德客观性与对其无法达致无可置否的结论（undisputable conclusion）的问题是一致的：道德客观性甚至与对其没有无可置否的结论是可以达致的问题也是一致的。"（同上，154）

再者，还有如下的复杂问题：

> 我一直以来都在强调，一种规范性理由之诉求的真理（truth）需要充分理性之能动主体在欲求（desire）上的某种聚合（convergence）。然而，我们注意到：在欲求层面上，这种所需要的聚合不是关于每一个这样的能动主体是如何在他的世界里安排他自己的生活的。在他们自己的世界里，充分理性的能动主体将会发现他们自己处于一种相互之间完全不同的情

势（circumstances）中，这些情势是由他们在各自世界中的体现（embodiments）、天分、环境和情感（attachments）所决定的。因此，他们的关于如何在自己的世界里安排自己生活的欲求将反映（reflect）他们在情势上的这些不同。在其假设性欲求层面，这种所需要的聚合其实是——在各种他们可能找到其自身的情势中——有关他们将要做什么的聚合。（Smith 1994，173）

简单来说，如果我处在琼斯的情势中，而且如果我们都是理性的，我的标准将和她的一样。

在一种相似的精神中，科普承认"以社会为中心的理论和基于标准的理论的结合意味着道德相对主义的一种形式"（Copp 1995，7）；然而，他作了如下补充："在以社会为中心的理论中，没有什么内容能够排除（rule out）存在某种对每个社会而言被相对证成或辩护的道德法典的可能性。"（同上，222-3）

一个更复杂的问题是由西蒙·布莱克本（Simon Blackburn）　[109]
所阐发的、所谓的准实在论（quasi-realism），其用客观主义的语言明确地表达了一种深刻的相对主义的理论。

整体的印象是对道德相对性的争论完全是诡辩的和非决定性的。一个学理性法学家是否应该就此类问题给出一个立场呢？也许不应该。似乎所有最近提出的观点都是足够温良的，以至于可以允许一种规范性法律学说的存在。一个法学家可以加入客观主义者、相对主义论者或者准现实主义者的阵营（比较 Dahlman 2002，105以下），但是他必须总是在他所在的阵营中选择一种弱的、适度的立场（moderate position）。

二、文化的多元性

在这些问题上的哲学的不确定性（uncertainty）证成或辩护了降低抽象层面的合理性。关于普遍主义对特殊主义的十分抽象的方法论争论（methodological disputes）在 20 世纪 90 年代以后变得不那么重要了，现在的争论主要集中在普遍性的人权身上

（比较 Bell 2001）。

另一种降低抽象层面的方法是从相对主义的哲学转向对多元主义的较少雄心勃勃的反省。多元主义与相对主义密切相关。一个多元主义论者接受了相对主义论者的论题，亦即没有普遍地决定着最佳道德意见（optimal moral opinion）和法律解释的单独的、强有力的（Herculean）合理性。同时，他还承认（concedes）道德一致（moral agreement）和法律解释的一致在一个单独的道德或者法律文化中是可行的。每一种文化都有它自己的道德标准和它自己的合理性标准。而且，每一种文化——无论被如何限定（delimited）——都将怀有（harbour）一种对其所有的道德和法律问题而言特有的、唯一正确的答案。但是没有可以支持所有文化的唯一正确的答案。

另一方面，各种文化之间的人们是可以相互交流的。让我们引用以赛亚·柏林（Isaiah Berlin）的观点：

> 我得出了这样一个结论：因为有一种文化的多元性和秉性（temperaments）的多元性，所以存在一种理想的多元性。我不是一个相对主义论者；我不会说"我喜欢咖啡加牛奶，而你不喜欢；我喜欢仁慈，而你喜欢集中营（concentration camps）"——我们中的每个人都有他自己的价值，而那是不能超越或者统一的。我认为这是错误的。但我的确相信存在一种人们能够寻找并且正在寻找的价值的多元性，这些价值是互不相同的。没有无限（infinity）的价值：人类价值的数量，亦即那些我能够追求的保持我的人之外表（semblance）和人之个性的价值，都是有限的——我们说74，或者也许是122，再或者是26，反正是有限的，无论它可能是什么。而价值造成的区别在于：如果一个人追求这些价值中的一种，我尽管没有追求，但能够理解他为什么追求或者在他的情势中这一价值可能是怎样的——对我而言，这会是一种促使我去追求的因素。因此价值是人类理解（human understanding）的可能性。（Berlin 1998）

[110]

164

查尔斯·泰勒（Charles Taylor）设想了（envisaged）一种不同传统的代表之间的超越文化的对话（cross-cultural dialogue）。与其争论其观点的普遍有效性，泰勒建议对话者们接受一种其信念可能存在错误的可能性。这样，每一个对话者就能够了解另一个对话者的"道德世界"（moral universe）。在此，我将引入 Aulis Aarnio 根据我的理论阐发的一种理论。如下的引用对其进行了简要的解释：

> 任何价值陈述都属于在某种程度上被很多人分享的一部确定的价值法典。这一价值法典自身是不是相对的？为了解决这个问题，人们必须假定普遍的价值陈述和原则总是有一种表面性的（prima-facie）特性。表面性的价值命题（propositions）不仅要求普遍性，而且能够在如下的意义上被理解为是普遍有效的：第一，它们的有效性不依赖于个人的随意喜好（free preferences）；第二，尽管它们受到文化的限制（culture-bound），仍然存在一些所有文化都共同具有的价值。但是，这种表面性的命题在逻辑上并不意味着在任何特殊情形下的一种道德判断。它们仅仅是一种——权衡的而非其他的——评价程序（evaluation procedure）的起点。而且，最终的（语境上的、周虑一切的）评价必然是与某种文化相关的，而且实际上是与个人偏好相关的。在主张价值的普遍性时，人们看到了问题的第一面。而在支持相对主义时，人们仅仅看到了问题的另一面。（Aarnio and Peczenik 1996，摘要）

三、一般核心与共同核心之客观价值的多元性

一般来说，像以赛亚·柏林（1969，160 以下）这样的思想家宣称存在很多价值：它们都是客观的，但相互之间是不可通约的（incommensuable），并且不能化约为（reducible）一种单独的理想。如果这些价值之间发生冲突，我们将不得不进行选择：

[111]

我们注定要进行选择，而且每一个选择都可能必须承受（entail）一份无法挽回的损失。我们在日常体验（ordinary experience）中所接触的世界是一个我们必须面对的——在同样最终的结尾和同样绝对的要求之间进行选择——的世界，一些选择的实现将不可避免地导致另一些选择的牺牲……如果，正如我所想，坚持到最后的人很多，而且原则上不是他们中的所有人都能相互谐调，那么冲突的可能性——以及悲剧的发生——就不能完全从或者是个人的或者是社会的人类的生活中消除。那么，在绝对的主张（absolute claims）之间进行选择的必要性就是人类条件的一个不容回避的特性（characteristic）。（Berlin 1998）

这种价值多元主义似乎是非常合理的（plausible）。但是多元主义不应该被过分地强调。

我们所熟悉的道德上多元的（pluralistic）社会都不是深刻的和普遍深入的多元社会。他们的成员倾向于共享指向以刑法为中心特征的道德态度，比如说，他们共享指向他们社会中心政治特征的道德态度，诸如该社会的民主宪政（democratic constitution）。（Copp 1995，197）

再者：

虽然没有达致可接受的结果的保证，但是在价值进入实践冲突的任何地方，建基于相互冲突的多元价值之上的、指向客观性和唯一正确答案的压力都是非常大的。……作为对历史传统向我们展示的价值多样性（multiplicity of values）的回应，我们应该考虑我们自己，并且应该试图在寻求融贯性的压力之下采取进一步的行动。（Nagel 2001，110-1）

接着，我们必须论述文化重叠——除了其他方面之外，在法律方面、在商业方面、在媒体方面，以及在环球网络方面（World Wide Web）——的可能性。一种以社会为中心的道德理念与这种可能性是协调一致的。

当其谈论多元主义和重叠文化（overlapping cultures）的时候，人们可能会提到一种社会中的文化多元主义，或者在不同社会中的各具特色的文化（比较 Rawls 1993 and 1999）。

在罗尔斯的著作中，这一有关重叠共识（overlapping consensus）的理念与优先于动产之先在权利（priority of the right over the good）的康德哲学结合在了一起。受康德哲学的影响，罗尔斯精确地讨论了重叠共识所要求的深度和广度（1993，149 以下）。重叠共识的核心理念有一种很强的直觉性诉求（intuitive appeal）。然而，其康德哲学的基础在哲学上是富有争议的。不是所有的哲学家都是康德式的。而且，此时对我们而言更重要的是，并不是所有的法学家都是康德式的。对某种严格依赖于康德哲学的法学理论之规范性的证成或辩护，使得将这一理论保持在一种存在于法学家之间的重叠共识之中不再可能。

但是，法学家明显需要一种重叠共识的理论。没有了在原则上愿意赞成法学理论的法学家共同体，法律学说将可能变得毫无意义。Aulis Aarnio 在他的受众理论（theory of audiences）中注意到了这一点。合理性涉及人群之中某个相关群体内部的可接受性（acceptability）（比较 Aarnio 1987，185 以下），这就是说，在同事和同等的人中间的某个"受众群体"内部的可接受性（比较 Aarnio 1987，221 以下）。根据他们所接受的标准，这些人接受 p，或者至少同意 p 是可接受的；对 A 来说，p 是可接受，如果他发现 p 对另一个人 B 是合法的（或者是被许可的），A 会接受和主张 p，即使他自己并不喜欢接受和主张 p。

共同核心（the common core）是本书的一个要点。法律学说论述社会价值的共同核心。但问题是尽管法律学说必须找到共同核心，但它并不需要使自己卷入（commit itself to）任何特定的和强的共同核心的哲学理论之中。在关于道德相对主义和多元主义的争论中，过分的强词夺理（over-sophistication）使得如下的行为变得可以理解，亦即法学家们应该经常以 Aulis Aarnio 的众所周知的名言（*bon mote*）——即任何事物都是相对的，但是这种相对性本身也是相对的——进行回应（react）。

[112]　　　根据贾普·哈格（Jaap Hage）（2004）的观点，每一种理论都有它自己关于什么是一个好的理论的标准。没有办法去批评一套完整的理论，除非用批评家自己所使用的理论提供的方式；而且批评家的标准比他所批评的理论的标准更好本身也不是客观上正确的提法。但是这一洞见——亦即所有的理论和它自己的对一个好的理论的标准都是相关的——不能阻止我们使用一种客观主义的语言。这导致了如下的相对主义的不履行策略（default strategy）。因为不履行，法学家将在如下问题上使用一种客观主义者的语言：

● 法律的规范性约束力；

● 道德的规范性；

● 法律知识——尽管是评价性的，但却是真实的；

● 法律的真实存在，而不是和有关法律的主观定罪（subjective convictions）相一致的内容；

● 法律推理的有效性，即使不是推论性的。

但是，如果一个法学家有任何的理由去怀疑一种客观主义者的观点，就让他尝试一种有关语言、文化，和法律职业（legal profession）等的相对化。

第七节　社会的规范性、道德，以及法律

总而言之，法律学说致力于

● 将社会价值看做它真正的规范性基础；

● 将有效的法律看做是真正的约束力；

● 假定社会中存在一个价值的共同核心；以及

● 假定法律的一大部分内容是反思这一共同核心。

与此同时，在如下问题上，法律学说可能保持了它的中立性（neutrality）：

● 是否还可能存在一个普遍的规范性，亦即单独从理性中推导

168

出来的，或者可能源自上帝的规范性；

● 在充满分歧的（divergent）的各种文化之间，是否存在一个共同的道德核心；

● 人权是否具有普遍性；以及

● 什么是诸如"有效性"、"适用性"（"applicability"）和"约束力"之概念的恰当含义和本质。

　　最后一条也许是至关重要的。无论是概念性分析还是任何种类的对事物本质的哲学性洞见都不能得出（yield）精确的规范性推论。事实上，没有什么能够做到这一点——如果仅从字面上理解 [113] "精确"的含义。我们可以得出关于人们应该如何行为的近似推论，但是证成或辩护这些推论的最好方式是通过一种根植于我们社会传统之中的道德考量的具有融贯性的权衡。

第五章　法律学说的融贯性

第一节　权衡与可废止性

[115]　**一、法律证成的权衡与可废止性空间**

社会规范性在我们理解法律学说的计划中是一个非常重要的关键词。其他关键词是可废止性、权衡和平衡（equilibrium）。法律推理的可废止性理论有一段奇特的历史。在 20 世纪中期，哈特作出过如下的论述：

> 法院判决所依赖的主张通常在两种方式上被挑战或者被反对。首先，是被对这些判决所基于之事实的否定所挑战和反对……其次，是被某些完全不同的内容所挑战和反对，亦即某种辩解（plea）：虽然某一主张能够获得成功所依赖的所有情事都是存在的，但是，在特殊情形中，因为其他情事的存在，该主张……将无法获得成功。（Hart 1952，147-8）

令人好奇的是，哈特在他后来的作品中并没有回归可废止性。这一态度也许和他的法律实证主义不符。但是，可废止性在法律学说中是至关重要的。可废止性影响了所有的法律规范，进而影响了所有的

- 法律诉求（claims）；
- 法律原则；以及

170

● 法律规则。

除此之外，它还特别影响到

● 法律渊源、推理性规范（reasoning norms）；以及

● 先例。

可废止性在重要的方面与可衡量性（outweighability）联系在一起。"可衡量的"和"可废止的"概念之间的关系如下：

一个给定的规范可能既是可以衡量的也是可以废止的。从其能被舍弃的（defeated）意义上说，该规范是可以废止的，这意味着在特殊情形下，我们可以将其搁置在一边。从这些例外情况的证成需要对诸理由之权衡的意义上说，该规范是可以衡量的。

从一种逻辑的观点来看，某个规范可能是可以废止的但未必是可以衡量的。这既是说，它可以被某一程序所舍弃，而不是为其所衡量。比如说，其可以被某个主权立法者（sovereign lawgiver）的独裁命令（arbitrary fiat）所舍弃。

在西方的现代法律文化中，如果立法者的权威不能被诸理由的任意一种权衡所证成或辩护的话，这样的命令即被认为是不合法的（illegitimate）；而如果立法者不能通过对诸理由的任意一种权衡来支持它的命令的话，这样的命令即被认为是可以反对的。

权衡在所有的法学语境中都是相关的，诸如

● 制定法解释；

● 对先例的解释（interpretation of precedents）；

● 法学理论的建构；

● 法律规范之有效性的确立，虽然仅仅是边缘意义上（marginally）的。

在所有的这些语境中，权衡被用在

● 与道德理论以及其他哲学分支相联系的法律之深度证成或辩护（profound justification）；

● 语境上充分的法律证成或辩护。

从另一种观点来看，权衡被用在

● 确立某个法律规则的例外，或者它的某个外延；

171

● 平衡相互冲突的有贡献之（contributing）理由（包括原则）。

一方面，法律的深度规范性——不仅仅是其转述的规范性（quote-unquote normativity），即宣称其具有约束力的法律的琐碎事实（trivial fact）——必须从以社会为中心的道德中（或者，用 Tuori 的术语，从法律的深层结构中）被继承下来。另一方面，语境上的充分证成或辩护是从法律规范性的深度基础中抽象而来的。但是这种抽象从来都不是完全的。当其疑惑的时候，法学家们可能会问越来越多的基础性问题，在此过程中，法学家们不知不觉地进入到了深度证成或辩护的领域。通过这种方式，语境上的充分证成变成了深度证成，但是，法学家们仅仅只在有理由的时候才这样做，而不是在所有的时候都这样做。

[116]

考虑到法律实践——而不仅仅是官员和法学家们的描述——宣称已经确立的法律规则，诸如法律条款，具有一种可废止的（进而是可权衡的）特征似乎就变得合理起来。更确切地说，如果某一法律条款考虑到了疑难案件（hard cases），它就不仅从合道德性的观点来看是可以废止的，而且从法律自身来看也是可以废止的。这是因为

● 该条款对疑难案件的适用可能会被道德考量所权衡；而且

● 该条款可能会被适用于某个用法律上正确的方法进行考量的案件，即使这与该条款的字面意义相反［与成文法相对（*contra legem*）］。被权衡的理由主要是价值和原则。但是我认为，任何规则都能够被与之相对的其他理由所权衡（比较 Peczenik 1989，80 以下 和 Verheij 1996，48 以下）。再者，几乎所有的帝王规则（regal rules）都会与疑难案件发生冲突，只有通过对诸理由的某种权衡，这些案件才是可以解决的。毫无疑问，某些法律条款的适用仅仅涉及常规案件（routine cases），或者几乎如此。附有明确时间限制的条款可以成为一个好的例证。但是，此类条款非常之少，它们也不是法律学说的兴趣所在。

法律论证理论中使用的一些概念，诸如"法条类推"（statutory

analogy）与"法条的目的"（the purpose of the statute），预设了权衡。比如说，只有案件中重要的相似之处才能构成一个通过类推方式得出结论的充分理由。通过权衡各种各样的理由（经常是原则），对重要性的判断就是可以证成或辩护的。涉及权衡的法条解释的另一个重要问题关系到法条的目的。对案件所有情形的权衡决定了在判断法条之目的为何的问题上何种素材（data）具有优先性。

一般来说，各种理由和方法，诸如字面解释、类推、系统解 [117]
释、历史解释和目的解释，都对疑难案件中的法条解释提供了支持。在可以替换的方法中作出选择取决于对各种法律论证的权衡。
（Peczenik 1995, 376）

在特殊法律学说中，权衡也是重要的。

在财产法中，基于财产权利学说和公益信托学说（public trust doctrine）之间的适当范围的限定（delimitation）取决于对诸考量的一种权衡。

在合同法中，人们必须权衡不同的契约自由理论和不同种类的正义（交换正义和分配正义）。人们还必须运用权衡来解决更为具体的——关于诚实信用、默示合同条款（implied contract terms）、显失公平（conscionability），以及建立合同的假设的问题。

在侵权法中，我们再次遇到了对不同种类之正义的一种权衡。我们还遇到了在更具体的即法学的语境中的权衡。比如说，相当因果关系的理论需要权衡以阐明这样一些术语的意义："这种类型的一个伤害"（a damage of this type）、至善的（*vir optimus*）、一个"伤害的不可及原因"（too remote cause of the damage），或者一个"造成伤害的充分必要因素"（sufficiently important factor in producing the damage）。在平衡充分性理论以及与其相互竞争的理论时——如保护之目的的理论——权衡同样是必须的，

在刑法中，在尝试一种刑罚的哲学性证成或辩护时，以及基于刑法之目的的建构理论时，人们必须权衡各种各样的理由。在更具体

的即法学的语境中，在介绍故意理论、过失理论、伤害理论、不当性（wrongfulness）理论、行为理论、不作为理论、因果关系理论、防卫理论等的时候，人们必须依赖于权衡。当我们在一种具体的、实际的，或者假设的情形下讨论刑罚的时候，权衡同样是不可或缺的。

在此，我们还需要提及的是宪法之权衡的德国学说。（参见Alexy 1985，143 以下）

二、权衡的一般性理论

一般而言，法律学说中没有为权衡而设的规则系统（algorithm）（比较 Peczenik 1989，58-96）。再者，最终的平衡是一种不能被判准所操控（captured）的行为，它是一种想象的行为（Bańkowski 2001，184）。

[1!8]

权衡是可废止的。一个权衡依赖于其他的权衡。依赖于其与之结合的其他要素，一个给定的要素可能对整体价值作出非常不同的贡献（比较 Rabinowicz 1998，22）。换言之，权衡是整体性的。这一权衡的整体性概念让我们想到了伦理的特殊主义（ethical particularism）。因为，如果权衡总体上依赖于所有可以理解的（accessible）理由，我们便可以由此得出：在某一具体的情形中，权衡依赖于与该情形相关的所有情事。比如说正义，对其的权衡就吸纳了所有的考量。所谓的伦理特殊主义论者，诸如乔纳森·丹西（Jonathan Dancy），似乎认为：当其出现在与其他要素相结合的新结构（configurations）之中，任何的理由都能够被"削弱"（undercut），或者至少变得不那么重要（比较 Rabinowicz 1998，22）。

人们可以将权衡概念化为论证的某种集合（aggregation）以及一系列论证的某种建构。只要人们陈述一件事情比另一件事情更为重要，"为什么"的问题就会随之而来。在这一点上，人们需要另一种论证和另一种权衡方式。简言之，孤立地看，x 可能比 y 更重要，但是，在某种情形下，z 能够出现，并且颠倒这一顺序，比如 y＋z 比 x 重要；而 x＋q 可能又比 y＋z 重要。通过这种方式，权衡能够被集合。固然，不是所有的理由都能够被累积（cumulated）。但在法律论证中，所提供的理由经常累积到足够形成一种有趣的单凭经验的方法（rule of thumb①）：当其他条件相同时（*Ceteris pari-bus*），指向同一个方面的两个理由结合在一起的时候要比它们单独在一起的时候更加有力。

换言之，人们有一种判断的能力，权衡是这种能力的一个产物。一个哲学性的问题——亦即什么样的判断能力被用在一种深刻的视角中（profound perspective）？——不是一个法学理论所强调的问题。也许这种能力是一种诉诸理性的激情（the passion for reason），或者它可能是几种理性的激情。或者可以说，它可能是一些更基础的即更康德主义的东西。一个法律理论家被适当地建议对所有三种选择保有开放的态度。

一种已经被尝试的跳出这一智力迷局（intellectual labyrinth）的方式是建构某种重要性的精确理论（mathematical theory），但是这种类型的理论将趋于复杂化（比较 Lindahl 1997，111 以下，和 Odelstad 2002）。再者，它将无法为哲学性问题提供答案。

另一种方式是假定一种简单的权衡模型，在该模型中，每一种被权衡的价值或者原则——对于三种程度的侵害：轻度、中度和重度——都是易受影响的（susceptible）。当原则之间发生冲突的时候，对某一原则的一种轻度侵害总是比对另一原则的一种中度侵害更容易被接受，而一种中度侵害又比一种重度侵害更容易被接受。

---

① "Rule of thumb" 这一短语比喻将拇指用做测量长度的尺子。成人拇指的第一节大约是 1 英寸长，但由于各人的身材大小不等，这种度量方法只能是一种粗略的近似值，凡是需要精确计量的场合，这种方法就不可信了。因此这个短语用来指通过经验总结出来的方法。比如说，究竟背包要装多少东西才恰当？这依个人的身材和力量而定，但一般的标准是不超过体重的20%。这一短语曾出现在《英国公众法》中。当时的法律规定男人不可以用比他大拇指粗的棍棒打他的妻子，但用较细的木条打妻子是允许的。在一些地方甚至提倡用这种方法来迫使他们的妻子呆在她们该呆的地方。虽然过去在许多地方（不幸的是直至今天仍然有此地方），男人打妻子是允许的，但这种所谓的法规从来就没有编集成成文的法典。事实上，只是相对来说到最近的时候才出现这种说法，并出现在美国的法庭上，美国法庭宣称这种古代的英国法规无须专门引证，它确实存在——译者注。

（参见 Alexy 2001 and 2003）。尤其是，阿列克西（2001, 69 以下和 2003）提出了如下的内容。权衡可以用三个步骤来分析：我们必须确立（1）干涉某一原则的强度；（2）在抽象层面上对该原则的权衡；（3）关于所讨论的方法对于该原则的非现实化（non-realization）所意为何的经验假设的可靠性。强度、权衡和可靠性能够在三种程度上——轻度、中度、重度——被测度（measured）。尽管在很多情形中，这种测度是有疑问的，而且一种"均势"（draw）可能出现，但是在大多数时候，权衡都是决定性的（conclusive）。一种更为精细的等程度划分（scale）——承认有超过三种的程度——在逻辑上当然是可能的，但是它将不可能应用于实践。

在某种被考量的情形中，为权衡两个原则 Pi 和 Pj 而设的公式如下：

$$Wi, \ j = \frac{li \cdot Wi \cdot Ri}{lj \cdot Wj \cdot Rj}$$

在此，我指明了在某种特定的情形下，干涉某一原则的强度，W 是对该原则的抽象性权衡，而 R 则代表经验假设的可靠性。

在我看来，阿列克西的理论是对权衡的一种最好的法学趋近（approximation）。它尤其很好地适合于宪法中的异议问题（attacking problems）；W 的三种程度对应的事实：一些基本的权利是被赋予特权的，一些则是正常的，而另一些（诸如社会权利）则是更加富有争议的。① 权衡的最深刻的哲学性理论是整体性的理论，但是就法律人的即时性使用而言，它很难操作。

[119]

三、理性领域的扩展

尽管具有整体性和可废止性的特征，权衡仍然是一种理性的活动。法律学说使用权衡，但旨在一种法律的理性重构。合理性不能被化约为（reduced）形式逻辑。我们也无须设立一种合理性（ra-

---

① 在这个方面，阿列克西的权衡理论是一种法学理论：它属于法律学说。但是，当人们考虑他的精致性（sophistication）时，它又落入了法学理论和法律哲学的领域。

tionality）和理性（reasonableness）之间的比较。① 因此，根据
Gardner 和 Macklem 的论述（2002，474）："合理性是……和理性一
样的。正如我们所讨论的，它只是一种对行动（思考、感觉等）

---

① 关于"rational"、"reasonable"以及相应名词"rationality"和"rea-
son"的翻译问题一直没有引起学界足够的重视，人们多把他们统一译为"理
性的"和"理性"。事实上，在西学语境中，"reason"和"rationality"是有
区别的："reason"通常侧重能力，如哈贝马斯就认为，"理性……必须被看
做在实践中生成的，即人作为主体在社会化的过程中习得的后天能力"（转引
自章国锋：《哈贝马斯："实践理性"和"社会化主体性"》，载［德］哈贝马
斯、哈勒：《作为未来的过去——与著名哲学家哈贝马斯对话》，章国锋译，
浙江人民出版社 2001 年版，第 184 页）。按照邓晓芒教授对西方哲学"理性"
（reason）渊源的研究，这种能力在希腊哲学中主要有两个渊源："逻各斯"
（lo-gos）和"奴斯"（nous），前者指语言和表达，后者指能动超越的灵魂
（参见邓晓芒：《中国百年西方哲学研究中的八大文化错位》，载《福建论坛
· 人文社会科学版》，2001 年第 5 期）。而"rationality"通常着重性质方面，
如某社会秩序是否"合理"（rational）。在罗尔斯的政治哲学或道德哲学中，
他明确区分了理性的（reasonable）与合理的（rational）这一并立的概念，并
将其作为政治哲学原则的互补理念。在《政治自由主义》一书中，他专门用
一节讨论两者的五点区别，主要有：在公平正义中，两者被看做为互不相同
和各自独立的基本理念乃看待，其区别在于，不能认为两者间存在任何推导，
尤其是不能认为可以从合理的（理念）推导出理性的（理念）；两者进一步
的基本差异是在某一方面，理性是公共的，而合理性却不是公共的等。他还
借用 W. M. 西布里的观点说：当我们知道人们是合理的时，却不知道他们所
追求的目的，只知道他们将会理智地追求这些目的；而当我们知道人们在关
涉到他人的情况下是理性的时，我们也知道他们是志愿用一种原则来支配他
们的行为，而这一原则是他人和别人可以共同推理出来的；而且理性的人会
考虑其行为对别人的影响（参见［德］罗尔斯：《政治自由主义》，万俊人
译，译林出版社 2000 年版，第 50 ~ 56 页）。在本书中，作者似乎没有对此作
出明确区分，而是交互使用；但考虑到两词在西学语境中的可能不同含义，
我仍尽可能将"rational"、"reasonable"、"rationality"和"reason"分别译为
"合（乎）理性的"、"理性的"、"合理性"和"理性"。关于"rational"、
"reasonable"以及相应名词"rationality"和"reason"的词义演变，可参见
［英］雷蒙· 威廉斯：《关键词：文化与社会词汇》，刘建基译，北京三联书
店 2005 年版，第 382 ~ 387 页——译者注。

而言的简单的能力和倾向（propensity），而且通常是因为无可辩驳的理由。"

一个"理由"的概念可以用很多种方式定义。重要的是一个理由即是一种事实，否则即是一个事实中的某种信念。如下的定义揭示了一种在一个信念的基础上坚持另一个信念的心理学联系（psychological relation）：

当且仅当对一个人 S 来讲基于信念 P 而相信 Q 这一行为可能在逻辑上获得证成之时，一个信念 P 才是一个人 S 相信 Q 的一个理由。

[120]　　　固然，一些读者可能会认为逻辑演绎法（logical deduction）是正确推理（correct reasoning）的唯一方法。但是，论证可以用几种标准来评价。一种这样的标准——演绎逻辑（deductive logic）——是非常严格的。满足这一标准的论证在其前提真实的基础上保证了其结论的真实性。然而，因为演绎逻辑的标准是非常严格的，很多有用的真实生活的论证（real-life arguments）并不能满足它的要求。通过发展其他的针对可废止性推理的标准，好的论证与坏的论证之间的区别能够被排除（brought outside）在演绎上有效之论证的范围。合理性的观念在很多不同的领域都是可以适用的。这些合理性包括逻辑合理性（演绎的和归纳的）、商谈合理性（discursive rationality）、支持性合理性（supportive rationality）、总体上的科学合理性、行动合理性、目标合理性、规范合理性和系统合理性等（比较 Peczenik 1989，55 以下；Aarnio 1987，189；Agell 2002，246）。

理性的观念越狭窄，非理性蔓延的空间就越广阔（比较 Dreier 1991，134）。

将理性的领域限制在演绎逻辑和对原初事实（brute facts）之经验观察的范围内的思想家们可以为法律理论家提供有用的逻辑演算（logic calculi）。但是他们无论如何都没有机会理解法律学说的

178

真谛。

法律学说的主体（有效的法律）以及它的推理方式（明显不仅仅是演绎的）对一个逻辑——经验理论家（logical-empirical theorist）而言似乎都是虚构的和不理性的。早期的斯堪的纳维亚法律现实主义者，诸如卡尔·奥利芙克罗娜和阿尔夫·罗斯就是这方面的例子。罗斯的作为未来司法实践之预言的法律科学之计划已经被证明是毫无希望的。该计划从一开始就被奥利芙克罗娜认为会注定如此，而且它很容易被批判（参见 Peczenik 1989，262 以下；Peczenik 1995，103 以下）。

通过提供附加的逻辑工具，将理性之领域限制在演绎逻辑、对原初事实之经验观察，以及目标—方式演算（goal-means calculi）范围内的思想家们可以给法学理论带来灵感。但是在探讨法律学说之目标及其推理方法的时候，思想家们仍然面临着同样的难题。

将理性的领域限制在演绎逻辑、目标—方式演算、康德的实践理性和对原初事实之经验观察范围内的思想家们，有稍微好一点的机会，但是他们将不可避免地曲解（distort）而不是承认法律学说。他们的技巧（trick）是将理性之范围分成两个与外界隔绝的孤立部分：一个部分是理论理性（theoretical reason），另一个部分是实践理性。理论理性仅仅是演绎逻辑和原初事实的领域。实践理性则是演绎逻辑的领域（province）——该演绎逻辑吸收了康德的绝对命令及其各种派生理论，以及和康德或多或少存在联系的社会契约论（social contractarianism）。一个突出的例子是早期的罗尔斯，及其无数的追随者（epigones）。问题是：大多数现存的法学理论已经因此极大程度地回避了（evaded）这一重构。

我们仍然可以通过如下的方式来扩大推理的范围，这些方式包括：演绎逻辑、可废止性逻辑、目标—方式演算、实践理性之基本原理（postulates）、推理之社会文化（sociocultural）方式，以及原初事实和社会事实之观察。

四、决定性理由、可废止性理由、规则、原则

我们注意到：可废止性推理在法律解释和法律理论化的语境中是相同的。让我再补充一点：这种推理在很多语境中都是相同的。人们经常根据某一情形之通常状况来进行思考，并且对例外情况提供大量的回旋余地（leeway）。因此，对他们而言，作出可废止性陈述是正常的。这些陈述将会获得证成，除非被新提出的信息所悬置（suspended）或取消。

人工智能和法律之共同体（The artificial-intelligence-and-law community）已经为模拟（modelling）可废止性的法律论证阐发了如下的逻辑工具——亦即能够论述消解性论证（undercutting arguments）、反驳（rebuttals）、权衡性信息、基于权衡性信息之推理、基于规则之推理、论证与对话之界限（lines）、程序性规则、义务性规则（commitment rules），以及证据负担的逻辑工具。

在本套丛书的第五卷，Giovanni Sartor 提供了如下的定义：

> 我们区别了两种冲突：
>
> 反驳性冲突（rebutting collision），在其中，两个理由支持互不兼容的两个结论；
>
> 消解性冲突（undercutting collision），在其中，一个理由得出了如下的结论，即另一个理由不能支持其自身结论的结论。
>
> 我们还发现：在反驳性冲突中，更强的理由优先（prevails），而在消解性冲突中，不管其可比较强度的大小（comparative strength），更具消解性的理由优先。（Sartor，本套丛书第五卷，sec. 26.3.3）
>
> 在规范性领域内，消解性（undercutting）通常建基于针对某些实体（certain entities）的一般性规则的不可适用性（inapplicability）之上。通过指出该规则对某些实体是不可适用的，我们正好可以宣称我们没有被授权去推断（infer）涉及

[121]

这些实体的该规则的实例。(同上，sec. 26.3.3)

现在，让我们在决定性理由和贡献性理由（contributing rea-sons）之间作出区分。决定性理由决定了其所得出的结论。如果获得了某个结论的决定性理由，也就必然获得了这个结论。

在没有例外之任何可能的情形下，一些决定性理由决定了其结论。然而，另一些决定性理由则是可废止性的。一个决定性理由是可废止性的，当且仅当，

● 基于所掌握的信息，这一理由是决定性的；而且

● 起初并不存在的新信息变得可以利用，并且把这一理由转变成了一个非决定性的（non-decisive）理由。

换言之，在通常情形下，决定性理由和可废止性理由能够决定其后果，但如果不是在通常情形下，它们则不能决定此类后果。与之相反，贡献性理由从不依靠自身来决定后果。存在着支持或者反对某个特定结论的贡献性理由。贡献性理由是所有这种理由［赞成的和反对的（*pro and con*）］的一个整体，亦即对决定某个结论是否成立的一个特定结论作出贡献的理由（比较 Hage and Peczenik 2000，306 以下）。人们也可以说贡献性理由是适可而止的理由。

规则是决定性理由，但是它们经常是可废止性的。原则是贡献性理由。

规则应用在一种全有或全无的方式中（all-or-nothing fashion），从这个意义上说，如果一个规则被应用于某一情形，规则制定者的结论就产生了针对这一情形的法律后果。与之相反，原则仅仅产生这样的理由，即支持为目标状态（goal states）尽可能多地作出贡献的行动的理由。一旦我们知道某一特定条款是一项原则，或者某一特定的实践或者商议（deliberation）表现为一项原则，我们就知道它是一种贡献性理由，而不是决定性理由。这一定义与德沃金和阿列克西的观点密切相关。[122]

德沃金的阐述如下：

规则可以应用在一种全有或全无的方式中。如果给定一个规则所规定（stipulates）的情形，那么，或者这一规则是有效的，它所提供的答案必须被该情形所接受，或者它是无效的，那么在该情形下，它对决定没有任何的贡献。……一个原则……陈述了一个在某一方面存在争议的理由，但是该原则并不需要（necessitate）一个特殊的决定。（Dworkin 1977，24，26）

根据阿列克西的观点（2000b，295；比较 Alexy 1985，75 以下），"原则是命令某些事情必须实现至事实上和法律上可能的最高程度的规范。因此，原则是最优化之命令（optimization command）"。

有一本讨论"规则对原则"（rules versus principles）的内容广泛的分析性著作。我将仅仅提供其中一种概念化内容（conceptualization）（Atienza and Manero 1998）。根据一个规范的适用范围，作者在一种严格的意义上定义原则。这一原则"用一种开放的方式"限定了它可以适用的情形，而"规则则在一种封闭的方式下这么做"（同上，9）。因此，这些作者否定了阿列克西的原则是最优化的命令的假设：

严格意义上的某些原则是最优化的命令仅仅是在如下的意义上讲的，即其适用条件形成于一种开放方式的意义上……但是在那种情形下，一旦决定了原则优先，该决定就必须被完全履行。（同上，12，13）

这一概念化内容的一个优点是它避免了一个贡献性理由的问题和一个权衡的附随问题（attendant problem）。在 Atienza 和 Manero 的理论中，原则类似于规则：当其可以适用的时候，它们必须被遵守。但是权衡的问题并没有因此而消失。它仅仅是从一个"盒子"转移到了另一个"盒子"：亦即从规则/原则之内容的一种分析转移到其适用性的一种分析。

法律学说并没有致力于从德沃金、阿列克西，以及 Atienza 和 Manero 的分析性概念化内容（analytical conceptualizations）中，或者从其他诸如此类的概念化内容中得出一个最终的选择。但是，不管所选择的可废止性概念是什么，它都致力于承认法律推理之可废止性的重要性。

在真实的世界里，法律条款的使用是不断变化的。在大多数案件中，只要其条件符合要求，法律条款就会被适用，并且还会产生决定性理由。事后看来（In hindsight），这些案件可能被称为常规案件（或者"简单案件"）。一旦一个案件被看做常规案件，对它的解决，就没有什么价值和选择是必需的了。对这一案件的决定遵循着一条已成立的与该案件的描述相结合的法律规则。然而，有时候有一些重要的异议反对把某些法律条文当做"疑难"规则（"hard" rules）。然后，某个案件将会被看做是一个例外。事后看来，这些案件被称为"疑难案件"。还有一些疑难案件则源自解释性问题。

一些法律现实主义者正确地认识到人们无法在疑难案件和常规案件之间划出一条清晰的界线。因此，Per Olof Ekelöf 在普通案件和特殊案件之间做了一个类似的区分，并且补充了如下内容。一方面特殊案件不仅包括那些落在法律这个"字眼"之外的案件，还包括那些虽然在法律这个"字眼"之内，但是很少发生，或者与"对某一法条的机械适用（mechanical application）能够被看做是违背其目的的特殊情况"相联系的案件（Ekelöf 1958，84）。而另一方面，普通案件是那些具有很大重要性的案件，或者因为某些其他的原因而显得十分明显，以至于制定法的起草者已经不可避免地注意到了它们的案件。再者，制定法制颁之后发生的社会变化也可以使一些案件变成普通案件，即使起草者们没有预料到这一点。最后，在普通案件和特殊案件之间作出区别的时候，人们必须依赖于对各种判准的一种评价性权衡。

每一个法律角色——比如说，一个法官的角色、一个律师的角

色，或者一个法律学者的角色——在那些法律应该被无须商议
（without deliberation）地遵守的常规案件和需要对违背道德考量之
法律作出某种权衡的疑难案件之间，决定着它自己的界定（delimi-
tation）。界定常规案件需要一种评价。在假定的法律角色里，这种
评价是间接的，而且在这一角色里，它是不可证成或辩护的。但是
在另一个角色里——也许是一个哲学家的角色里，它确实是可以证
成或辩护的。一个法律人依靠直觉执行着这一界定，而这是他必须
和应该继续下去的一种方式。

五、可废止性，而非不确定性

[123]　　可废止性的理念使得人们可以批评那些怀疑论者——他们认为
法律学说仅仅是一个被树立起来的正面形象（façade），以掩盖司
法判决之真实原因，且法律学说是完全不确定的——不能为在相互
冲突的法律论证中作出选择而制定准确的规则。

　　这种批评主义并不是没有受到挑战。一个伟大的美国法律实证
主义论者因此带有妥协地（with resignation）得出，"一个正直的人
不能成为一个人，而且觉得他自己是一个骗子或者吹牛者"（Lle-
wellyn 1960，4）。①

　　挑战理论之不确定性的一种方式是认为：法律学说为解释法律
规定了一般性规则。这些规则是可废止性的，但不是完全不确定
的。尤其是，类推论证（argumentation by analogy）和反面论证
（argumentum e contrario）都是可废止且合理的。它们之间的选择是
可证成或辩护的，如果该选择与一个由已经被接受的命题与法律特
征和道德特征的共同偏好所组成的系统是融贯的话。

　　这些可废止性的规则被法官和学理性法学家如实地认可（en-
dorsed）。即使当这些规则是一种掩盖了其他理由的正面形象的时
候，他们仍然可能是正确的。

---

　　①　或许应该理解为"一个人不能成为一个正直的人"，但是这种观察显
然是正确的。

事实上，所谓的正面形象本身是值得研究的，因为无论如何它都代表了一种自觉的公共性证成或辩护（self-conscious public justification）方面的努力。因此，它能够使我们理解什么是满意的和对公众可认知的关于法律起草和决策制定的理据。（MacCormick and Summers 1991，17）

事实上，

如果给出的理由是有充分根据的（well-founded）和有效的，它们是否法官的"真实"理由并不重要。再者，如果这些理由并不是有充分根据的，或者不是法律上有效的，那它们是否法官的"真实"理由同样不重要。不论在什么情况下，这些实际给出的理由将会根据它们的优点而被判断。（Bergholtz 1987，441；比较同上，421以下）

再者，关于解释之精确规则和对案件之解决方法的分歧并不意 [124] 味着有关论证形式的分歧。比如说，法条类推和反面论证都不是规则而是论证形式（Alexy 1978，341以下；Alexy 1989，279以下），它们分别被一套不同的推理规范和其他的法官不能不权衡的原则所支持。它们使得法官能够得出这样的结论，亦即在给定的情形下和已经确立的推理规范的限度内是可以证成或辩护的结论。在某些案件中，如果其推理缜密，所有的法官，或者所有的法律研究者将达致一个共识；而在另一些案件中，他们将不会达致共识。但是，论证的形式以及他们的论证性支撑（argumentative underpinnings）限制了分歧的范围。

在特殊情况下，法条类推和反面论证的法律应用（juristic use）依赖于如下的原则——亦即法官永远都不应该创造全新的规范，而是应该从那些在其他环境下已经获得认可的规则中寻求指导的原则（Schmidt 1957，195）。

法律学说不断地指出或多或少的有关类推之可证成使用（jus-
tifiable uses of analogy）的抽象性事例，比如说反面论证的可证成
或辩护的事例。人们能够把这些抽象性事例看做是解释的规则。这
些规则是可废止性的。因此，它们不是完全精确的。但是，它们的
确表明了一些内容——即它们不是完全不确定的。

英美法哲学家们致力于对法律理论之解释性特征的精致化讨
论。因此，约瑟夫·拉兹（Joseph Raz）宣称法律解释具有革新性
的（innovative）、前瞻性的方面。革新性否定一般化。因此，试图
构建一种区分好的解释与坏的解释的一般性理论是徒劳无功的
（Raz 1996a；Dickson 2001）。拉兹被怀疑论哲学家的理论所影响，
比如说威廉姆斯（Williams）（1985）和丹西（Dancy）（1993）。

为了避免怀疑主义，一些学者质疑法律学说是否具有任何解释
性特征。不论作为解释的一般性意义上的含义是否可以说明的，这
种质疑不过是更具一般性问题的一种特殊情况而已。因此，马默
（Marmor）（1992）和斯通（1995）拒绝把解释看做是基础性的意
思决定因素（determinant of meaning）。这些观点的关键是维特根斯
坦的如下论述：

> 可以看到，这里存在着一种误解，它源自在我们的论证过
> 程中，我们给出了一个又一个解释这一起码的事实；似乎每一
> 个解释都至少在一段时间内满足了我们的需要，直到我们发现
> 在它的身后仍然有另一个解释。这一现实所揭示的是一种领会
> 某一规则的方法，这种方法不是某种解释，而是被展示在实际
> 案件中我们称之为"服从某种规则"以及"违背某种规则"
> 的过程中。（Wittgenstein 1958，§ 201）

[125]　　　这段话指出，规则—遵守（rule-following）具有解释之外的其
他内容。但是那究竟是什么呢？也许是对法官用某些方式使用规则
的一种真实的安排，亦即一种通过他们已经得到的训练以及他们所
致力于的实践所获得的安排。因此，波斯迪纳（1998，329 以下）

186

提出了如下的问题：如果法律的理论化目标是为了掌握一种实践，我们能在同时宣称这一目标是解释法律吗？

问题是，法官和法学家们明显地假设存在着一些用于解释的规则。但随后他们却停止了反思。具有代表性的是，他们不再追问第二顺序的规则（rules of the second order），而是转而依赖于一种从训练和实践中获得的默会知识。

受维特根斯坦启发的哲学家们并没有证明解释与法律学说是不相关的。他们同样没有证明解释未缩小法律的不确定性边界（margin of indeterminacy）：亦即他们没有证明法律是完全不确定的，而仅仅证明了法律不是完全确定的。

六、法律论证中的逻辑学与诡辩论

人们可能需要新的分析性工具来论述可废止性和权衡。运用人工智能和法律的研究者们已经阐发出了模拟法律论证的工具（比较 Gordon 1995；Prakken and Sartor 1996；Hage 1997b and Verheij 1996）。他们已经建立了一种领先于（on top of）单调逻辑（monotonic logic）的可废止性推理。一种"逻辑的非单调性（nonmonotonicity）意味着对某种理论的一种新信息的补充使得过去常常基于一种更狭隘的理论（the smaller theory）方可推导的判决具有了独创性（underivable）"（Hage 1997a，199）。

我们注意到旧的信息没有被删除：它还留在这一理论之中。对法学家来说，这是重要的，因为这适合于（congruent with）制定法解释的实践。一个法学家可能从根本上重新解释了所讨论的某个制定法条款，但是这些条款还处在该法律体系之内。仅仅是在某些极端复杂的案件中，权衡才会导致将某一规范剔除出该法律体系[部分废除（desuetudo derogatoria）]。

在一种非单调性逻辑中，一组逻辑前提的某种扩展能够导致一组结论的某种收缩。实质的问题是这些逻辑前提是可废止性的。

非单调性或者可废止性产生于这样一个事实，即论证能够被更[126]强的抗辩（counterarguments）所废止。新的论证废止了一些旧的论证。在一种单调逻辑中，这可能意味着新的一套逻辑前提是不一致的，进而意味着人们能从中推导出任何的结论［爆炸原理（*ex falso quodlibet*）①］。但是所有不履行的论证（default argumentation）意味着爆炸原理不再被当做一条逻辑规则。再者，以一种使推导出更多的理由以支持或者反对某个结论成为可能的方式，非单调性逻辑使扩展一种理论成为可能。

特殊预测（Special predicates）被用来说明规则的有效性，以及规则的适用性等问题。比如说，推导规则（rules of derivation）规定：一个规则——如果被适用——就会产生一个理由，一个结论——如果支持它的理由超过（outweigh）反对它的理由——就会获得支持，等等。

这些模型能够变得相对简化，但是它们也要能够包括引入言词行为（speech acts）和举证责任（burden of proof）等内容的形式辩证法（formal dialectics）。（比较 Freeman and Farley 1997）。因此，阿尔诺·诺德（Arno Lodder 1999）提出了一个详细说明了如下内容的模型：

- 参与者；
- 游戏的步骤；
- 举证责任；
- 承诺的作用；
- 对话的作用；
- 对话的层面（levels）。

---

① 爆炸原理，也叫做"ex falso quodlibet"或"ex contradictione（sequitur）quodlibet"，是经典逻辑中陈述从矛盾中可以得出任何事物的规则。用更加形式化的术语，从形如 P ∧ ﹁P 的任何命题，可以推导出任何任意的 A。"爆炸"指称接受一个单一的矛盾到一个系统中会导致整体定理的"爆炸"。除了矛盾平常的一目了然的不真实性之外，这是对在形式系统中不允许 P ∧ ﹁P 为真的主要逻辑论证：在其中任何任意的公式都是定理的系统是平凡的（trivial）。所以爆炸证明了无矛盾律的正当性。参见维基百科：http://zh. wikipedia. org/wiki/% E7% 88% 86% E7% 82% B8% E5% 8E% 9F% E7% 90% 86，最后访问时间 2008 年 9 月 1 日——译者注。

对话的规则决定了该如何进行游戏。这些规则规定：

- 这是哪个玩家的回合；
- 一个步骤是否被允许；
- 根据承诺之有效步骤的后果。

诡辩论和逻辑学在论证的这一方式上结合了起来。逻辑上的强制性论证（compelling arguments）是允许的，其同时还是心理学上被设计用来说服的论据。

针对法律学说的一个一般性策略可以是这样的：首先，从演绎开始，尝试严格的理性模型。如果这些模型导致了琐细的或者违反直觉的（counterintuitive）结果，再将这一套方法扩展至某种非单调性逻辑。如果这样仍不足以跨越琐细和对直觉之违反的界域（threshold），就尝试对话游戏。如果即便这样仍无法满足一个法律人的要求，再换成人性论述（humanistic discourse）和形而上学（metaphysics）。智力工具仅仅只是工具。它们不能消除法律学说的不确定性。虽然因为其提高了一种稳定共识的可能，它们可以减少这种不确定性。

因为所有这些模型都依赖于非决定性规则（non-conclusive rules），所以没有什么模型能完全消除法律论证中的不确定性。这些模型使得根据规则和例外来塑造法律成为可能。但是一个模型的设计者，以及在某些情况下的它的使用者，必须决定何种新的信息产生了一个例外。这个决定并不总是在法律内部作出，这意味着其可以由制定法或者先例所确立。这些模型仅仅只是引导不确定性，并且在引导的过程中指出那些在直觉上需要被判断的"地方"。尽管如此，对这些"地方"而言的某种共识之可能性仍然足以充分地保证——对于这一塑造过程而言的——某种高度饰情矫行的（rhetorical）价值。这即是说，这种可能性促进了法律学者、法律人，以及公众之间的一种稳固的共识。

在这一语境中，人们还可以反思诡辩论的认识论价值，比如说，根据 Stephen Toulmin，以及 Chaim Perelman 和 Louise Olbrechts-Tyteca 等人的研究。但是，无论此类哲学性争论的结果是什么，它都不能否认法律学说有空间去容纳逻辑学和诡辩论。

第二节 法律学说的反思平衡

一、法律学说之广泛的、受约束的和碎片化的反思平衡

[127]　　当一个例外进入某个可废止性的规则体系时，没有规则系统（algorithm）对此作出说明。同样，也没有针对法律权衡的规则系统。为了确定例外和进行法律权衡，人们必须依赖于某种反思平衡的一套理由。

　　反思平衡的理念在政治学理论和道德理论中非常有名。约翰·罗尔斯在其理论的特定语境中对反思平衡作了如下的定义：

> 通过来回反复地斟酌，有时改变契约环境的条件，有时又撤销我们的判断……我预期最后我们将达到这样一种对原初状态的描述：它既表达了合理的条件，又产生了符合我们所考虑的并已及时作出修正和调整的判断之原则。（Rawls 1971, 20）

　　法律证成或辩护中的反思平衡的理念需要作一些修正。这一理念起源于自由主义理论中的一个相当保守的分支的语境中。一个自由主义的道德思想家旨在寻求平衡，并且在这一过程中自由地修正原则和判断。法律学说也旨在寻找平衡，但是这种平衡是不自由的。它是一种特殊种类的平衡：
- 广泛的；
- 受约束的；
- 碎片化的；
- 以老生常谈为中心的（centred around platitudes）；[自明之理或者陈词滥调（truisms or commonplaces）]。

　　对法律学说而言，简单的反思平衡过于狭隘（narrow），我们需要一种更加广泛的平衡。就合道德性的广泛的反思平衡而言：

一个广泛的反思平衡是为某个特定之人所确信的由三个部分所组成的一个融贯的信念体系：即（a）一套特殊的道德判断；（b）一套道德原则；以及（c）一套可能包括道德理论和非道德理论的相关背景理论。……该能动主体可能会来回反复地权衡，修改他原初所虑之判断、道德原则和背景理论，以达致一个存在于三个部分（a），（b），（c）之间的平衡点。（Daniels 1985，121；比较 Swanton 1992，11 以下）

通过将相互竞争的道德理论引入反思平衡，法学家迈出了脱离 [128] 简单反思平衡的第一步。此类思想家，诸如罗尔斯，能够修正和调整原则与判断，但是他们还没有找到一种道德理论之间的自由调整。与之相反，他们坚信某一种类的自由主义道德理论：他们在哲学上并不是中立的，而是自由主义的道德哲学家。与之相对，在其并不致力于某种特定的道德理论的意义上，法律学说在哲学上是中立的。

另一个法律学说对反思平衡之自由理念的背离是这样的：一个法律学者不能完全自由地调整相互之间的原则和判断。仅在法律文化使其成为可能的时候，一项对反思平衡的研究才能展开。这即是说：

● 当进入深度证成或辩护是适当的时候；
● 当在疑难案件中解释法律的时候；或者
● 当使用价值—开放（value-open）的概念的时候。

因此，法律学说中广泛的反思平衡必须受到必须之事（must）的约束，而且应该受法律渊源的约束，这即是说，其主要受制定法、司法裁决，以及准备性文件的约束。这些法律渊源的措辞都是不能修改的。法律学说只能在法律语言和法律文化所允许的限度内修正它们的解释。从相对较低的准备性文件，到最高的被视为一个整体的已制颁的法律规则体系，修正的界限将会发生明显的变化。

法律学说中广泛的和受约束的反思平衡都是碎片化的。根据其自身的标准，每一种法学理论在本质上都应当是融贯的。但是不同的理论有不同的范围。一些理论的范围相对狭窄，比如侵权法中的相当因果关系理论。另一些理论的范围则涵盖了一整个法律部门（legal branch），比如私法。同时，还存在一个适合于作为整体之法律学说的完整统一的结构，以及最终适合于承认、推理和与法律相关之偏好的完整系统。这些碎片就像一个个孤岛而不是一块整个陆地。它们被那些随着文化变迁（changes in culture）而改换方向的"桥梁"和"船舶"所连接。换言之，法律学说不仅仅旨在追求法律体系的内部平衡，而且旨在追求一种考虑到社会和哲学的我们的背景知识的平衡。法律在规范上同道德和政治联系在一起。事实上：

[129]　　　一个结果（upshot）是，普通法是（与生俱来的，尽管实际上或多或少不完美的）一个不仅包括了多样的学说，还包括了诸学理性体系的统一体。这些子统一体的统一（the unity of subunities）构成了普通法的良序（good order）和正义，并且揭示了作为某些构成性原则——诸如形式自由、总体幸福（the general happiness），或者消极自由——的冗余延伸（hypertrophic extension）的非正义。（Brudner 1995, 261）

二、围绕着老生常谈的平衡——哲学性的背景

法律学说中的反思平衡被老生常谈所围绕，而不是精确理念（precise ideas）所围绕。对人们思考的而言，老生常谈的重要性不能被高估。它在科学领域和道德领域的重要性是明显的。让我们从科学哲学（the philosophy of science）的进化开始说起。

较早的科学哲学被所谓的归纳法优越论（inductivism）所控制。因此，一些科学哲学家认为，如果秩序（orders）支配着宇宙，归纳法（induction）就是唯一能够预知这一秩序的方法；他们还宣称归纳法足以重建所有的科学性推理（scientific reasoning）（Reichenbach 1949, 429 以下），并且已经发挥了统计性推理（statistical reasonings）的作用。

卡尔·波普尔（比较 1959，28 以下）批评了归纳法优越论，并且宣称科学研究的正确方法在于创造大胆假设（bold hypotheses）。人们应该试图证伪（falsify）所作出的假设。这些假设应该被有条件地接受，这即是说，只要它们没有被证伪，它们就应该被有条件地接受（同上，40ff）。知识的增长是一个非常类似德沃金所谓的自然选择（natural selection）之过程的结果：在此，我们有一种假设的自然选择（同上，108 and 1972，261）。但是，波普尔的证伪主义（falsificationism）面临着一些困难。皮埃尔·杜赫姆（Pierre Duhem）甚至在早于波普尔的时代就注意到了这一问题，亦即人们可以批评并排除可能证伪某一假设之观察。可是人们应该如何选择什么时候去反驳理论，而什么时候去反驳观察呢？波普尔明确表述了一些解决这一问题的方法论规则（methodological rules）（Popper 1959，83）。① 这些规则中最重要的是这样的规则：即被用来保全某一理论，而不是对其他任何问题进行解释的特别的辅助性 [130]
假设（ad hoc auxiliary hypotheses）是被禁止的。

根据托马斯·库恩（Thomas Kuhn）（1970，23 以下）的理论，每一种科学理论都应该被看做是一个称之为范式（paradigm）的更广泛整体的一部分。除了其他内容之外，每一种范式都包括：（1）被科学家们在随后的研究中所效仿的具体的科学成就的事例（比如说，爱因斯坦的事例）；（2）价值判断、规范，以及为科学家所共享的基本信念，比如说物理实验之正确性的判准；以及（3）有关科学术语含义的所谓的符号通式（symbolic generalizations），诸

---

① 一些科学哲学家已经尝试了扩展方法论规则的种类。因此，Knut Erik Tranöy（1976，131 以下 and 1980，191 以下）不仅讨论了一种方法论特性，而且展现了截然不同传统的"质询规范"（norms of inquiry）。每一个质询规范都围绕着一个不同的价值：自我实现、公共福利、价值中立、易测性、主体间的可控性（intersubjective controllability）、诚实、真实（sincerity）、精确、完整、简单、秩序、融贯性、体系、学术自由。在某种程度上，这些质询规范和 Toulmin 意义上的实质性推论规则（material inference rules）相似。

如"大众"和"能量"。① 如果一个科学家不能解决范式之内的某个问题，这一失败并不能证伪整个范式，或者任何一种对于范式而言至关重要的理论：被证伪的是科学家的技能。范式间是不可通约的。在从一种范式到另一种范式的转换中，语言改变了它们的含义或者适用条件。因而，每一种范式满足于为它自己而设的判准，而不能满足由其对立方而设的某些判准（同上，109-10）。在库恩后来的著作中，他介绍了学科基质（disciplinary matrix）的概念（比较 Kuhn 1979，293 以下），每一个基质定义了一个科学学科。

根据伊姆瑞·拉卡托斯（Imre Lakatos）（1970，132 以下）的理论，一个给定的研究计划（或者一组理论）包含着一个包括某些中心命题（central propositions）的坚实核心（hard core），比如说相对论的主要观点。这个核心被辅助性假设所保护。因此，人们应该指导反例反对辅助性假设，而不是坚实核心。如果一个研究计划不断地产生具有如下经验内容——即越来越重要的且解释了越来越多观察的经验内容——的理论，该研究计划就是富有成效的（进步的）。如果做不到这一点，该研究计划就会变得过时，且通常会在这一过程中让路给另一个有着坚实核心的计划。古典物理学因此在 19 世纪末期变得萧条。因为所有的问题都被清楚地解答了，且没有新的理论出现。一段时间以后，古典物理学让位给了基于相对论的现代物理学。在拉卡托斯的理论中，核心因此扮演了一个和库恩体系中的范式相似的角色。但是，拉卡托斯的理论在哲学上比库恩的范式有趣得多。在库恩的理论中，一个范式的转换不过是一种科学常规（convention）的改变。它简单地发生了，甚至没有合理性的理由。而在拉卡托斯的意义上，从一个研究计划到另一个研究计划的改变更像波普尔的证伪：借助科学的内在动力，这一改变得以发生。

尽管有着巨大的成功，但由于自身的传统主义和相对主义，从

---

① 波普尔（1959，13）的思想近似于这样的理念："科学性学说的某种结构已经存在；……这就是为什么（一个科学家）可能将其留给其他人以使他自己的贡献适合科学性知识的框架。"（比较 Popper 1972，51 以下）

波普尔到拉卡托斯的科学哲学遭遇到了很多基础性的问题。如果先前的所有理论都被证伪，如果新的理论和旧的理论之间是不可通约的，那么人们如何才能相信当前理论的真实性？这些理论也是注定的，难道不是吗？当前的科学哲学对这个问题没有清楚的回答。它仅仅提供了一些线索。比如说，Nancy Carwright（1999，37 以下）宣称我们不仅从物理学（physics）中，还从寓言的真谛（morals of parables）中了解世界的真相，例如这样的真谛："行动的危险源自时间选择的错误"或者"弱肉强食"。问题是"和寓言的真谛一样，物理学的法则是一般性的主张"（同上，47），而且"物理学的法则仅仅在我们所感知的方面才是真实的"（同上）。

不仅仅是在最抽象的和逻辑上优位的自然法则中，真理还能够在抽象理论的底层和中层被发现。最终，一个新的抽象理论将取代旧的抽象理论，而且新的理论可以使用完全不同的概念。但是寓言的真谛会流传下来，并且带给我们对事物本性的洞见（Cartwright 1999，77 以下）。这一新的理论保留了旧理论的大量底层内容和中层内容。

一个局外人可能把这样的观点看做几乎是失败主义者的观点。但是这些观点提出了如下的问题：如果自然科学的哲学家们倾向于降低对精确性的科学性要求，法学理论家们该不该也这么做，即学着去接受深刻的但不够准确的"寓言的真谛"？

为了扩展这个观点，我将改变灵感的来源（source of inspiration），从科学哲学转移到道德哲学。道德相对主义和多元主义的一个起因在于对重要道德理论问题的永无休止的争执。但是，这些道德——尽管其在以一般性的、精确的、内容丰富的方式被阐发的时候是互不兼容的——一旦其抽象层面、精确性和信息容量被降低，都会导致非常相似的后果。一个理论的抽象性、精确性和内容丰富程度越高，它的争议性也就越大。

每一个重要的道德理论都是建立在一个老生常谈的基础上的。因此，康德主义论者强调个人自律、功利主义功用、亚里士多德式实践（Aristotelians practices），以及——允许我再加一个——融贯论者的融贯性（coherentists coherence）。所有这些老生常谈都带有 [131]

明显的道德重要性，因为没有人能够完全忽略自律、功用、道德实践，或者融贯性。人们不需要成为康德主义论者、亚里士多德主义论者，或者融贯主义论者，以便认识这些相应的老生常谈的重要性。所有道德上敏感的人似乎都接受老生常谈，即使在其进入合道德性的精致化概念（sophisticated conceptions）的时候，他们可能会有异议。

因此，人们可能会认为是老生常谈定义了合道德性。特别是迈克尔·史密斯（Michael Smith）（1994, 39 以下），他认为有不同种类的老生常谈"围绕着我们的道德概念"。其中的一些认为道德判断高于一切实践。存在着为我们的道德判断的客观性的理念提供支持的老生常谈。而另一些则告诉了我们关于自然的道德的附随性（supervenience）问题。还有一些仍然在处理合道德性的实质问题——通过力促一种对个人的关注和尊重。再者，还有一些老生常谈论述程序性问题，比如说反思平衡。总而言之：

> 实际上，有一套丰富的关于正当性（rightness）的老生常谈，而那些只想通过某些最小限度的参考内容修补式的（reference-fixing）描述来修补正当性之参考内容的人轻易地忽略了这一点。（同上，32）

当人们试图把这些老生常谈转入抽象的、精确的，以及内容丰富的智识性结构（intellectual structures）中时，道德理论中的争议就会在第一时间出现。我要补充的是，对老生常谈之精确后果的共识是可废止性的。我之前曾把这叫做一种表面性（prima facie）的共识。它也可以被叫做一种适可而止（pro tanto）的共识（比较 Peczenik 1998b, 55.2）。

有一些模糊的老生常谈在一般意义上定义了合道德性。其他较不模糊的老生常谈则定义了西方社会中的我们的合道德性。除此之外，我们还有关于人权的老生常谈。人权的核心也许是普遍的，但它同时也要顾及历史上的进化修正。一个有益的问题是，人权的普遍核心是否不仅仅只是老生常谈。

在法律中，人们可以把道德理论背后的老生常谈看做是相互竞争的"规范性模式"（normative patterns）。我认为，这是理解规范性模式之理论的唯一方法，即一种最近由安娜·克里斯滕森（Anna Christensen）（2000，285 以下）提出的理论。她讨论了三种这样的模式，即已确定的地位（establised position）模式、正义模式，和"市场功能"（market-functional）的模式。不难发现，已确定的地位模式重复了权利的理论（比如 Nozick 的理论），而"市场功能"的模式重复了经济分析法学理论。饶有兴味的是，作为法学教授的克里斯滕森并没有花太多精力去探究这些理论的智识性的细微差别（intellectual subtleties），而是简单地使用了以往的老生常谈。法学家们明显需要这些老生常谈去理解法律正在发生的变化。

[132]

人们对老生常谈，也许还有其他问题，有一种值得关注的共识。这一共识在西方的文化中是明确的，但人们可能会质疑它在其他成熟文化中的存在。因此，A 可能或多或少地被广泛认为是一个道德上的良善之人，如果他有这样的品行（disposition）：

- 不伤害他人；
- 帮助他人；
- 诚实；
- 守信；
- 工作高效；而且
- 有勇气（比较 Peczenik 1989，58）。

在某种意义上，此类老生常谈过于直白。但是它们也可能被某些理由所支持。我们能够通过给出良善行动的特殊事例和使用重要的道德理论来支持它们。比如说，当我们讨论赞成前两个判准时（不伤害他人和帮助他人），我们可以举出圣人的例子，但是我们也能够使用一种功利主义的道德理论。当我们讨论赞成接下来的两个判准时（诚实和守信），我们可以举出特别诚实之人的例子，但是我们也能够使用一种康德主义的道德理论。当我们讨论赞成最后两个判准时（工作高效和有勇气），我们可以举出伟大的科学家和英雄的事例，但是我们也能够祈求（invoke）一种完美主义的道德理论。人们还可以设想作为法律证成之重要原则的文化发展（cultural progress）（比较 Peczenik 1983，116 以下）。

[133]　　　总而言之，老生常谈比特别的判断和重要的理论更加稳定。而当人们能够把它们和特别的判断以及重要的理论联系在一起的时候，他们的稳定性就会变得更强。一整套老生常谈比相同但却各自为政的老生常谈更加稳定。换言之，一种对诸老生常谈的反思平衡比对单独任何一种老生常谈都更加稳定。

三、法律学说之老生常谈的哲学

归纳法优越论对法律学说过于严苛。固然，法律学说充斥着制定法条款的例子，以及通过所谓的"法律归纳"方法总结出来的已确立之法律的其他规范。尽管"常规的"（regular）归纳得出了有关既存事实（preexistent facts）的理论或者假设，但是法律归纳［以及依此类推（ex analogia）的法律推理］经常从某一规范中创制出一种新的规范。法学理论不仅仅反思已制颁的法律，而且被动地宣布判决。毋宁说，在以法律渊源和一些老生常谈为中心的某种反思平衡中，存在着一种正在发生的、位于法学理论和特殊的法律规则之间的互动性影响。

如下问题也是充满疑问的，即法律学说是否由波普尔意义上的试验性的可证伪之假设组成，因为这些假设将要解释何种观测数据本身是不明确的。在法律学说中，同样不明确的还有术语"证伪"的含义，尤其是在人们认为法律学说包含了规范性陈述和融合性陈述（fused statements）的时候。毫无疑问，在其试图根据社会现实——至少是根据制定法和法律实践——来调整其理论的意义上，诚实的法律学说研究者是波普尔倾向的（Popper-minded）。但是这种调整经常不过是一种精细的再解释（subtle reinterpretation），而不是对某个关键反例（crucial counterexample）进行解释的理论替换。

一个法律理论家从库恩的范式理论中收获的最重要的教训是这样一个洞见，即对法学研究而言，规范性内容和传统内容绝对不是明确无误的。这很重要，因为很多对法学研究的批评都已经宣称这些内容使法学研究变得不科学。人们因此能够在自然科学和法学研究中找到基质之间（以及范式之间）的类推。根据 Aulis Aarnio（比如说 1984，25 以下）的观点，在一种修正的库恩主义的意义上，法律学说的基质由如下四部分内容组成：

● 一组哲学性背景的预设（presuppositions）；其中一个是法律推理是基于有效之法律的假设；

● 法律渊源的预设（在此，人们假设这些预设中的一些不是　[134]具有约束力，就是至少构成了权威性的理由）；

● 法律方法的预设（在此，人们假设法律推理受到而且应该受到方法论规范的支配）；

● 一组价值，最重要的是有关涉及法律的确定和正义的内容是什么的价值。

法律学说的每一种范式都包含着对基质的一种特殊解释。① 对有效的法律、法律渊源、法律方法、法律确定性等的不同类别的假设，支撑着不同历史时期和不同社会的法律学说。但是，所有的法律推理都建基于上文所述的四种预设。

有时候，法律学说的"诸范式"（paradigms）倾向于共存，这与自然科学中的范式形成对比，其每一种范式都按顺序及时取代了先前的范式。法律学说中的一些成就几乎被所有的法学家所借鉴（imitated），但其内容却相当有限，没有办法同自然科学中居于领先地位的理论相比。比如说，人们可以举出萨维尼的有关制定法解释之四种方法的理论。这一理论处于欧洲大陆所有此类著作的背景之中，甚至可能超出这一背景。但是，这一理论并非在所有方面都被遵循。与之相反，后继的学者们已经开始自由地解读萨维尼，比如说，在解读过程中，他们有时候会比萨维尼多引入一些论证、指令以及方法，而且有时候会以不同的方式权衡这些方法（比较Wrblewski 1959，143 以下；MacCormick and Summers 1991，464 以下）。

人们也可以根据某种对研究计划作出了适当调整的理论来检视

———————

① 有关法律研究中各种范式的描述，参见 Dalberg-Larsen 1977，513 以下。

（view）法律学说。为了实现这一调整，我将假设观测素材（obser-vational data）在下列各种与法学研究相关的实体（entities）中有它自己的类似素材（analogue）：

● 在法律体系中得到权威性认可的法律规则——正如其在制定法和其他法律渊源中被阐明（set forth）的那样；

● 在共同体内被共同认可（endorsed）的道德规范（大多是原则）和价值陈述（value statements）；

[135]

● 有关共同体的心理学素材以及其他素材等。

科学家试图说明观测素材与假设理论的"坚实核心"是相互谐调和融贯的。与之类似，法学研究者试图说明已确立的法律规范和适可而止的道德陈述与其所处时代的法律学说的核心假设（core assumptions）是相互谐调和融贯的。在法律学说中，这些核心假设决定了所提出的研究计划。一个研究计划是"富有成果的"（"进步的"），如果它持续地产生融贯性理论以解释不断确立的法律规范和道德陈述。该研究计划同样是进步的，如果该系列中的后续理论解释并废除了比其先前理论更多的反常事物（anomalies）。一个反常事物或者是在一连串法律素材中的某种逻辑矛盾（logical in-consistency），或者是在该串素材中的某种非融贯性内容，比如说不能被一般性原则所证成或辩护的无意义的规范。一个过时的法律研究计划将不再能够创制出这样的新理论或者消除反常事物。

最后但并非最不重要的是，"寓言的真谛"可以是真实的并且在认识上是稳定的理念对能使法律学说变得有意义的我们的计划是非常有用的。法律学说由中级层面的理论（midlevel theories）所组成，而且这些理论比无所不包的（all-inclusive）原则和道德理论显得更加稳定。法律学说的中级层面的理论很少是完全正确的，但是它们位于法律证成或辩护的核心。法律学说的中级层面的理论可以被看做——与无所不包的道德理论、特殊的道德理论，以及法律的直觉知识（legal intuitions）一同被引入某种广泛性平衡的——"背景理论"（background theories）。通过特定的直觉知识，它们是向下可证成或辩护的（justifiable downwards），而通过无所不包的道德理论，它们则是向上可证成或辩护的。与此同时，依靠同样的反思平衡，中级层面的理论发挥着一种积极的作用：即证成（除了被它们所证成之外）特殊的直觉知识和无所不包的道德理论。中级层面的理论有这样几个特点：它们的范围比哲学性理论更窄，它们的抽象程度也相对较低，这与它们在理论的逻辑等级（logical hierarchy of theories）中的地位相符。因此，它们可以很好地从一种广泛性的和抽象性的哲学中得出。无论如何，它们比这些哲学更少争议。

每一种这样的中级层面的理论都是以一些老生常谈为中心的。

以过失行为为例。侵权人应该为过失行为负责；过失行为是应受谴责的；侵权人因为其疏忽而受到谴责，因为一个通常意义上的谨慎之人——比如一个善良家父——将会采取更多的防范措施。对"何为正常"之估计依次依赖于频率、社会期待，以及道德的直觉知识。但是就经济分析法学理论而言，被告的行为应该被认为是有过失的，如果这一判决在整体上促进了经济效益。而在另一种理论看来，如果其被发现已经对事件的受害人造成了一种不可接受的非确定性，被告将被认为是有过失的（Dahlman 2000，58 以下）。根据一个最近提出并被用以解释一些瑞典案例的元规则（meta-rule），每一种这样的理论都在法律的某个特定领域中盛行（同上，106 以下，特别是 137）。问题是像所有此类概念一样，这个概念（过失行为）是富有争议的。理论家们为此争论不休，尽管在他们的分歧背后存在着一些稳定的东西。因此，侵权法学说中的稳定内容就成了这样一个老生常谈：亦即"侵权人应该为他们的过失行为负责"。这一老生常谈似乎成为了法学家之间的一个重叠共识之目标。

一个善良家父的规范性标准在某种意义上比这种老生常谈更加精确，但也肯定不是非常精确。这一标准是稳定的，在两千多年的时间里被道德观念各不相同的拥护者们所津津乐道。固然，它也遭到了批评：比如说，一代又一代持有批评倾向的法学家们将这一标准嘲讽为一位应该被要求像善良家父一样舞蹈的首席芭蕾舞女演员（*prima ballerina*）。但是，不管人们从中提出批评的某种道德理论是什么，在善良家父的规范性标准中，始终存在着一些合理的内容。

经济分析法学理论更加精确但也更不稳定。它的主要拥护者，理查德·波斯纳提出了一个虽然正确但却更像是一种没有异议的赞同的理论。我斗胆预测这一理论将被修正——亦即被一些例外和或多或少的特别性补充（ad hoc supplements）所完善。它注定会被另一种理论所取代。这似乎是所有科学性理论的宿命。实际上，任何其精确性可以与经济分析法学理论相媲美的竞争性理论都是同样不稳定的。那么，何种理论是稳定的呢？答案大抵只有"老生常谈"了。图瑞（2002）也许会说老生常谈是法律深层结构的一部分。

四、反思平衡和以社会为中心的合道德性

[136]

最后还有一个问题，法律学说中的反思平衡理论是否融贯于上文（第四章第五节）提到的以社会为中心的道德理论。在其以社会为中心的道德理论中，科普（1995，56 以下）不同意广泛的反思平衡的理论。他的主要观点是这种均衡可能依赖于一种个人的"心理上的偶成性"（psychological contingencies）。人们可能想知道这是否一个至关重要的反对理由。一个寻求把其信念、偏好和推理模式引入一种广泛的反思平衡的个人——在这种平衡之内——有办法消除其心理上的某些偶成性。从其自身的观点来看，反思的目的正在于此。我最初的观点也许是部分地非理性的，但是反思会减少这种非理性。我的一些最初观点也许与我所在社会的道德法典存在冲突。反思性将帮助我理解这一情况；我对自己所在社会之道德法典的原初解释可能在当时反映了我的不理性；反思会帮助我调整自己对这一法典的解释以达致我的观点的合理性。我既是理性的也是社会的。基于社会的道德法典和合理性，我的所有观点都是可以修正的。

以社会为中心的道德理论和广泛的反思平衡理论在直觉上都是令人信服的。它们应该被融为一体。一种方法是把以社会为中心的道德理论理解为一种讲述什么是合道德性的本体论理论。与此同时，人们还可以把广泛的反思平衡理论理解为一种讲述人们怎样才能获得社会之道德法典知识的认识论理论。哲学家们能够详细地解决这一融贯性问题吗？让我们拭目以待吧。

第三节　法律知识的融贯性

一、法律学说中的融贯性方面

令人遗憾的是，我们需要对"反思平衡"这一术语做一些澄清。

"反思平衡"这一术语被用以描述一种状态，在其中，思想家获得了一组彼此融贯的伦理性原则、特殊道德判断，以及背景信念（background beliefs）。但是人们应该怎样做，以及应该怎样实现反思平衡还仍未被详细阐述。

以上便是对融贯性理论所进行的阐述。法律学说通过几种方式阐述了法律的融贯性。在一种高度的抽象层面，人们可能会说法律学说中的论证是一种知识、道德性和正义的融合。法律学说旨在实现所有这些方面之间的融贯性。在一种相对较低的抽象层面，人们可能会补充如下的内容：

第一，法律学说使用了如下的传统方法，亦即类比方法（*per analogiam*）论证、反向（e contrario）论证、根据更强理由的（当然论证 *a fortiori*）论证，以及法律目的之分析。这些方法的使用具有代表性地提升了法律的融贯性。在现代社会中，就作出一个法律判决和法律意见的融贯的证成而言，还有一些更为特殊的原因（比较 Bergholtz 1987，352 以下）。诉讼双方和市民通常对立法者和判决制定者都没有盲目的信任（blind-faith）：他们想知道为什么判决如它现在这样。再者，一个法律规范和法律解释的融贯的证成便利了法律制定机构和法律实施机构的社会控制，而且这是民主的一项重要要求。 [137]

第二，法律学说使用了内在相关的概念，比如说，一个概念的意义经常依赖于另一个法律概念的意义。

第三，法律学说把法律表述为一个系统化的整体（systematic

whole）；法律各部分的表述顺序被这些概念之间所保持的关系预先决定。

第四，法律学说表述了原则庇护（umbrella）下的法律规则，以及说明和证成这些规则的目标。

第五，时间流逝中的统一（unity over time）。法律学说将法律表述为一种零碎的发展（evolving piecemeal）：法律的所有部分都可以改变，但并不是所有部分都会立刻改变。

第六，存在一种法律有效性的统一（这种统一在凯尔森的纯粹法学理论中达到了相当高的精致化程度）。

上述第三个方面是体系化。萨维尼认为法律学说是历史的和哲学的（Savigny 1993，30）。它是哲学的，因为它是对体系概念的使用（同上，32）。它把注释性要素（exegetical elementss）和体系化要素结合在了一起（同上，35）。对于体系化要素，萨维尼做了如下阐述：

[138]

> 我将体系化方法之实质置于对内部联系或者共同之处（resemblance）的承认和表述中，通过这种方式，特殊的法律概念和法律规则被统一在一个大的整体中。这些共同之处最初通常是被隐藏的，它们的发现将会丰富我们的洞见。（Savigny 1840，xxxvi；作者译）①

法律学说之融贯性的第四个方面是法律的至关重要的原则（overarching principles）。因此，就尼尔·麦考密克（Neil MacCormick）的法律之规范的融贯性概念而言，一些原则支持了一定数量的法律规则，进而使它们变得融贯（MacCormick 1984，235 以下；

---

① "Ich setze das Wesen der systematischen Methode in die Erkenntnis und Darstellung des inneren Zusammenhangs oder der Verwandtschaft, wodurch die einzelnen Rechtsbegriffe und Rechtsregeln zu einer groBen Einheit verbunden werden. Solche Verwandtschaften nun sind erstlich oft verborgen, und ihre Entdeckung wird dann unsre Einsicht bereichern."

MacCormick 1978，152 以下）。德沃金的法律的"完整性"（或者融贯性）理论包括了一个同麦考密克之理念——即原则使规则变得融贯——相似的理念。德沃金（1977，87）因此

谴责那种孤立看来似乎正确的作出判决的实践，但这种实践却不能被带入某种与其他也被认为正确的判决相一致的、有关一般性原则和政策的广泛性理论之中。

第五个方面是时间流逝中的统一。这是德沃金的一个观点。他在逐一地写作一部"连环小说"（"chain novel"）① 的问题上对一个法律人和一个小说家进行了比较。每一个小说家和每一个法律人，都旨在使其所续写的内容不仅要与一般性原则相融贯，也要与其所拿到的材料相融贯，还要与其续作者想要添加或者能够添加的前提条件相融贯，最后还要与其自身的实质性价值判断相融贯（Dworkin 1986，225 以下）。在德沃金的观点中，法官应该适用"建构性模式"；这即是说，他们必须接受先例"作为一个其必须建构之原则的详细说明（specifications），而不是一种与以往判决相一致的责任性"（Dworkin 1977，161）。

另一个方面是法律有效性的统一。凯尔森的观点是法律人预设了一个基本规范：从法律意义上有效的宪法中，法律继承了其有效性。于是，基于基本规范，法律人理所当然地认为宪法是有效的——亦即它应该被遵守（比较 Kelsen 1960，197）。这种基本规范使各种规范开始统一，进而使得所有属于这一法律秩序的规范变得确定（比较 Kelsen 1960，197）。这种基本规范对很多解释都是

---

① 德沃金认为，追求法律统合性的法官们在进行创造性解释时具有类似于分别执笔、连载待续的"系列小说"之特征。"在这项工作中，一批小说家接连写一部小说；在这系列中，每位小说家都对他所写的章节进行阐释，以便写出新的一章，这一章又给后面的小说家多加了一些材料，以此类推。每位小说家都写出他那一章的工作，使小说尽可能有最佳的构成。"参见［美］德沃金：《法律帝国》，李常青译，中国大百科全书出版社 1996 年版，第 205 页以后——译者注。

[139]　开放的，它是正确的，但此处一个直白的原因是，法律统一的基本原理（postulate）对法律人而言是重要的。

　　总而言之，法律学说旨在将法律表述为一套展示不同的抽象层面和依靠支持关系联系在一起的理论、原则、规则、元规则和例外。法律学说具有代表性地旨在获得一种融贯的整体性，而这在时间流逝中是相对稳定的。

　　还是就这个问题，罗伯特·萨默斯（Robert Summers）（在几本著作中：比较 Summers 1995）提出了一种似乎和融贯性有着很多相似之处的法律的形式化理论。法律是形式化的，因为它是一个功能性的整体。形式是其目的的体系化。法律在好几种意义上都是形式化的。尤其是，它有自己的结构、程序和方法论。作为一个功能性的整体，法律需要规则但又超越规则。它提供给我们方法，但也决定着我们的一些目标。法治就是这样一个目标。

二、基础主义、怀疑主义与融贯主义

　　正如上文所述，本书的主要目标是法律知识的问题。法律学说包括了规范性要素，并且提出了一种对法律知识的主张。现在，让我进入更为抽象的，其中贯穿着（intersect）融贯性与知识的问题。

　　认识论已经阐发了三种相互竞争的知识观点：基础主义、怀疑主义和融贯主义。基础主义认为所有的知识最终都会建基于明确的和基本的信念之上（比较 Chisholm 1966，30 以下）。这些基本的信念有几种类型。经验主义论者认为基本的信念阐明了通过感观或者自省（introspection）所最初获得的知识。理性主义论者认为至少一些基本的信念是理性的直觉知识的结果。但是基础主义已经遭到了质疑。其所宣称的基础是不确定的。每一个所宣称的基本信念都有可能被与之相反的证据所颠覆。

　　另一种可替换性的观点是怀疑主义。怀疑主义论者可能因此怀疑所有的知识。简单地认为根本就没有知识可言的虚无主义论者是极端的怀疑主义论者。虚无主义并不是一种有吸引力的论调。

　　当前最重要的认识论是以基础主义和融贯主义之间的争议为重心的。与基础主义相比，融贯主义宣称每一种信念都从其他信念中

获得了其证成或辩护的部分内容。信念是相互强化的。融贯主义与可废止性相联系。我们可以质疑每一种信念，但是不能一次质疑所有的信念。 [140]

融贯主义是道德理论中不容回避的问题，至少在元层面（meta-level）。最好的道德理论很可能是其内部结构中的基础主义理论，功利主义似乎就是这样一种道德理论。但是在选择一种道德理论的问题上——比如说，选择功利主义作为一种反对康德主义或者反对阿里士多德主义的立场——我们必须是融贯主义的。只要这一选择受到质疑，我们就必须列出并考虑正反两方（pros and cons）的意见。就这一权衡而言，不存在基础主义的元理论（met-atheory）。对理论的选择只有通过求助于选择者的信念、偏好和推理的完整体系才能获得证成。

融贯性理论的主要问题是如何解释素材的特殊地位——亦即第一手的经验观察素材。这一难题导致了基础主义和融贯主义之间的中间立场（intermediate positions），比如苏珊·哈克（Susan Haack）的基础融贯主义（Foundherentism）（比较 Haack 1993，19以下 and 203ff）。

与基础主义不同，基础融贯主义不应该建立可供论证支持的排斥性的单向关系，而是应该允许普遍深入的相互支持；与融贯主义不同，基础融贯主义应该允许主体的关于其经验主义信念之证成或辩护的中肯经验。（Haack 1998，85）

就像在一个纵横交错的字谜中，一个空格的可能填写方法既可以通过与其线索相一致而获得支持，也可以通过与其他已经填入空格的内容相一致而获得支持，因此，一种信念也可以通过其与经验证据（experiential evidence）相一致而获得支持，或者通过其与其他信念相一致而获得支持。

经验证据不是由命题（propositions）而是由认知的相互作用（perceptual interactions）所组成。它对知识的贡献，不是因为命题间的逻辑关系，而是因为在语言学习过程中建立的语言与世界之间的联系。换言之，哈克的理论假设了一种从［非命题的（non-propositional］经验证据到命题的融贯体系的飞跃。

三、融贯性的概念

哲学家们通常告诉我们融贯性是一种逻辑的一致性、内聚性（cohesion），以及整全性（comprehensiveness）的三位一体（Alexy 1998，41）。

在融贯性的一般性概念之中，有一种由 Laurence Bonjour 提出的概念，其内容可以被总结如下（Bender 1989，5；参见 BonJour 1985，9，10，92，102-3，106，116，123-4，141，151-4，170，191）。① 一个信念体系是一个证成—授予的（justification-conferring）融贯体系，当且仅当：

（1）它在逻辑上是一致的；

（2）它阐明了一种高度的或然性的一致性（probabilistic consistency）；

（3）它阐明了很多在信念体系各组成部分之间的相对较强的推论性联系；

（4）它是相对统一的，比如说，它没有分裂为相对没有联系的子系统（subsystems）；

（5）它几乎没有包含无法解释的异常现象；

（6）它提出了一种相对稳定的，到最后仍然是融贯的——满足从（1）到（5）条件的世界观；以及

（7）它满足了观察需要，这意味着它必须包含把一种高度的可靠性归因于数量合理的认识上自发之信念——包括内省之信念（introspective beliefs）——的法律。

从（1）到（2）的需要涉及一致性，从（3）到（5）的需要涉及内聚性，而需要（6）涉及历时的融贯性（diachronic coherence）。

---

① Bonjour 的融贯性理论非常具有吸引力，但也存在一定程度的不明确，因为他提出了一个带有不可解释之异常现象（anomalies）的统一体系。

一致性是一个逻辑学概念。整全性也有着一套令人信服的逻辑学理论（see Hage 2004）。但是内聚性的概念并没有被完全阐明。它与如下的理念相关，即属于一个融贯之整体的陈述必须得到这一整体之内其他陈述之支持的理念。一些哲学家尝试了一种支持或者内聚性的一般性理论。另一些（比如，Hage 2004）哲学家则对这些一般性理念表示怀疑，并且把内聚性看做是范围—决定的（domain-dependent）。换言之，他们认为每一种融贯性理论都有它自己的内聚性标准。

尽管融贯性的基本理念似乎言之有理，但在尝试融贯性的一种精确理论时，哲学家们仍旧争论不休。人们可能因此把融贯性等同于：

● 一个体系的一致性，以及这样的一个事实，即该体系内的每一个判断都被体系内的其他判断所限定（entailed）（Bracker 2000，28，31；Blanshard 1939，270-1；Ewing 1934，229 以下）； [141]

● 一个体系的简易性（simplicity），即意思的精炼（meaning short）、保守的变动（leaps），以及没有无法解释的情形（Bracker 2000，49 以下，Quine 1960，17 以下）；

● 在一个体系中，最多数一致的子集（maximal consistent subsets）的推断能力（inferablity）（比如，Rescher 1973，78 以下）；

● 信念、偏好，以及推理之整个体系的合理性（Lehrer 1990，115 以下）；

● 在各种理由之间的反思平衡，以及该体系的整全性和简易性（Bracker 2000，82 以下；Rawls 1971，19 以下）；

● 就融贯性的任何一种解释而言的叙述性的融贯性（narrative coherence）（比如，Jackson 1958，58 以下；Bracker 2000，128 以下）；或者

● 受约束的满意程度（constrains-satisfaction）（Thagard 2000，15 以下）。

保罗·撒加德（Paul Thagard）阐发了一种受约束的满意程度的融贯性理论。两个陈述，p 和 q，当其中一个解释另一个的时候，当它们合起来解释第三个陈述的时候，或者当它们在自己的解释力

209

（explanatory power）范围内演示一种类推的时候，它们是彼此融贯的。融贯性关系包括解释、演绎、类似（similarity）和联系。撒加德因此提出了至少六种不同种类的融贯性——解释性的融贯性、类推性的融贯性、演绎性的融贯性、知觉性的（perceptual）融贯性、概念性的融贯性，以及商谈性的融贯性——每一种都需要不同种类的要素和约束。如果两种要素是彼此融贯的，它们之间就有一种积极的约束（positive constraint）。两种要素之间的积极的约束能够通过同时接受或者拒绝这两种要素得到满足。认识论的融贯性是五种融贯性的合成，每一种融贯性都有自己种类的要素和约束。撒加德的解释性的融贯性理论被非正式地表述在如下的原则中：

[142]　　　　原则 E1 对称性。与条件的可能性不同，解释性的融贯性是一种对称关系（symmetric relation）。这即是说，两个命题 p 和 q 彼此对等地融贯。

　　原则 E2 解释性。（1）一个假设与它所解释的内容相融贯，该内容或者是证据，或者是另一个假设。（2）几个一同解释某个其他命题的假设是彼此融贯的。（3）解释某个命题所需要的假设越多，该命题的融贯性程度也就越低。

　　原则 E3 类推性。解释相似证据的相似假设是融贯的。

　　原则 E4 数据优先性（Data Priority）。描述观察结果的命题对它们自己有一定程度的可接受性。

　　原则 E5 矛盾性。矛盾的命题彼此之间是不融贯的。

　　原则 E6 竞争性。如果 p 和 q 同时解释一个命题，而且如果 p 和 q 在解释上没有联系，那么 p 和 q 彼此之间就是不融贯的（如果 p 可以解释 q，或者如果它们可以一起解释某事，p 和 q 在解释上就是有联系的）。

　　原则 E7 可接受性。在一个命题体系内，一个命题的可接受性依赖于它与其他命题之间的融贯性。（Thagard 2000, 43）

　　除开原则 E4，撒加德面临着"孤立的缺陷"（isolation objection）。哈克的理论更为令人信服，因为它把理论和非命题性（non-

210

propositional）的经验证据联系在了一起。

融贯性的理念导致了认识论的保守主义（epistemic conservatism）。Wlodek Rabinowicz（1998, 17）对此作了如下论述：

假设我们发现我们的信念体系是内在地非融贯的；或者假设我们获得了一种新的与我们以前所信奉的信念不相融贯的信念。那么，保守主义的原则就会盛行：一种较小限度的修正就比一种较大限度的修正更受青睐。因此，保守主义是一种最小限度的改变（minimal change）的原则。

一个人可能想知道为什么会这样。一个简单的解释是，我们青睐对原初信念的一种较小限度的修正而不是较大限度的修正，是因为我们事先认为（ex ante）这些是我们的信念；拒绝它们可能意味着拒绝我们事先认为是正确的东西。

这种哲学可能显得过于保守，但事实却并非如此。这一哲学根本没有告诉我们任何与调整信念体系以适应新素材所需要的修正程度相关的内容。这一修正程度单纯地取决于新素材的应用（input of new data）究竟有多广泛。再者，最小程度之改变的原则可能会被调整以允许我们选择一种更大而不是更小的对信念体系的修正，如果我们希望通过这种方式（用被如此修正的体系）去解释比我们期待在将来能够收集到的更多的素材。在这种情况下，一种更大的对当前信念体系的修正是合理的，因为它导致了对那些被认为是将来信念体系之内容的一种较小的修正。科学家们经常期待：一个更融贯的理论将因此比一个较不融贯的理论解释更多的素材。这是一个在科学哲学中众所周知的问题，特别是在波普尔、库恩，以及拉卡托斯理论的语境中。

从一个"消费者"的立场，我认为应该存在某种针对所有这些理论的共同的核心。法律理论家们都愿意有这样一种核心理论。但是到目前为止，还没有一种理论以任何明确的形式出现在我们面前。

四、大循环的一个复杂网络

融贯主义之证成或辩护的一个最大的问题是它的循环（circularity）。如果没有什么能够持久地作为知识的一个不可动摇之根基，而且所有事情都是开放存疑的，我将需要理由去支持我的理由，如此往复，所需要的理由将会趋向无穷（ad infinitum）。一个融贯主义论者如果不接受循环，将无法避免这种无穷的复归（regress）。

尽管被最普遍地阐述于融贯性理论中，证成的循环问题在其他语境中也是众所周知的，比如说，在科学理论中和在诠释学（hermeneutics）中。

在科学哲学中，人们碰到了一种"理论循环"（theory circle）的理念：一种理论因为素材而被评判，而素材又因为一种理论而被评判。就这种来回往复的过程中所发生的内容而言，"循环"也许并不是所能选择的最好表述。人们没有字面地用 q 来证成 p 和用 p 来证成 q。至少他们没有同时去这样做，而是在一种证成或辩护的"螺旋"（justificatory "spiral"）过程中进行论证：数据 1 证成了理论 1，这一证成又证成了数据 2；数据 2 依次证成了理论 2，这一证成又证成了数据 3，等等。数据 2 的描述因此预示着有关理论 1 的理论性术语，但却没有预示有关理论 2 的理论性术语。（比较 Kutschera 1972，vol. 1，258）。

[143]　　一个重要的问题是在理论循环中对要素的分类。在自然科学中，我们总是能够在数据和理论之间作出概念性的区别。在很多人文主义理论中，我们无法解释清楚哪些命题记录了观察性素材，而哪些命题则表述了理论。Stegmüller（1975，84-5；比较 Aarnio 1979，154-5）将这一特性看做对所谓的诠释循环（hermeneutical circle）的一种解释，其典型特征如下：

一个整体的文化产品（cultural product）（可以是一件文学作品或者哲学作品，或者是某个思想家的所有作品或在一段时期内的作品），只有在人们理解它的各个组成部分时，才能被理解；而这

212

些组成部分，只有在理解整体的前提下，才能被依次理解。

诠释学哲学（hermeneutical philosophy）已经吸引了很多法学家。一些法学家甚至把诠释学看做一种对"科学之积极判准"（positivistic criterion of science）的可供选择的替换方法（比较Berndt and Doublet 1998，161 以下）。在此，我将仅仅指出——而不深入探讨——反思平衡的理念和诠释学循环（hermeneutical circle）的理念之间的相似之处。

一般而言，接受、偏好，以及推理的一个融贯体系就像论证性循环的一个网络，大多数网络都很大。打个比方，一条论证链迟早将会咬住它自己的尾巴，并因此可能被看做是一个循环。在一条这样的论证链中，p_1 支持 p_2，p_2 支持 p_3，如此类推直至 p_n 支持 p_1。"支持"只有作为合理的支持时，才是可以解释的：只有与另一个前提 r_1 结合，p_2 才能由 p_1 中导出。前提 r_1 是合理的，这意味着它是另一个这样的循环的一部分。

循环是可以接受的，因为这些循环与网络结合成了整体。重要的是网络结构的复杂性："一种适当的更高的复杂性会带来更多的安全性，并使得一个循环更加充满活力，亦即更不易受攻击而损坏……打个比方：网络比链条更加安全。"（Rabinowicz 1998，18 以下）

五、认识论的融贯性、真理、知识，以及碎片化的融贯性

人们可以把融贯性看做真理的一个主要判准。但是没有理由认为真理和融贯性是必然联系在一起的同一件事。一种更令人信服的理论把融贯性的理念并入了所谓的知识的传统定义之中： [144]

根据这一定义，知识存在于真实的可证成或辩护的信念之中。更确切地说，一个短语"X了解A"……相当于如下三个条件的结合：（1）X 相信 A，（2）A 是真理性的，而且（3）X 的信念是（以正确地方式）可以证成或辩护的……融贯性在哪个条件下可以进入知识的传统定义呢？条件（3）是唯一合适的选择。因此，我们可以把知识的传统理论和证成或辩护的融贯性理论结合在一起。
（Wolenski 1998，25）

我们可以说所有的陈述——进而所有的规范性陈述——都是可
以证成或辩护的，而且它们的证成和它们在融贯性体系中的身份资
格是一样的（比较 Peczenik 1998a and 1998b）。更确切地说，那些
可以证成或辩护的陈述融贯于接受、推理，以及偏好的背景体系
（Lehrer 1997，3）。

信念、推理，以及偏好的背景体系可以被看做是一种包罗万象
的（all-embracing）理论（比较 Alexy 1998，42）。融贯主义是一种
整体主义（holism）。除了其他观点以外，整体主义被黑格尔
（1999，19）描述为："*Das Wahre ist das Ganze*"［"真理就是整体"
（The true is the whole）］，还被奎因（Quine）(1953，42；比较 Quine
1960，40 以下）描述为"经验重要性的个体就是科学的整体"。戴
维森（Davidson）的语言哲学也是整体性的，而且假设人们大多数
时候是正确的。

[145]　　　　但是，接受和偏好的一个融贯性体系就不能是错误的，即
"与世界孤立的"吗？为了理解融贯主义，我们必须牢记无论是总
体上的怀疑主义还是这种特殊意义上的孤立的缺陷都不能享有一种
与其他信念相悖的特权性地位。融贯主义仅仅是许多相互竞争的信
念中的一种。如果有人认为我个人意义上的对接受与偏好之融贯性
体系的证成并不"客观"的话，那么他将不得不比我的体系所提
供的竞争做得更好（outperform）（比较 Lehrer 1990，176 以下）。
因此，如果我想论证在接受和偏好 x 中，我是可以证成或辩护的，
我必须求助于我当时所支持的接受和偏好的体系。而如果怀疑主义
论者想要说服我——我是错的，求助于我当时所支持的接受体系仍
然是他所能做的全部。如果怀疑主义论者所接受的比他所反对的更
不合理，他就失败了。他的失败意味着所讨论的接受是可以舍弃
的。①

————————

① Lehrer 假设合理性是一个原初的概念（Lehrer 1990，127）。

214

　　但是，只有大力士（Hercules）、天使长（Archangel）①，或者其他完美的实体才能拥有一种囊括所有事物的融贯性理论，而且只有一种完美的语言才有可能表述这一理论。我们人类必须接受约束。碎片化的反思平衡（参见上文）在碎片化的融贯性理论中有其相应的内容。在深奥的融贯主义论者的超理论（super-theory）中，尝试使用基础主义论者［或者准基础主义论者（quasi-foundationalist）］的近似性理论（approximative theories）似乎是可行的。存在于所有学科中的科学是这样一些理论的集合：这些理论最后都是碎片化的，尽管其整体是融贯主义的而不是基础主义的。一种科学理论宣称其与科学的某个分支是融贯的。一般而言，知识的每一块碎片都宣称与知识的另一个分支是融贯的。这些分支就像岛屿，它们没有形成一块单独的陆地。桥的隐喻对应着（echoes）"桥的暗示"（bridging implications）。但是一个更好的隐喻是渡船，而不是桥。② 因为一座桥是固定的，它位于它所在的地方。而另一方面，一条船能够找到不同的路径去和另一个岛屿连接，这一连接过程取决于某种（智识上的）境遇［（intellectual）weather］。岛屿就是知识，船就是哲学。哲学是不固定的。哲学没有范式。但是哲学将知识的不同部分糅合为一个融贯的整体。它为所有的知识提供了完全统一的结构。哲学包括很多层面：法律层面、道德层面、元伦理层面、认识论层面、形而上学层面，等等。想了解更多这方面的内容，人们可以参考保罗·撒加德（详见上文）论述的"多融贯性"理论（"multicoherence" theory）。

　　在这一语境下，读者似乎还应该参考 Giovanni Sartor 在这一系列丛书的第五卷中的分析：

---

　　① Hercules 是希腊天神宙斯的儿子，他在襁褓时被冥王 Hades 陷害遗落凡间，但仍然保有与生俱来的神力，长大后他必须历经万难、斩妖除魔证明自己是英雄，如此才得以重返神界，最后他也学到真正的英雄不在于蛮力，而是在于内心。Archangel 译为天使长或者大天使，是常见于宗教传统之中的天使，是各级天使之中最高级别的天使——译者注。

　　② 我很感谢 Håkan Gustafsson 对这一问题的深刻洞见。

论证之地位的观念将是我们的论证逻辑的核心要素。我们应该通过某一论述（在此，我们意指通常情况下的任何一组论证）将所有在该论述中的论证——根据它们在该论述中的地位——分为三等，亦即可证成或辩护的论证、可辩护的论证（the defensible）和被否定的论证（the overruled）：

1. 可证成或辩护的论证在该论述中没有可行的驳斥理由。

2. 被否定的论证被可证成或辩护的论证所驳斥，并因此被剥夺了与该论述的任何相关性。

3. 可辩护的论证是未定的，因此在它们自身和它们的驳斥理由之间存在着一种未定的冲突。

从我们的观点来看，某一论证在一个论述中的地位并不取决于该论证的固有属性。它取决于该论述中的其他论证是否驳斥这一论证……并且尤其取决于这些驳斥理由是否成功地否定了这一论证。这寓示着在一种双重的意义（double sense）上，该论证是可废止的。

首先，有一种内部的可废止性（internal defeasibility），或者某一论述中的（in a discourse）可废止性，这即是说，该论述是相对于一套给定的论证而言的。在某一论述中，当该论述中的其他论证废止了与该论述相关的论证 A，而且该论述中也没有其他进一步的论证为 A 的复原（reinstatement）提供支持，论证 A 就是可废止的——然而，除了内部的可废止性，我们还需要考虑外部的可废止性（external defeasibility），即某一论述自身的（of a discourse）可废止性。在论述 D_1 中被证成或辩护的内容，可能不会在另一个更大的论述 D_2 中被证成，D_2 是通过在 D_1 中加入更进一步的论证而获得的：在其破坏了一些在 D_1 中被证成之论证的意义上，这些更进一步的论证可能会废止论述 D_1。外部的可废止性阻止了持续获得（ever obtaining）可靠结论（safe conclusions）的可能性。

对接受、偏好，以及推理的一种全面融贯性的追求是一项永无止尽的西西弗斯式的任务（Sisyphean task①）——注定失败但却无法回避。在这一追求的过程中，思想家找到了地方性的融贯性碎片（coherent segments）之相联结各块中的一种聚合物（conglome-rate）。在这种聚合物中，没有被限定为道德或者法律的思考。实际上，那是一种对人类总体上应该如何思考的启迪。

六、法律学说的融贯性判准

一个饶有兴味的研究计划是将撒加德类型（Thagard-style）的约束与融贯性的判准联系在一起。阿列克西和佩岑尼克已经阐发了很多这样的判准（比较 Alexy and Peczenik 1990）。② 对于一个给定的、接近一种完美的支持性结构的理论的陈述越多，该理论就会变得越融贯。逻辑的一致性——尽管在任何时候都是完美的融贯性的一个必要条件——并不是融贯性的一个充分条件。存在着融贯性的附加判准（additional criteria）。在其他条件相同的情况下（*Ceteris paribus*），一个理论的融贯性程度将取决于这样一些因素： [146]

● 属于这一理论的支持性陈述有多少；

● 属于这一理论的支持性理由的网络有多复杂；

● 属于这一理论的普遍性陈述有多少；

● 属于这一理论的一般性概念有多少，这些概念所阐明的一般性程度有多高；

● 这一理论所涵盖的人类努力（human endeavour）的情势和领域有多少。

融贯性的程度由对这些融贯性的判准的一种权衡所决定。但是，这一权衡应该如何进行？这里所使用的权衡之理念不是形式上的或者逻辑学的：权衡是整体性的（参见上文第五章第一节）。请

---

① 西西弗斯（Sisyphean）是古希腊时期的一位暴君，死后坠入地狱，被罚推石上山，但石在近山顶时又会滚下，于是重新再推，如此循环不息。参见陆谷孙主编：《英汉大词典》，上海译文出版社 2007 年版，第 1875 页——译者注。

② 这里所呈现的内容在某些方面是被修正过的。

允许我提出如下的异议：

> 这样一种方式带来了很多的问题，比如说，这些各种各样的融贯性判准彼此之间是如何相互权衡的，以及是否总有这样一种情形，即权衡之行为将会导致一种对给定之各组命题的按照它们彼此之间或多或少的融贯性所决定的完全分类，因此，当面对相互竞争的各组命题时，人们总是能够根据这十个判准（the ten criteria）找出最具融贯性的那一组命题。阿列克西和佩岑尼克认识到权衡融贯性之判准将会是一件复杂的事情，但他们又似乎认为在相互竞争的各组命题中确立最具融贯性的一组将总是有可能的。（Dickson 2001）

那将总是有可能的吗？我不能冒险回答这个问题。但是我们人类必须试图确立一种最具融贯性的理论。这可能是一项永无止尽的西西弗斯式的任务，但是我们没有选择。人类思想有一种对融贯性的探求（quest）。

融贯性的判准是一般性的，其适用于所有的融贯性理论。这是可能的，仅仅因为这些判准不是精确的。它们是一种与在道德理论中发现之内容类似的老生常谈。一旦描述带有精确性，它们就会分解为无穷束的特定领域的判准（domain-specific criteria），每一束判准只适用于某些但不是全部的融贯性理论。

正如哈格所指出的那样，每一种融贯性理论都有它自己所支持的标准。一组融贯性标准是与约束相一致的，而这些约束自身也是这组标准的一部分。构成一组接受性标准的要素之间的支持关系不是在这组标准之外被限定的，而是这组标准的一部分。在这组接受标准之外，只有一个最小化的标准，即一组好的接受标准必须首先满足其自身的标准。完整的融贯主义（integrated coheren-tism）指定了一些相互支持的方式以作为一个融贯性的标准。什么是相互支持的方式，以及这些方式会把接受标准的品质提高到什么程度——一组接受标准将不得不为它自己而解决这些问题。

在这一视角下，阿列克西—佩岑尼克的融贯性判准似乎是某种

[147]

法学理论的一组接受性标准的一部分，而不是一种一般性的融贯性哲学。

七、时间流逝中的融贯性

法律的融贯性并不排斥改变。它仅仅意味着改变必须被某些先在的和基本的观点、规则、原则，以及价值所约束。

根据一种合法的传统，一个法律命令、一种法学理论、一个道德体系等能够被证成或辩护为是融贯的。一种传统显示了一定程度的"叙述性的融贯性"，亦即一种像故事一样的融贯性。这一融贯性目前的组成内容呈现了多种与过去以及与所期待的未来的联系。

在图瑞的意义上（参见上文），人们还能把传统看做一种法律文化和法律的深层结构。

这种传统的一些内容可以在科学的理论中被发现。库恩和拉卡托斯的范式理论与研究计划理论阐述了一种能使改变中的科学变得融贯的稳定核心的理念。范式和研究计划是科学的传统。

一种传统能够被理解为某种思考或者行为方式的一种传播（比较 Rolf 1991，147）。著名的科学哲学家迈克尔·波拉尼（Michael Polanyi）（1962，54）把普通法看做是传统的一个经典例证。任何传统都包含了一些在其中被视为理所当然的基本价值与合理性形式，而且这些价值与形式可能从来都不会（或者几乎不会）被批判。一种传统根植于特定的社会制度与政治制度。它决定着自身的合理性论证标准与问题解决标准。一种活的传统不是静止的，而是进化的。旧的问题因此找到了引发新问题的新答案。传统的继承者们有一种潜在的、对新问题的接受能力，并且能够阐发出一种新的、被认为更加接近真理的、更为深刻的观点。 [148]

就法律传统而言，人们能够举出如下的来自 Bańkowski 的结论（1991）：

> 法律是一种传统。和所有的传统一样，法律由信念〔和〕实践组成……它们由过去传承而来，或者被认为是这样而来，而且它们在人们现在的信念和实践中保持了权威的重要性。 （Krygier

1991，68；比较 Krygier 1986，237 以下）

原则上，逻辑的一致性是不考虑历史演进的融贯性（synchronic coherence）的一个必要但不充分条件，但却不是考虑历史演进之融贯性（dischronic coherence）的一个必要条件。科学、法律、文化等持续地发生变迁。新的内容与旧的内容在逻辑上可能非常地不一致，但它们仍然能够组成一个融贯的整体。文化的传承（culture heritage）能够播下其自身变迁的种子。

根据某种传统去提供一个证成或辩护就如同告诉人们：

● 通过我们的生活方式，我们已经接受了这一特定文化传统的核心内容；

● 这一传统承继着居于其间的"第二秩序传统"（second-order traditions），即能够支持其自身变化以及该传统中的其他组成部分之变化的传统；

● 在考虑历史演进之融贯性已经被最大化的意义上，存在着一种最优化。

一种融贯主义的证成或辩护因此能够被建基于某种传统、理论，或者正在形成中的规范体系之上，这就是说，这种证成或辩护将受制于不断进行的变迁。如下的例子阐明了这一观点。

这些关于有效法律的内容几乎可以一直被某个已经生效了一段时间的法律规范所支持。这一种类的支持为法律体系创造了一种内在的融贯性（inner conherence）。即使先前的有效规范已经失去了其有效性，这一支持仍然存在。比如说，一部旧的宪法能够决定一部新的、也许是完全不同的宪法可以被如何制定。正如赫伯特·哈特（Herbert Hart）（比较 Hart 1961，92 以下）所分析的那样，次要的法律规则（secondary legal rules）是一个好的例子。尽管主要规则（primary rules）决定了个体应该或者可以实施的行为，次要规则仍然可以决定主要规则如何形成，以及它们如何变化（参见 Luhmann 1993，109-10）。与之相反，卢曼（同上）认为：一种"暂时的有效性理论"（temporal theory of validity）应该被采用，以替代古典的即等级制的（classical, hierarchical）有效性理论。他主

[149]

220

张将法律理论"从等级制转换到期限"。卢曼的提议在他自己的法律社会学理论中可能是富有成效的，但在采纳了法律人的内部观点的某种法律理论中却并非如此。等级制的有效性理论不应该被否决，而是应该被一种可废止性理论和一种暂时性理论所完善。可废止性的等级制法律结构是一种以经验的方式被规定的制度性事实。

法律渊源规则（legal source rules）、论证规则，以及冲突规则都是融贯性—创造规则（coherence-creating norms）的一个例子。因此，对有效之法律的重新解释以及创造性的司法决策都是建基于已经确立的规则和方法论原则之上的。

类推与先例对法律的完善［继续发展（Weiterentwicklung）］是建基于案例之间的（实际的或者假设的案例）实质相似性（essential similarities）之上的。对实质性的判断必须根植于关注社会的法律传统。但与此同时，这一完善可能导致法律传统的某种变化。

第四节　融贯性和法律的正义

一、实践与规范而不仅仅是知识的融贯性

从字面意义上看，正义的结构使人们想到了解释的结构：两者都需要融贯性。认识性解释与规范性正义之间的这种并行论（parallelism）是佩岑尼克于 1966 年所著的一本书（Peczenik 1966）中的一个关键理念。

法学理论具有解释上的强制力（explanatory force），这即是说，它们促进了法律的融贯性理解。与此同时，它们也促进了正义。这种解释上的和证成上的强制力是可能的，因为这些理论揭示了各种各样的——经常是重叠的——情形中的相似之处。同样，撒加德的多元融贯性理念对于伦理思想（ethical thinking）的融贯性也是可以适用的（Thagard 2000，161-2）。因此，通过在粗略意义上对下列约束——亦即使解决道德推理的复杂性成为可能的演绎性约束、解释性约束、商谈性约束，以及类推性约束——的最大程度的满足，我们达致了伦理性的结论。撒加德的规范性结论是，存在着

"三个理由将情感的融贯性（emotional coherence）看做信任的说明性（prescriptive）内容和描述性内容"（同上，214）。首先，合理性的标准模型对于真实生活没有适用性。其次，在心理上，我们的决定无法排除情感。最后，人们并不想把"与有关真正要紧的关键性情感信息脱离的他们的分析性决定"同他们自身割裂开来。

但是，正义和融贯性的这种表面上的相似性是否预示着一种深刻的相似性（profound similarity）呢？在此，一个基本的问题是，如果融贯性是认识论的一个核心观念，它将如何很好地适应法律解释的规范性内容？换言之，为什么实践和规范——而不仅仅是知识，也要相互融贯呢？对这个问题的回答，我们有很多内容需要阐述，在此我将仅仅列举如下几点：

● 存在一个融贯性的规范性维度（normative dimension）。

● 融贯性与良善比与邪恶有着更好的密切关系（affinity）。

● 人类实践对批评是开放的。我们可以寻找一种实践的证成，寻找支持它们的理由。一旦我们有了这些理由，我们就会因为这些理由而面对理由的问题——我们落入了理由之融贯性网络的认识论问题。

● 尤其是，一个人对法治的尊重可以通过如下的假定来表达，即一个法律体系必须阐述——并且必须被解释为是在阐述——相对意义上的作为一种规范性体系的高度融贯性。（MacCormick and Summers 1991，535）

● 法律应该是公正的。这是一种理论家们已经围绕其阐发了各种各样的分析性理论与规范性理论的老生常谈，比如说，一种认为法律与正义之间存在着先验（a priori）联系的理论。

正义之考量的融贯性作用是实践推理之融贯性问题的一种特殊情形。在此引证 Giovanni Sartor 的观点：

通过使用我们已经给出的方法进行推理，理性的能动主体可以建立起我们称为实践性的理论（practical theories）。所谓实践性的理论，我们认为是一组能动主体用以指导其行为的认知性陈述。这样一种理论能够推导出意动性（conative）陈述（喜好、欲望、意图，需要），它们的教条化的再阐释（doxified reformulation），以及与意动性陈述之采用相关的认识论信念（这些信念涉及：比如说，一个人的行为与其所喜好事物的实现之间的因果联系，适用一个计划之指令的条件等）。

一种实践性的理论是一种动态的建构，当新的感性信息（perceptual inputs）被提供给推理人时，它有可能改变。而当新的信息是由行为人的意动性安排（conative dispositions）所提供的时候，它也有可能改变。最后，改变还有可能被推理所促动［以及在特殊情况下——正如我们所看到的——被理性化（rationalisation）的进程所促动］。 [150]

这把我们引向了一个新的问题：一个人如何在各种不同的改变其所支持的实践性理论的替换方式之间作出选择？为了作出这一选择，一个人需要考虑这样的因素，即其理论中的每一个要素可能以各种方式干扰其他要素。每一种要素的功能需要从一种整体性的视角来评价：它取决于包含了该要素的一个理论的一种全面认知的功能性，以与不包含该要素的这一理论的功能性相比较。（Sartor，本套丛书的第五卷，sec. 4.1.4）

二、作为所有考量之权衡的正义

所有的法律人都会接受这样的法谚，即同等案件应当同等对待。除此之外，还有很多类似的判准。海姆·佩雷尔曼（Chaim Perelman 1963, 6-7）将抽象正义或者形式正义定义为一项行动的原则，即每一个属于同一基本范畴（essential category）的人都应该被同等对待的原则。有很多基本的范畴。因此人们可能会认为，这一原则仅仅是在所有人之间平均地分配物品，或者根据每个人的优点（merits）［或者应得（or desert）］、工作成果、需要、社会地位，或者法律权利来分配物品。

因为佩雷尔曼的理论已经被更详细的分类所补充。（比较 Lucas 1980, 164-5）。因此，我们可以在优点和应得之间作一个区分。优点与一个人的品性密切相关，而应得则与其行为密切相关。更具体地说，应得与一个人的贡献或者努力密切相关，或者与其所投入的成本密切相关（参见 Lamont 2002）。在此，一个对应得的评注（comment）非常必要。有一个古老的传统，即为什么正义在于给予人们他们所应得的。固然，应得的观念近来已经被自由主义的保守观念（liberal orthodoxy）所侵蚀，甚至被其完全抛弃，但是它仍然是普通人的正义观念的核心①，而且——我再补充一点——它也是法律学说之传统的核心。

[151]　　正义权衡所有的考量。因此，尼尔斯·詹森（Nils Jansen）（1998，161）提出如下的"正义的形式概念"（formal conception of justice）："公正（just）是对某一情事下与正义相关的所有原则之正确权衡的结果。"②

　　正义是一个权衡各种理由的复杂网络。它试图在给定的语境中实现尽可能融贯的一个有关应得、需要，以及当事人之间关系的价值体系。

　　在正义中，复杂性和争议性是不可避免的，但是我们仍在坚持寻找一种绝对的和确定的基于理性的正义。这造成了一种张力。只要我们找到了对其质疑的理性的理据，我们就会质疑正义，但是只要有人强调正义的相对性，我们又会求助于这些理据（Lucas 1980，35 以下，批评 Alf Ross）。

　　有很多正义的考量，而且正义的考量体系是复杂的。简言之，根据观点 a，x 和 y 应该被同等地对待，但是根据观点 b，x 和 y 应该被不同等地对待。那么，我们应该做什么呢？我们需要找到一个理由 c，根据它确立 a 对 b 的优越性。但是 c 本身也可能存在问题，并且因此需要一个支持 d。最后，我们将需要一个关于应得与需要，以及关于当事人之间关系等的被权衡之理由的复杂网络。对正

---

　　①　在这些理论家中，反对应得是约翰·罗尔斯、罗纳德·德沃金，而 Thomas Nagel, Brian Barry, Robert Goodin, 和 Derek Parfit. Pojman (1999, 283 以下）认为忽视应得是十分荒唐的。

　　②　"Gerecht ist das Ergebnis der richtigen Abwägung aller in einer Situation einschlägigen Gerechtigkeitsprinzipien"（我的翻译）。

义的理由的辨认与权衡取决于很多因素。

三、不同语境下的不同正义

对应得、需要，以及矫正正义的相对权衡在不同的部门法中是不同的。因此，在侵权法中，人们必须权衡诸如矫正正义、一般性威慑、风险的公平分担，以及受害人需要这些考量。在刑法中，类似的因素显然也发挥着重要的作用。对报应理论、社会功利理论，以及刑罚改革理论，人们也有很多内容可说。在合同法中，有约必践原则（*pacta sunt servanda*）在康德的自主或自律理论中获得了明显的支持，但是需求的社会考量——诸如消费者保护——却可能更具优势。劳动法必须慎重地对待应得。

但是，这些不同都只是（正义之组成要素的）混合体或者集合体的不同（differences of mixture or assembly），而不是范畴上的不同。我们可以在所有的部门法中找出正义的相同组成要素，但每一次都只是在某种不同的混合体或者集合体中。

一些注意到正义之复杂性的作者已经在试图建立一些理论，这 [152] 些理论将正义在范畴上的不同种类归因于不同的、被清晰界定的商品类型或者社会类型。我相信，对这种理论的一种清晰的划分是一种幻觉。

迈克尔·沃尔泽（Michael Walzer）提出了如下的主张："事实上，每一件社会商品或者每一组社会商品都构成了一个分配领域，亦即一个在其中只有某些判准与安排是适当的分配领域。"（Walzer 1983，10）。

有很多不同的正义领域，而且对于每一个这样的分配领域而言，正义的原则都是内在的。沃尔泽因此讨论了人际关系与相应的正义的三种模式，即社会连带的共同体（根据需要的正义）、工具性的联合（根据应得的正义），以及公民身份（根据平等的正义）（比较 Miller 1976，339 以下；1999，21 以下）。

但是我们也必须注意"超越领域之正义"（justice across the spheres）（Gutmann 1995，102-3）。尽管各种物质性的正义原则仅仅能够在被某种社会框架所限制（共同体、文化、亚文化）的某一群体的人群当中获得证成，一些属于该群体的人们仍然可能理解并尊重由另一个群体所提出的观点。我们能够在某些一般性价值上取得共识，而不是在他们的相对性权衡上取得共识（Aarnio and Peczenik 1996）。

另一个强调正义之复杂性的作者是 Nicholas Rescher。正义之复杂性是一个很庞杂的问题，即使我们仅仅关注分配的公平：

> 像公平、正义，甚至合理性这样的强规范性概念拒绝让其自身陷入一种单一的统一分析性模式中（single uniformly construed model），其原因在于事物的属性，亦即一个如此广泛的概念不得不使其自身适应于大量的特殊情事。因此，一种"以一概全"（"one pattern fits all"）的模式不是一种可取的方法。（Rescher 2002, 43）

总体的情事是非常注重实效的。在作出这一分配的语境中，分配的公平自身变成了一个反思处于争论中之目标与目的的过程。

> 在周虑一切的正义（justice all things considered）与形式正义之间，一种有趣的张力显现了出来。如上文所述，形式正义要求属于同一个基本范畴的人被同等对待。法学家一直希望同等案件同等对待将使法律更具可预测性，并因此实现法治的理想。只要立法者和制定先例的法院（precedent-making courts）灌输一种相似性判准（criteria of likeness），这一希望就是现实的。一旦法律学说面临多重判准（multiple criteria）的问题，它就会制定出自己的相似性判准——因为它必须如此才能使法律变得融贯。（同上，120）

[153]

四、程序性正义？

我们不能不提程序性正义（procedural justice）。尤尔根·哈贝马斯试图将道德规范（进而将正义）建立在程序与商谈条件（discourse conditions）之上。普遍有效的规范可能来自与参加者的商谈以及被这些规范所影响的所有人的接受。① 因此，根据哈贝马斯的商谈原则，行为规范是有效的，当且仅当可能被这些规范所影响的人们能够接受这些规范作为参加一种理想的理性商谈的基础。对公共事务的理性商谈只有在法律的框架内才能实现。在这一框架内，理性商谈的原则变成了民主的原则。关于这一原则，法律规范可能会提出一种针对立法之有效性的主张，只要受法律约束的所有参与人在一种完美的商谈性法律制定程序中都将接受这些规范。（参见 Habermas 1994，135 以下）。②在哈贝马斯的后形而上学思想（postmetaphysical thinking）中（同上，83，87，127），商谈原则适用于基本的权利，这些权利不再源于宗教或者形而上学，而是源于一种如上所述的政治过程，以及最终源于理性的商谈。③ 因此，哈贝马斯相信一种完美的理性商谈程序必须获得实质上正确和公正的结果。

约翰·罗尔斯的正义论同样基于一种程序。进言之，我们无须抛弃审慎推演（prudential calculus）的观点，就能够达致一般性的道德结论，以及特殊的正义原则。我们也无须仅仅通过让我们每一个人在某种程序性商谈（bargaining）与知识限制下单独追求我们自己的审慎推理（prudential reasoning），就固定一种道德观点。

但是哈贝马斯的程序性理论是"一种完全的理想化"（a total idealization）（Alexy 1994，232）。就此而论，它几乎是空洞无物的。即使它能够告诉我们完美商谈的结果必须是正确的，我们也无法——而且也不能——知道一种完美商谈可能产生之结论的最终内容。简言之，一种纯粹的程序性理论能够带给我们一种无限接近但又无法实现的理想，而不是一个与之相反的判断观点的实际差异的 ［154］

---

① 顺便提到罗伯特·阿列克西（比较 1978，1985，1989，1994），他已经设计出了一份更为详细的商谈规则和原则的名单。

② 对哈贝马斯之民主原则的批评，参见 Alexy 1994，227-38；比较 Peczenik 1995，69-71，523。

③ 由此可以看出，哈贝马斯的权利目录符合一种对基本政治权利的优先性（它们保证了民主的过程）。同上，155，320，529。

标准。

与之相反，罗尔斯宣称他的理论服从于正义的实质性原则（substantive principles），但是他的主张极富争议。

埃米·古特曼（Amy Gutmann）和丹尼斯·汤普森（Dennis Thompson）因此提出了一种商议民主（deliberative democracy）的理论（同样适用于正义），在这一理论中程序性原则被补充了实质性内容。这些原则是"临时的"（provisional）：

> 商议民主的原则有两个重要方面的显著特征：它们在道德上是临时的（服从于进一步道德论证所带来的改变）；而且它们在政治上也是临时的（服从于进一步政治论证所带来的改变）。（Gutmann and Thompson 2000，167）

所有这些原则在各种形式中阐述了互惠（reciprocity）的理念：

> 互惠意味着在如下原则——即那些能够被其他分享着达致合理性共识之目标的人们所证成或辩护的原则——的基础上寻求共识的目标。

但是

> 互惠并不是一个可以从中得出正义的原则，而是一种支配着如下正在进行之过程——即能够在特殊情况下决定正义之条件与内容的过程——的原则。

根据古特曼和汤普森的观点，一种完全的商议民主的理论包括实质性原则与程序性原则；它否定其中任何一种是道德中立的，而且它从一种第二顺序的视角（second-order perspective）来判断这两种原则（同上，163）。

五、正义、融贯性、法律，以及道德

正义与融贯性之间具有某种联系，而且正义最终是整体性的。融贯性的理念同样是整体性的，但是两者之间具有区别。在作出正义之考量的时候，权衡比其在其他领域内进行融贯性的理论建构（theory-construction）时更加重要。比如说，尽管其必须适合于一种接受、偏好，以及推理的融贯性体系，经验主义的理论仍然经常被表述于精确的语言（mathematical language）中。一种这样的理论在其内部结构上是基础主义的。与之相反，正义经常是一种判断，而从来不是一种规则系统（algorithm）。某些正义理论，比如说罗尔斯的正义论，固然展示了复杂性和精确性，但是这些理论明显比成熟的经验主义之科学理论更不精确和更具争议。

一个更重要的区别是，尽管人们可以有一种统一的融贯性（global coherence）的理想，或者一种周虑一切的社会之法律或道德的理想。然而，无论是一种统一的正义，还是一种共时性的对一个社会所有成员而言的正义，在概念上似乎都是不可能的。对某个个体而言，一个社会中的周虑一切的法律或道德的理想可能反倒证明了不公正。

在这一语境中，我更愿意回忆和修正那些我在其他地方提出来的包含性命题（inclusion theses）（Peczenic 1989，238 以下）。被展示在诸如制定法、先例，以及准备性文件的法律渊源中的一种在社会中形成的法律，有一种适可而止的特征。如果一种适可而止的法律明确地包含了、暗示了或者支持了这样一个结论——即一个人有某种法律上的义务或者权利的结论，那么这个人就被这种适可而止的有着相同内容的道德上的义务或者权利所约束。甚至连社会中形成之法律的严重不道德条款都是有意义的适可而止的道德理由，即那些能够轻易被除其自身之外的其他方式所推翻的道德理由。之所以如此是因为法律在道德上具有适可而止的约束力，除非有人否定不道德之"法"的整个体系构成了一个法律体系。与古典的自然法传统相一致，人们可以因为道德的理由——尤其是正义的理由

[不公正的法律不是法律（*lex iniusta non est lex*）] ——作出这种否定，但是在我看来，所讨论的这种不道德性必须在当时是极端的，而且必须系统地成为整个体系——包括其私法的技术性条款——的基础。

再者，周虑一切的法律产生于根据正义与道德的社会标准而进行解释的适可而止的法律。如果某人有一种周虑一切的法律权利或者义务，那么，他也将有一种具有相同内容的周虑一切的道德权利或者义务。固然，这种观点可能会因为带来了一种奇怪的甚至是荒谬的自然法的倒置（inversion of natural law）——即不合法之道德不是道德的结果——而受到批评。但是只要人们开始反思"周虑一切"这一表述，这种荒谬的意味就会消失。如果某种行为在周虑一切的意义上是不合法的，那么它在周虑一切的意义上也不是道德的。"在周虑一切的意义上是不合法的"意味着根据如下的法律该行为是不被允许的：(1)越过了极度不正义的边界（threshold）（因为那样它就不是法律）；(2)已经被以道德的方式解释到了法律解释之传统所必需的限度。如果根据其他一些基础主义论者的道德理论，该行为是道德的，那么这就是一个这一理论需要去解决的问题。周虑一切的法律，即被最理想地解释了的法律，因此是周虑一切之道德的一部分。

就像合道德性以及法律的道德解释一样，正义要求我们周虑一切，但是这种周虑一切经常是从一种个人的立场或者至少是从某一群体的立场出发的。比如说，当一部1980年制定的瑞典法律因为某些罕见的情事征收了102%的进口税，对于那些受到影响的人而言，就产生了一种非正义，但是，即使这样的法律是荒谬的，它仍然在周虑一切的意义上是合法的，并且在周虑一切的意义上是道德的。对于受102%的税所影响的人们是不公正的事情可能从一种激进的再分配的视角又可以被论证为是公正的（或者至少是公平的）。认为某个法律条款是道德的，简单地说，意味着一个法官适用它比拒绝它在道德上更加合理，因为拒绝它将侵蚀法治的根基。这使正义在某种意义上具有了地方性，并且暗示着并不存在普遍性

[155]

230

的正义体系。但是在另一方面,以社会为中心的道德与法律完全是在一个国家的疆域之内。

正义因此进入了一种以社会为中心的道德与法律之间的紧张状态。在交换/矫正正义与分配正义之间也有一种张力(参加第二章)。

我们的另一种张力来自平等与完美之间:尽管平等主义者(egalitarians)倾向于承认罗尔斯的"最低获利极大原则"(maximin principle)①,而完美主义者则沉迷于"最大获利极大原则"(maximax principle)。

根据最大获利极大原则,每一个能动主体的最高目标(overriding goal)都不应该是其终身价值(lifetime value)的一个总和或者平均值,而是一个单独的最完美的个体的最大的终身价值,或者如果完美是不能确切比较的话,则是最少数的最完美的个体的最大的终身价值。(Hurka 1993, 75) [156]

在我们的平等主义文化中,完美主义者蹒跚于承认最大获利极大原则(Hurka 不是这样;同上,75 以下)。但是"对于任何调和完美主义与分配平等(distributive equality)的尝试来说,都存在着一种约束"(同上,79)。

这种平等与完美之间的张力和正义与道德之间的张力相联系。

———————

① "Maximin principle"也可译为"极大极小定理"(maximin principle),用以去分析"无知之幕"条件下的理性解。给定人人自私而无视他人利益,人们将理性地避免对自己最不利的情况而选择风险最小的结果。无知之幕让人们人人自危,无法知道揭开无知之幕之后自己的资本和地位,因此人们宁愿选择一种最保险的社会契约,以免处于不利地位时完全成为失败者。罗尔斯相信,出于风险规避的考虑,人们将必然选择一个保证每个人同等自由权利、机会均等然后又保证照顾弱者的制度安排。问题在于,罗尔斯方案未必是唯一的理性解,而只是多个可能解中的一个,而且未必是最可能的解。参见赵汀阳博文对此原则的分析——译者注。

平等在正义的语境中比在其他的道德语境中更加重要。

六、对法官、法律学者，以及政治家而言的正义的重要性

从这种张力中我们可以看出正义并不是社会的最高价值，而且其在某些情况下必须服从于其他的价值。现在问题出现了，什么是一个法官以及关于正义与道德之间张力的法律学说的最佳立场？法律学者们应该最终致力于一种公正的法律解释，或者是一种法律的道德解释吗？什么是一个法官最终应该致力于实现的呢？

法律学者们应该最终致力于根据社会道德的共同核心来解释法律。法律学说不能保持它的同一性（identity），如果它假设了一种比道德的共同核心更高的正义的优先性（那必然是一种地方性的优先性）。如果颠倒该假设，这一优先性将会把法律学说分成两个部分。一个部分是一种准社会学的（quasi-sociological）实践描述；另一个部分则是一连串相互之间不一致的——有关从不同个体或者群体的观点来看何为公正的——结论。

作为法官，一种试探性的假设是他们应该一直在法律的限度内行使正义（administer justice）。但是判决的方法与法律研究的方法有很大的不同，前者致力于（committed to）价值的一种地方性的融贯性（local coherence），而后者则致力于社会的合道德性，进而致力于价值的一种统一的融贯性（global coherence）。法律学说与法院之间的正义的不同作用解释了如下的差异：

[157]　　　　法律学者承担的学理性解释的目标是建立整个法律体系的一个统一体，而由法官承担的司法解释却有更多的地方性的多样性（local variety），因为司法解释仅仅关注可以适用于所讨论案件的规范，而且因为对这些规范的一种融贯性解释可能降低它们与其他法律规范的融贯性。①

但是，如果事实的确如此，法律学说怎样才能在疑难案件中履

---

① Dickson 2001，准确地陈述了我为之辩护的观点。

行（come of service）为法官提供指导（guidance）的服务呢？

对这一问题的回答：在通常情况下，法律学说可以给法官提供好的建议，但是在异常情况下，法官必须把法律学说提供的融贯性的宽泛考量（broad considerations）搁在一边，而转向与手边案件相关的地方性考量。

一个具有竞争性的假设是，在那些正义与社会之统一道德（global morality）相冲突的案件中，法官在法律上和道德上被强迫实施了非正义。他可能因此不得不得出一个歧视某个人的判决。在一个文明的社会中，已确立之法律与法律方法的内容在此类案件中将是完全不可靠的。但是，如果情况确实发生了变化，法官有一项高于一切的义务（overriding duty）去作出如下的歧视性判决（discriminatory decision）——即一个被认为对所涉之人不公正的判决。他还有一项高于一切的义务，即作为一个公民敦促（urge）立法者改变这一法律的义务。这两项义务并不冲突，因为它们所起到的是两种不同的作用：一种是法官的作用，另一种则是公民的作用。作为一个法官，作出一项法律决定，然后再建议对它进行修改，两者之间是完全一致的。

在立法者、法官，以及法律学者之间，最明智的劳动法上的分工可能是遵循如下界限的一些内容。立法者为正常的案件制定规则，但是由于社会的变化，以及立法者自身的不完善，他必须在疑难案件中允许与成文法相对的（*contra legem*）解释。法律学者应该试图以最可能融贯的方式解释所立之法，并在解释过程中尽可能地关注法律的内在融贯性以及法律与道德之间的融贯性。从法律学者的视角来看，已制颁的法律（enacted law）是可以废止的，如果它被发现是不连贯的，它就必须被法律学说所废止。从立法者的立场来看，那些使已制颁之法律因其而被废止的疑难案件都不是正常的案件，但是它们又都足够正常以作出那种可能融贯的学理性解释。当一个特殊的疑难案件出现时，法官应该——在服务于正义的问题上——背离立法者所强加的以及法律学说所阐发的常态性（normality）。总而言之，我们有三种理想：

- 法律学说必须争取一种法律之内的以及法律与道德之间的包

233

罗万象的融贯性（encompassing coherence）。

● 判决必须寻求在法律的限度内公平地对待双方当事人；法官应该旨在追求融贯性，即使这可能是一种受到法律各个片面部分内容（narrow parts of the law）限制的地方性的融贯性。

● 为了改变公众的意见，政治思想（political thinking）必须争取一种弹性的决策调整。政治家们需要承认社会中的道德意见的多元性，以及法律渊源的多元性。在立法的过程中，他们必须旨在追求融贯性，即使这有可能是一种受到法律各个片面部分内容限制的地方性的融贯性。

法律学说能够服务于法官和政治家吗？答案是肯定的。通过宣称——应该受到重视，而且应该根据当事人双方以及公共意见的要求而被权衡的——融贯之法律的理想，法律学说可以做到这一点。

确切地说，为了知识与正义，我们的法律应该是融贯的假设是可以被挑战的。激进的法学家甚至规定：一种法学理论只有在如下的意义上才是合法的，即在我们的多元化社会中寻求一些人（不需要每一个人）的接受的意义上。因为不同的人们接受不同的事物，最合法的法学理论可能有充分的理由（may well be）是不融贯的（比较 Dahlman 2000, 159 以下）。这种思想方法造成了政治性的合法性（political legitimacy）而不是作为论证之最后基础的法律知识或者正义。为了实施这一路径，人们必须有一种在规范性上和在认识论上都可检验的（testable）合法性的规范性理论。但是，除非该理论是融贯的，否则没有这样的理论能通过这一检验。因此融贯性虽然被从前门扔了出去，但又从后门走了进来。

第五节　融贯性与法律学说的概念

一、价值开放的法律概念与事物的本性

当其使用价值开放的概念时，法律自身便引发了对融贯性的考

[158]

234

量（比较 Alexy 1980，190 以下）。① 法律学者有他们自己所创造并使用的价值开放的概念。这些概念本质上都是可以争论的（比较 Gallie 1956，167 以下），而且能够通过一种位于"大众或者精英"（the many or the wise）的思考之间的广泛的反思平衡而得以实现（比较 Swanton 1992，7 and 22 以下）。在这些概念中被指出的问题都是需要权衡的问题。法学的权衡给出了问题的答案。

法律学说的价值开放的概念具有如下的特点：

● 它们可能有一个核心，但是它们所论及的部分内容（part of their reference）存在于外围（periphery）而且只能被同类事物的相似之处（family resemblacne）所限定；

● 它们将法律规则与其社会背景联系在了一起；

● 它们通过求助于权衡使得确定目标（identify objects）成为可能。

在解释这些概念的时候，法学家必须旨在追求一种在各种理由之间的反思平衡。但是在这一点上，他比一个罗尔斯主义的自由主义者（Rawlsian liberal）缺少自由。他可以改变法律解释的传统，但仅仅是"零碎地"（piecemeal）改变，而永远不会是根本性地改变。

价值开放的概念指出了"同类事物的相似之处"（比较 Wittgenstein 1958，§ 67）：x 在很多方面与 y 相似，y 在很多方面与 z 相似等，但是，这些事物没有共享的特征在逻辑上却是可能的。

在这些相似之处的组群之间（clusters of resemblance）有一种饶有兴味的类似（parallel），一方面，黑格尔称之为"具体的概念"（concrete concept），而另一方面，拉伦茨称之为"类型"（types）。但是有如下的重点转换（shift of emphasis）。尽管一种同类事物的维特根斯坦式的所有成员可能没有什么共同之处，但是在 [159]

---

① 为了转移重点，Larenz（1983，463 以下）使用了术语"功能—决定的概念"（function-determined concept）。这些概念的内容反映了支撑所讨论的法律规则的原则。

235

一个"具体概念"中的大多数目标却共有它们的大多数特征。比如说，在没有对一个人（a human being）的单独定义的意义上，"人类"这一概念是具体的。成为一个人之决定性因素的是一组不同的特性，诸如感觉、语言、工具使用，以及可能的道德敏感性（moral sensitivity）。每一个人都拥有很多这样的特性。

很多类型和亚类型聚集在一起构成了类型束（clusters of types）［类型系列（Typenreihe）］，并因此勾勒出（mapping out）案件之间的相似之处与不同之处。理解这些相似之处并不总是由制定法或者裁决所指出是很重要的。它们经常在社会关系中被发现，并且在法律推理中被认为是理所当然。① 萨维尼因此将法律体系看做是法律的、技术的，以及事实的法律制度的总和。在这个体系内，来自旧制度的反馈（feedback）引发了新的制度。

除了其他描述之外，套用萨维尼所说的一个旧词（old word），人们可以把相似之处所构成之体系看做是"有机的"（organic）。法学理论因此探究出法律的三种统一（unity）：法律规则的统一、法律制度的统一，以及法律所调控之社会关系的统一。一种有机体的比喻说法（metaphor）由于社会关系持续进化的事实而变得有意义。法律制度的有机的融贯性与实际的融贯性是整体性的，因为每一个要素不仅决定着整体，也被整体所决定（比较 Brokmöller 1997，102 以下）。

萨维尼因此将如下的四个显著特征（traits）归因于法律的"有机体"：

● 作为一个自然的整体的法律"有机体"统一；

● 法律"有机体"诸要素之间的互惠联系（reciprocal connection）；

● 一种部分自然的、部分道德的内在进化结构；

● 一种"过自己生活"的能力（不管这一比喻被用在什么意

① 根据 Stahl，法律因此是一种以法律方式形成的事实。比较 Wilhelm 1989，32 以下。

236

义上）。

每一种法学理论都（明示地或者暗示地）与社会的某种背景知识联系在一起。在某些理论中，没有一种系统的以及全面的社会观点，有关社会事实的这一信息将无法获得，而在其他一些理论中，这一背景知识经常由特殊的有价值的信息（nuggets of information）所组成。在这一给定的语境中，我们可以理解为什么法学家坚持要回归"事物的本性"。

事物之本性的理念是与除了其他人之外的亚里士多德与阿奎那[160]的目的论的世界图景（teleological world picture）相融贯的。在这一观点中，事物的本性尤其（inter alia）是社会关系与法律规范的一种自然目的（比较 Dreier 1965，11 以下 and 14 以下）。事物的目的论属性重新出现在黑格尔哲学中，尽管是以一种新的形而上学的语境（metaphysical context）（比较同上，31 以下）。以一种不同的方式，这一理念与康德的先验论（theory of a priori）相融贯，在此，事物的本性变成了人们必须假定的一种关于除了其他问题之外的社会问题与法律问题的先验存在（比较同上，25 以下）。事物的本性也能够通过对这样一些社会事实的参考而获得理解，即用规范的与可评价的陈述所表述的、在人们当中引发可评价的反映的社会事实（Radbruch 1950，99）。

当法学家谈到"事物的本性"时，他们脑海中所具有的是社会的一种背景知识，如果没有这一背景知识，法律知识将不过是一种空洞的形式主义（an empty formalism）。这种背景知识是可以争论的，并且部分地是默会的。任何使它变得明确的努力都将会导致争议。关于事物之本性的法学陈述总是不清楚的，却又是不可避免的。① 法学家可以自由地用一种或者另一种方式来解释事物的本性。但是，再强调一次，他在这方面不如罗尔斯主义的自由主义者（Rawlsian liberal）自由。

---

① 比较 Dreier 1984，480 以下；更早的论述，Dreier 1965，125 以下。德赖尔对于"事物的本性"这一描述有他自己的疑问。

二、中间性概念

很多法律概念都是将一组条件与一组后果联系在一起的中间性概念（intermediate concepts）。这一理论的要点是把规范性结论与描述性结论结合起来，从而以一种简练的方式①重构法律材料（legal material）。对此，阿尔夫·罗斯给出了如下的图解：

$$
\left.
\begin{array}{c}
F_1 \to \\
F_2 \to \\
F_3 \to \\
\cdots \\
F_p \to
\end{array}
\right\}
O \to
\left\{
\begin{array}{c}
C_1 \\
C_2 \\
C_3 \\
\cdots \\
C_n
\end{array}
\right.
$$

[161]   每一个 F_i 表述了一个可能的法律依据，据此 x 能主张对 y 的所有权。每一个 C_j 表述了 x 对 y 拥有所有权的其中一个后果。O（对所有权而言）仅仅代表着体系化的联系（systematic connection），即通过它使 F_1，F_2，$F_3 \cdots F_p$ 承担了全部的法律后果 C_1，C_2，$C_3 \cdots C_n$。这一过程可以通过如下的方式来表述，即在一系列规则中，通过陈述产生了所有权之事实的方式，而在另一系列规则中，则通过陈述产生了所有权承担之法律后果的方式（Ross 1956-1957，820；Ross 著作的英译本 1951）。

Lars Lindahl 和 Jan Odelstad（2000）已经提出了一种使用数理性框架（algebraic framework）的中间性概念的分析。在很多案件中，他们研究的一个重点是在描述性言词（descriptive speech）与规范性言词（normative speech）之间的极其细微的转换（imper-

---

① 比较 Ekelöf 1945 and Ross 1951。Wedberg（1951，246）谈到一个演讲，题目是"论法理学的基本观念"（On the Fundamental Notions of Jurisprudence），那是他自己于 1944 年在乌普萨拉法律俱乐部（Uppsala Law Club）的时候所做的。这一演讲促成了一个有趣的研究主题（research topic），把这些陈述和在 Svein Eng 意义上的融合的陈述联系在了一起。

ceptible shifting）：

　　被休谟所观察到的极其细微的转换可能源于中间性术语的使用。比如说，在一种与认为"所有人"是法律的一个中间性术语类似的方式上，人们可能似是而非地认为"符合公共利益"（to be in the public interest）是一个伦理学的中间性术语。人们并不清楚判决"行为 A 是符合公共利益的"是完全描述性的而不是完全规范性的。他们宁可相信，"符合公共利益"似乎部分是描述性的，部分是规范性的。（Lindahl and Odelstad 2000, 273）

　　尽管中间性概念的理念被首先阐发于一种相当实证主义的环境下（positivist environment），它在其他语境中仍然是有用的。在一种实证主义的意义上，相关的条件（the conditions）并不需要都是真实的。根据一种广泛的和受约束的反思平衡即一种需要某些权衡的程序，这些条件可以被很好地表述。相关的后果也不需要是合法的，它们可以是非常符合道德的。这些后果通常是可以废止的，并且这种废止（defeat）可能建基于某个法官的一个良善的判决之上，亦即一种自发的而不是从法律体系的一种瞬间状态中（the momentary state）可以推导出来的判决。被准确限定的条件与后果是一种理想，比如说，就像 19 世纪的概念法学（conceptual juris-prudence）所追求的理想那样。但是几代的法学家们已经察觉到这是一个要求过高的理想。因此，原则的等级（the ranking of princi-ples）不是被完全预先安排的（pre-programmed）（Larenz and Canaris 1995, 304）。再者，原则是不确定的，而且需要通过更少抽象的亚原则（less-abstract sub-principles）使之变得"具体化"（同上，305 以下）。最后，法律的"内部系统"是"开放的和碎片化的"（open and fragmentary）（同上，314 以下）。一个法学家因此有某种程度的自由来调整中间性法律概念所指出的条件与后果。但是，硬币的另一面是——再次是——他不是完全自由的。

三、概念与体系

法律的价值开放的概念是彼此联系的。它们组成了一张网络，并且只有在这张网络之中才能被充分地理解。法学理论阐发了这些概念，并且在这些概念所指出的限度内用它们进行相互权衡。

法学理论提供了（明示的或者暗示的）它们的基本的概念、原则，以及体系化的定义。每一种理论由几个部分组成，就像一本书由几个章节组成一样。在每一个这样的部分中，这一理论都列举了实际的和假设的法律案例以及建议的解决方案。

刑法的概念之间是相互关联的，而且每一个概念都可以在刑法的范围内被讨论。比如说，什么样的表述顺序（order of presentation）将最有效地发挥（bring out）这些内部的相关性。我们可能会考虑如下的顺序，即什么是犯罪？什么是刑罚？什么是刑罚的证成？什么是刑法的渊源？国内的刑法怎么从国际化的问题中划分（marked off）出来？然后我们将讨论某个犯罪行为的概念。接着是故意与过失的概念。最后是刑罚的技术（art）与条件。表述顺序将部分依赖于国内法，部分依赖于"事物的本性"。

另一个例子是合同法（比较 Lehrberg 2003）。合同法的一种表述将不得不从三个问题开始：一份合同是如何成立（come into existence）的？一份合同什么时候是无效的？一份合同的内容是什么？然后，我们将介绍解释一份合同与签订一份合同（filling it in）（或者完成一份合同）之间的区别。然后，我们将分析合同的约束力，列出在这一问题上（in this regard）的不同概念，并且找出承诺原则（promise principle）（要约是有约束力的）与信任模型（the trust model）[依据相对方（counter party）的一个已获证成之信任的结果而产生的约束力] 之间的区别。接着，我们将分析意思表示（declaration of intention）的概念以及它的重要因素。最后，我们将转移到这样一些问题上来：即通过各种沟通方式订立的合同（contract by various means of communication）、事后约束力（subsequent bindingness）、违约责任、缔约责任 [缔约过失责任（*culpa in contrahendo*）]、侵权责任、赔偿范围、授权委托书（power of at-

[162]

240

torney)、信任滥用（abuse of trust）、无效（invalidity）、假设理论（doctrine of assumptions）、适当性理据（the grounds of relevance），以及一般性条款。

在这一简要的表述中最重要的词是"然后（*then*）"。固然，这一表述秩序可以被重新表述。但是所有可能的重新表述将会有很多的共同之处。这将是毫无意义的，比如说，首先从滥用与无效的概念开始，然后再讨论邀约与接受（offer and acceptance）。

通过这种方式——即通过建立这样一种顺序——一个法律体系限制了法学理由的反思平衡。

人们可以把法律概念的系统化语境（systemic context）与当代的语言哲学联系起来。维特根斯坦之后的语言哲学已经分化成为如下两种理论：一种是关注在多种语境下语言使用的语用学理论（pragmatic theories），另一种是关注（词的）所指意义（reference①）的语义学理论（semantic theories）；前者是反理性主义的（anti-rationalist）理论；后者是人为的（artificial）的理论。罗勃·布兰姆（Rober B. Brandom）（1998）提出了一种结合规范性的语用学（normative pragmatics）与推论性的语义学（inferential semantics）的理论，并在这一结合过程中向我们展示了一种在过分夸大的怀疑主义与不切实际的柏拉图主义之间的中间道路。布兰姆的复杂理论超出了本书的讨论范围。但是该理论具有这样的理念，即一个法律理论家必须确定无疑地找寻和谐（sympathetic）。

首先，它是语用学的：

它提供了一种对知道（或者相信，或者叙说）的解释，即根据知道如何（能够）做某事而论，某某正是这样一种情况。（Brandom 1998，4）

其次，它是推论主义的：　　　　　　　　　　　　　　　　[163]

_____

① 参见陆谷孙主编：《英汉大词典》，上海译文出版社 2007 年版，第 1652 页，reference 词条——译者注。

领会这一概念……是掌握它的推论性使用：知道……通过适用这一概念一个人将可能使他自身承担别的什么义务，是什么将赋予他权利去这样做，以及什么将排除他的这一权利。（同上，11）

再次，它是整体性的：

按照一种对概念内容的推论主义者的解释，一个人不能有任何概念除非他有很多概念。（同上，15）

总而言之，布兰姆正在

提出一种与很多（如果不是最多的话）宏大的理论性的、解释性的，以及策略性的承诺（commitments）相反的理论。这些承诺引导（shaped）和激发（motivated）了 20 世纪的英美法哲学，它们是经验主义、自然主义、表象主义（representationalism）、语义原子论（semantic atomism）、关于逻辑学的形式主义，以及关于实践理性规范的工具主义。（同上，31）

对适用于法律的布兰姆理论的进一步讨论可以在 Klatt 的理论中找到（Klatt 2002）。

第六节　融贯性与事实相反吗？

法律学说的融贯性倾向（coherence orientation）已经激起了批评，有时候，这种批评建基于所谓的法律的多中心性（polycentricity of law）之上。

约瑟夫·拉兹（1994，289）主张：我们不应该"以与现实失去联系为代价去追求"完美性——以及我愿意补充的融贯性。法律的融贯性需要与其他一些作为辅助性原则（subsidiary）的价值相互竞争，这意味着其要在最低效率的层面作出决策（decision-making)。再者，一些法律中的非融贯性（incoherence）可能是可以证成或辩护的，如果它促进了市场经济的有效运行与人们之间的一种无冲突的（conflict-free）合作。拉兹的否定性结论（negative conclusion）：

在判准的多样性前提下，很可能有时候融贯性不得不因为一些其他的善而被牺牲，而且也没有办法决定融贯性和其他价值的哪一种组合是最好的……因为不存在合理性的一般性方法。（Raz 1994，303-5）

再者，拉兹宣称：

因为法律意味着它应该被当做一个基于权威的体系，它的内容应该通过参考法律权威著作（legal authorities）的意图和它们的理由来决定，因此，考虑到被加入了政治的难以预测行为（vagaries），包括……政治中的司法卷入（judicial involvement in politics），没有理由去期待法律将是融贯的。（同上，300）

换言之，按照拉兹的观点，在确立法律有效性的过程中，我们 [164] 没有理由可以解释为什么对融贯性的检验（test）应该受到重视。但是当其用于解释法律的时候，这种检验可能是重要的。拉兹的立场具有如下的特征：

如果我们打算适用一种融贯性的解释，以决定法官应该如何根据法律来裁决案件……那么我们就应该假设一种独立的融贯性检验（coherence-independent test）以确定某一管辖权的固定的法律。

相似的问题出现在法律的“多中心性”语境中，尤其是像斯堪的纳维亚法律理论所讨论的那样的语境。因此，我们有一种由 Henrik Zahle（1986，752 以下）提出的法律渊源的多中心主义的理论（polycentric theory）。不同的法律渊源意味着在法律的不同部分的一种不同的权衡。而且，不同的法律渊源反映了不同的有关规范性问题的意见。可以预料的是，不同的法律渊源还考虑到了不同的理论源自不同时代的不同的人（Zahle 1992, 456）。在同样的精神指导下，Hans Peter Graver（1992, 132-51）注意到了法院的推理模式并没有指导其他的裁决制定者，而这一指导的发生也不是在规范上可以期待的（同上，139）。毋宁说，存在着很多相互竞争的权力中心（centres of power）、概念性方案（conceptual schemes）、论证模式，以及法律渊源的理论（同上，140 以下）。在这种意义上，法律体系得以分解，并且转换成为几个独立的亚体系（subsystems）（同上，151）。Håkan Gustafsson（2002, 105 以下）因此精化（refine）了这种批评。多中心性出现在法律规范的层面。法律多元主义出现在从一种外部的即社会学的（external, sociological）视角分析的社会之背景原则的层面。"多价值形态"（polyvalence）是一种法律背后之价值的多元形态（plurality of value）。只有一种法律的地方性的融贯性是可能的（同上，426 以下）。

在此，探寻有关事实的多中心性（factual polycentricity）与法律的非融贯性碎片（incoherent fragments）之经验结果（empirical findings）的真理性不是我的意图。我将假设它们是准确的，并在这一假设过程中将它们与法律学说的传统相比较。这一传统也是一个事实。我们所需要的是一种能够调和（accommodate）如下各组素材与条件的理论：

- 作为一种权威产物的法律有时候是非融贯的；
- 尽管如此，法律应该是融贯的；

[165]

- 在法律的适用与解释中，提升融贯性是一个很重要的目标；
- 在确立法律的有效性方面，融贯性发挥着一定的作用；
- 法律学说旨在追求而且应该被致力于（aimed at）获得法律知识，进而获得融贯性；而且特别重要的是
- 法律学说旨在追求而且应该被致力于获得正义，进而再次获得融贯性。

第六章　法律学说的元理论与本体论

第一节　认知主义的问题

一、关于规范性陈述与评价性陈述之真理性的争论 [167]

此前，法律学说理论被概括为：建基于以陈词老调（plati-tudes）为中心的广泛的反思平衡之上。但是批评家可能会问：包含规范性要素（components）的此类学说是否能够主张真理性（claim to truth）？比如说，即使其只能由一套包含评价的前提所证成或辩护，为某种道德论据之权衡（weighing of moral arguments）所支持的那种法律的解释性陈述可以具有真理性吗？在此，我们将转向一个较之道德理论中相对主义论者（relativists）与客观主义者（objectivists）所讨论的更为抽象的问题。相对主义论者与客观主义者都可以是认知主义者（cognitivists）。相对主义论者可以主张真理性，但是其所主张的是一种相对的真理，亦即在某一框架内的真理。客观主义者可以主张独立于某一框架的真理（如果这是可能的话）。显然，一个相对主义论者也可以是一个非认知主义者（non-cognitivist）。一个非认知主义者仅仅在一种相当不确定（rather odd）的意义上才是一个客观主义者；这一结论是通过下述假设而达致的，即假设存在着诸客观性价值——即使从来无人能够表达出关于这些价值的一种真理—评价性判断（truth-evaluated sentence）。

评价与规范是否具有真理性价值的问题是一个众所周知的争议

性问题（参见 Von Wright 2000 and Artosi 2000）。而且，什么是真理？极简主义者（minimalist）（比如说 Horwich）引入了 Tarski 的范式：当且仅当雪是白色的，带有引号的"雪是白色的"这一陈述（"Snow is white"）才具有真理性。在此，引号（quotations marks）造成了我们谈论语词与谈论雪之间的所有区别。在上面的陈述中，真理性谓词是结束引文或陈述的一个工具（the truth predicate is a device for unquoting）。但是，我们仍然遗留了可以被质疑的关于探讨雪与白色的形而上学问题。一个极简主义者可以把形而上学从真理理论中驱除出去，但却无法借此破坏形而上学。他仅仅提出了一种极简主义的理论，该理论需要以关于世界之构成（the furniture of the world）的竞争性观念与争议性观念的形式予以补充的理论。

二、规范性意义与描述性意义

在进一步深入到这一讨论之前，我需要强调关于规范性陈述与评价性陈述的意义。在描述性陈述和评价性陈述之间有一个重要的区别：只有当后者具有一种描述性意义与位于其上的规范性意义的时候，前者才具有一种描述性意义。①

[168]　　　　规范表达性陈述（norm-expressive statement）的规范性意义能够通过它们的规范性限定（normative qualification）来理解。这些陈述把人之行动与事件限定为规定性的（prescribed）、许可性的、禁止性的，等等。在此，我将不考虑规范性限定的更复杂类型。"禁止性的"、"规定性的"，以及"许可性的"表达了一种限定［即使这不能穷尽（exhaust）它们的意思］。一般来说，一个规范将行动与事件限定为遵守或者违反有关规范的行动与事件。可以说，人们可以将规范性限定视为一种逆向的真理（a inverted truth）。这是因为"真理性的"与"虚假性的"（"true"and

---

① 比较 Peczenik 1989，51 以下，关于某种规范表达性陈述（norm-expressive statement）和价值性陈述（value statements）的实践性和理论性意义。

"false"）也都是限定性的语词。如果事实与 p 描述它们的方式是一致的，一个描述性命题 p 将被限定为是真理性的；反之，如果其不能与事实相一致，那么这一命题 p 就是虚假性的（比较 Peczenik 1967，133；1968，119）。斯威因·恩格随后表述了一种类似的观点，即探讨万一某种话语（utterance）与事实不符时将会发生什么的观点。当言说者为了使其话语与客观世界相符而对其作出修改的时候（modifies the utterance for alignment），这一事实表明其意欲表达的是一种描述性的陈述；而当其试图使实在（reality）正当化（correct）的时侯，这一事实表明其意欲表达的是一种规范性的陈述（比较 Eng 1998，310-50）。

然而，与此同时，规范性概念与评价性概念也具有一种描述性的意义。这种描述性意义是由那种设定相同概念之有意义使用的判准来表现出来的。规范性陈述与评价性陈述可以因此获得证成。可证成性意味着当某人面对一种规范表达性陈述或者价值陈述的时候，他可以问"为什么"，进而要求给出支持这一陈述的理由。就我们而言，指出相关行动是良善的或者是应该被实施的将足以表明同样的行动至少实现了其中一个已然确立的评价判准（比较 Peczenik and Spector 1987，467 以下）。

这一理论的基础是直觉主义（intuitionist）。明显存在着［道德上敏感的（morally sensitive）］个体的道德直觉（moral intuitions）。这些道德直觉——不仅经常关涉特殊情形，而且也关涉一般性原则——被表达在那些告诉我们直觉背后的理由为何的评价性判断与规范性判断之中。这些理由也包括同一种类的其他直觉。最后，我们还应当具有这样一种一般性直觉：道德直觉应当获得证成。我们具有一种追求理性的激情，或者更确切地说，一种追求融贯性的偏好（preference for coherence）（Peczenik 1999，210）。

这些简单的观察接近大卫·科普（David Copp）的实在论表现主义（realist-expressivism）的哲学理论。这一理论的核心：

它认为我们的道德信念与道德判断表征着道德性事态（moral

247

states of affairs)，并且就道德性事态而言我们的道德信念与道德判断可以是精确的，也可以是不精确的——而这就是实在论的中心命题（thesis）；但是它也认为，在作出道德性断言（assertions）的过程中，我们表达了特定的典型意动性态度（characteristic conative attitudes）或者动机性姿态（motivational stances）——而这则是表现主义明确的中心观点。（Copp 2001, 1）

进一步言之：

基本道德命题的真理性条件是由与如下事物相关的命题所赋予的，即由相对获得证成或辩护的道德标准或者权威性的道德标准所指称的那种事物。（同上，27）

[169]　　　这些标准是由社会所决定的，因此这一理论是以社会为中心的（society-centred）（同上，28）。这一理论的表现主义面向（expressivist side）意味着：科普

在言说者通过使用道德性术语断言基本道德命题的情形下，力主规约性暗含之观点（conventional-implicature view）的合理性（plausibility）。在这种情形下……言说者规约性地暗示：在其他事物相同的条件下，他就会赞成一个相应的标准。而在其他情形下……一个表达了某种道德信念的言说者规约性地暗示：在其他事物相同的条件下，他就会赞成一个相应的标准。（同上，34 以下）

三、四种可能性

上述问题具有高度的争议性。让我勾画出四种可能的立场。

第一种立场是非认知主义的（non-cognitivist）立场。法学家常常倾向于接受非认知主义的观点。因此，他们倾向于把规范看做表达性陈述与限定性陈述，而不是看做被限定为具有真理性或者虚假性的命题。这是我自己在 20 世纪 60 年代和 70 年代的立场。这一

理论将一种规范的表现性理论与在规范性语境中对逻辑合理性
（logical rationality）的如下证成结合在了一起。描述性命题的逻辑
处理的是在这些命题的真理性价值（truth-values）之间确立的关
系。与之相反，人们可以把规范性限定作为规范逻辑的一个基础。
比如说，假设两种规范表达性陈述 n_1 和 n_2 的意义之间的关系是这
样的，即 n_2 以某种给定的方式予以限定的每个行动也必然会为 n_1
以相同的方式所限定，那么，假设 n_1 预示着 n_2 就是合理的（比较
Peczenik 1967，133；1968，119；1969，46 以下；重印于 1970，31，
11，and 60 以下）。因此，在规范的领域内，逻辑连接词“如
果……那么”通常可以按照规范性限定的方式予以定义。因此，
一个理性的非认知主义者 A，遵循着其追求理性的激情，可以和另
一个理性的非认知主义者 B 进行某种理性的讨论。进而，A 的所作
所为向 B 表明：B 的信念体系、偏好体系和推理的体系支持了 A 所
提出的结论。

　　然而，问题在于：这样的一种追求理性的激情，不仅需要我们
在道德与法律中建构融贯的规范性理论，而且还需要我们告知与这
些理论相关的是何种实在。

　　第二种立场是一种混合（mixed）立场。在 1989 年和 1995 年，
我表达了这样一种理论，即与表面上的（*prima facie*）［如果是适
可而止的（*pro tanto*）就更好了］规范与价值（norm-and-value）
之陈述相对的认知主义，以及与周虑一切的规范与价值之陈述相对
的非认知主义：如果其符合社会的文化遗产，前者即具有真理性；
后者根据个体的某种接受与偏好体系（acceptance-and-preference
system）可能大体上是合理的，但其不具有任何本体论意义的真理
性。依据这一理论，适可而止的价值的知识是可能的，而与某种周
虑一切之价值有关的一种广受争议（well-argued）的信念仅仅表达
了某些在根本上与知识相似的内容，但却不是严格意义上的知识。
这里的原理（rationale）在于我们没有遵循这样一种观点，即对于
所有的道德问题而言，存在着唯一正确的观点。

　　这一理论招致了批判，因为它是一种混杂的（hybrid）理论。

[170]　它把明显同质化的规范与价值陈述分成了两个完全不同的类别：一个是真理性—可评价性的（truth-assessable）陈述，而另一个则不是。而且，非认知主义没有带给我们任何深刻基础——那种周虑一切的诸价值判断的融贯性所赖以的基础。（比较 Rabinowicz 1998，17 以下 and 23；Peczenik 1998b，62 以下）

　　第三种立场是认知主义的立场。一种认知主义的元理论可能会被认为是为适可而止的规范与价值陈述和周虑一切的规范与价值陈述同时提供了一种更好的解释。但是，这样一种理论必须避免我们在古典自然法中非常熟悉的教条主义（dogmatism）弊病：我们必须保有这样的直觉，即质疑特殊情形中的权衡比从正面攻击诸如人的生命这样的价值更加容易。但是，这种认知主义的转向对我而言是非常困难的，因为我的理论根植于 Petrażycki、Wróblewski、罗斯以及奥利芙克罗娜的法律实证主义之中。①

　　第四种立场是一种元理论的相对主义（metatheoretical relativism）。最好的方法也许是赞同 Jaap Hage 的下述观点：在客观性事物与相对性事物之间没有确定的分界线（比较 Peczenik and Hage 2000，337）。假定道德与法律实践（moral-cum-legal practice）的概念和标准使我们将自身对这些概念和标准的知识看做是关于这个世界的客观知识。因此，判断对概念和标准的依赖并不能排除这些判断的客观性。只有当我们开始质疑那些被宣称有着相同概念和标准的知识时，我们才转向了一种相对主义的语言，并且加上了诸如"我认为"、"在我看来"等这样的表述方式。现在，质疑基本的道德价值显得特别怪异，而质疑司法裁决则显得相对简单。但是，一如前述，在基础性哲学观念中，这一区分并非泾渭分明。其界限是变动的和暂时的。在这一语境下，这对我们意味着：只要理论家不

---

　　①　在这方面，Jes Bjarup 有一种富有洞察力的观点："AP 的……理论可以被看做是一种功利主义和共产主义（communitarianism）的结合，这一理论强调好的法律秩序的特征是保护人们的偏好。这一理论的根据源于一种非认知主义的观点。"（Bjarup 1995-1996，1186）

开始对他们"真正"在意的问题提出质疑，法律学说就可以被看做是提出一种法学知识。

第二节　法律学说的本体论

一、法律本体论问题

潜隐在认识论与元理论背后的是本体论。在本系列专著的第一卷中，Enrico Pattaro 提出了一种分析性与解释性的理论；而该理论展示了从较简单的要素中建构而来的实体（entities）是如何复杂的。如下的引证表现得尤其明显：

> 抛开大体上为民法法系国家的法律学说有意识地所预设的"是—应当"（"Is-Ought"）的二元论不论，根据这种法律学说，发生于实然实在（the reality that is）中的事件是以应然实在（the reality that ought to be）中的事件为条件的：在应然实在中，不存在作为实然实在中发生事件之后果的任何事件。我称前一种事件为"应然—事件"（"Ought-events"）、"应然—结果"（"Ought-effects"）、"应然—变化"（"Ought-changes"）或者"规范性后果"，而称后一种事件为"实然—事件"（"Is -events"）、"实然—原因"（"Is -causes"），或者"实然—变化"（"Is -changes"）。（Pattaro, vol. 1 of this Treatise, sec. 2. 2. 1）

> 在我看来，正如被人们期待的那样，规范就是行为的一种动机……：它是指向这样的一种信念［信念规范（*opinio vinculi*）］：只要相关的情势类型能够有效地被例证，某一特定类型的行动必须被实施（在实施一词的规范意义上）。这样做必须是无条件的——这即是说，要抛开任何可能起因于这种实施的好的或者坏的后果。我的规范概念是义务论取向的（deontologically oriented）。（同上，sec. 6. 1）

> 一言以蔽之，实然—事实、行为与交易（transaction）是实在

中的事件；而这种事件在应然实在中主观上正当或正确（right）的方面引发了应然—结果：这些结果将产生、变更或者废止法律主体之间的权利和义务（如果它们是由那些在应然实在中客观上正当或正确的事物所提出或不予禁止的某类实然—事件的有效象征的话：Section 2.2.2.1）。（同上，sec.3.2.4）

这一分析给我们提供了一个好的理解法律复杂性的洞见。它也表明：只要法学家注意到了某种在法律之应然实在中的变化，就会在物质实在与精神实在中产生一种相应的、潜隐的变化。本着相似精神，Laurent Mommers 为我们提供了：

[171]
一个可以容纳不同本体论观点的框架。在这一框架内，有三个基本的层面。第一个层面由与法律相关的非法律实体（non-legal entities）组成。第二个层面由存在地位（existence status）[作为法律实体的存在地位（qua legal entity）] 尚未形成的潜在的法律实体组成。第三个层面由法律实体组成。通过不断变化的多组判准，这三个层面之间的转换是可能的。一个潜在的法律实体，比如说一个法官的裁决，通过下述方式变成了一个法律实体，即通过检验各层面所要求的地位是否确实可以适用。因此，比如说，在自然法的观点中，一项不道德的裁决是不能被看做是一个法律实体的，而在实证主义的观点中，它则是可以的。在这三种不同层面上的实体是通过两种不同的关系而彼此关联。这两种关系是考虑—接纳关系（count-as relation）……以及因果关系。（Mommers 2002，100）

然而，一个形而上学取向的（metaphysically oriented）法律哲学家可能会问一些令人尴尬的问题：什么样的实体是实际上存在的？什么样的实体属于"世界的构成"？难道不是这种情形吗——仅仅只有诸如信念这样的简单实体是严格存在的，而上文提到的其他实体则都可以化约或还原信念的内容？或者，法律、权利、交易等内容真的是以一种不同于信念据以存在的方式的特殊方式存在吗？历代的哲学家们一直试图解决这些元理论的问题，但是这些问题却总是不断地再现。

只要元理论问题一被提出，无穷无尽的困惑（confusion）就会接踵而至。这是因为我们不得不处理两种根深蒂固且相互冲突的直觉。

直觉一：法律是一种社会事实；它是由权力持有者（power-holder）所创制的（比如说立法者与法官），或者是由在人民之间所产生的习俗形成的。

直觉二：法官和法律研究者通过评价性工作的方式获得法律知识，更确切地说，通过解释制定法、先例，以及其他法律渊源的方式；这一解释必然与正义相联系，比如说，一种非正义的解释是一种不正确的解释。

直觉一将导致法律研究放弃其知识性主张。或者它将导致这样一种激进的主张：将法学研究变成某种类似于绝对的（hardcore），即价值无涉的（value-free）科学的东西。

直觉二将导致那种使得法律成为一个本体论上复杂的实体的理论。当然，这解释了通过评价性解释获得法律知识的可能性。但是，这些所得是有代价的。在普通的法律人中间，否认法律的复杂本体论是一种普遍现象，因为这些人的心智是实践性的（practical minded），而且厌恶形而上学。

那么，我们究竟应该怎么做呢？

一种可能是简单地描绘出这两种直觉的完整冲突过程，并且放　　[172]
弃法律本体论观念。这意味着本体论的问题超出了法学家的研究范围。从这个视角来看，我们被引向了这样一个问题：是否我们的规范性信念是在法学家的视域（horizon）内获得证成或辩护的。我们将把形而上学的问题撇在一旁（不是因为它们是错误的，而是因为它们是不切实际的），并且以一个法律人的方式推进我们的思考。这是我所强烈倾向作出的一种选择。

另一种可能性是清楚地说出源于直觉二的复杂本体论，并且使它变得可以理解。经本人考虑，关于法律是什么的问题，至少有八种可供选择的答案。

第一种选择是将法律理解为由在法律上具有约束力的规范（在欧陆国家，主要是由制定法）所组成。这一选择具有明显的吸引力，特别是因为它符合宪法的术语体系（terminology of constitutional law）。但即便如此，仍然存在着一些可被追问的令人尴尬的问题。毫无疑问，制定法是法律，但是其他一些内容明显也是法律的一部分——比如说，司法实践（judicial practice）与不成文的法律原则（unwritten legal principles）。

第二种选择是法律是一种社会实践；用一句著名的法谚来说：法律就是法院实际上的所作所为，除此之外，别无其他。第二种选择对一些法律现实主义者是具有吸引力的，因为社会实践恰好出现在现实中。但是这种选择同样是令人困惑的，因为它明显违背了——那些认为制定法而非司法实践居于法律核心的——法律人的基本直觉。毫无疑问，司法实践是一种行动中的法律（另一句著名的法谚）——但是所有的法律都只是司法实践吗？那没有被法院所适用的制定法是什么呢？习惯法呢？德沃金式的先在法律原则（preexisting principles of law）是什么呢？法学理论的作品又是什么呢？

对于现代主义的哲学家们而言，第一种选择，甚至第二种选择更具吸引力的原因是因为它的简单，而且哲学家们假设，简单是本体论理论（ontological theories）的一个根本优点。令人遗憾的是，这两种答案都是破坏性的，因为它们违背了这一基本直觉：法律学说产生法律知识，而不产生专断释义（arbitrary constructions）。这一问题可以通过引入某些术语性区分（terminological distinctions）而解决。比如说，我们可以把法律的观念分成两个主要的组成部分：有效的法律（law in force）和有约束力的法律（binding law）。[173] 有效的法律与直觉一相符：它可能是一种社会事实，也许最终可以被化约为拥有权力之人所共享的习俗。有约束力的法律会符合直觉二：它在本体论上可能是复杂的。除了可以作出上述区分之外，人们还可以采用图瑞对法律的表层结构、法律的深层结构以及法律文

254

化的区分。这些理论的确都颇具新意，但是它们带来了这样一个形而上学的问题，即什么是"有约束力的法律"、"深层结构"、"法律实体"等本体论上的复杂存在方式？

第三种选择是法律学说使用业已形成的法律推理方法所创造的所有内容都是法律。但是这一答案令人绝望。法学家们似乎在与时间玩一场奇怪的游戏。他们告诉我们他们在描述有效的法律，而这种法律是一种社会现实。然而，一直以来，学理性法学家（doctrinal jurists）都在以一种使法律变得比其之前更为融贯与公正的努力重构法律。因此，如果法律学说重构了法律，它不是在描述任何先前存在的法律，而是在创制一种新的法律；法律学说在创造"法律"，并且通过创造下述幻觉来欺骗公众：其所提供的内容是对法律的描述。描述假设了一个时序：首先是被描述的目标，然后才是描述本身。但是，在法律学说中，这一顺序被颠倒了。而且，这种由学说创造（doctrine-made）的"法律"具有合法性吗？如果有，其原因何在呢？

第四种选择是法律是对法律实践的一种理想化诠释（idealized paraphrasing）：它不是法院实际上的所作所为，而是在经过了完全理性的即赫拉克勒斯式的的思考（perfectly rational, Herculean thinking）后法官的所作所为（比较 Dworkin 1977）。

第五种选择是对第四种选择的回应（echoes），只不过将关注点从法院转向了大学。法律是对法律学说的一种理想化诠释：它不是法律学说事实上所创造的内容，而是如果经过了法律学者们完全理性的思考之后，法律学说所可能创制的内容。

第六种选择是有两种类型的法律，即输入型法律（input-law）与输出型法律（output-law）。输入型法律由所有与法律相关的规范性材料和文本、有意义的制定法、司法实践、准备性文件、已形成之习惯的明证（evidence of established custom）以及社会道德（social morality）的明证等内容组成。输出型法律是法律学说所创造的内容。在一本早前的著作中（Peczenik 1989, 268 以下），我采用了第六种选择。

第七种选择认为法律学说致力于叙述、自我描述、自我指涉（self-reference）等内容（比较 Jackson 1988）。但是这种观点颇具争议。

第八种选择是法律是在我们的社会中我们所应当遵守的东西。建基于制定法、司法实践以及其他诸如此类内容之上的法律推理是唯一的发现法律是什么的方法。法律学说是法律推理的最好形式；因为它重构了制定法、实践以及文化样式（cultural patterns）的输入，并在这一过程中自始至终描述一种"更深刻的"和先在的法律应然状态（preexistent legal ought）

可能会有这样的说法：为了避免困惑，所有的本体论都具有相对性。有很多关于实在的观点，每一种观点都对应着一种界定了"真实"（real）概念（比较 Quine 1969，53 以下）并指引着我们视其为个人目标及其组成部分与种类之事物（比较 Goodman 1978，7以下）的不同背景理论。可能存在很多形而上学的体系，"所有这样的体系都具有完全的整全性且相互之间不可兼容，但都是对某一实在的同等有效的描述"（Castañeda1980，19）。固然，人们可以似乎合理地认为只有一个世界——只是我们以不同的方式来看待它；因为，除了其他原因之外，我们有不同的方式来理解特定的话语（比较 Searle 1995，195）。

基于这一事实，我们必须在如下的两种方案之间作出选择：我们可以接受视角主义（perspectivalism）作为我们的元哲学（meta-philosophy）（即作为一个复杂实体的法律存在于某种使法律学说得以具有融贯性的视角中，而不是存在于一种深奥的即形而上学的视角中），或者我们可以选择一种深奥的本体论视角。

二、作为一种依赖性实体的法律

第四种与第五种选择的共同特征：关于那些诸如有效法律和正确解释这样的事物之陈述的真理性对随后的相应活动（比如说司法活动与法律研究）的合理性产生了重大的影响。在我们的交流中，Giovanni Sartor 建议我采用如下的一种更具一般性的表述（formulation)：关于那些诸如有效法律和正确解释这样的事物之陈述的真理性对随后的意动性状态的合理性（rationality of the conative state）产生了重大的影响；而通过这种意动性状态，人们可以获得相应的实践性信息。这一观点颇具吸引力。我将进一步深入到第五种选择中来探讨这个问题。

法律的存在源于人们对它的信任，但是法律等同于信念。使用　　[174]
一种目前流行的哲学表述，人们可以说法律对人的信念、偏好、行动、安排以及人为现象（artefacts）都产生了重大的影响。因此，议员们在其能力范围内所做的一系列行动能够产生出一个法律文本，并使之成为一部制定法。通过这种方式，制定法在本体论上依赖于这些行动。依赖性由考虑—接纳关系（count-as relation）与因果关系所决定。我们不认为这些关系的得出没有受到上文所概括的跳跃理论（the theory of leaps）的影响（see Section 4.3.2）。

除了使用依赖性、跳跃，以及转换（transformations）等语词，我们也许可以尝试使用一种更加专业化的术语，我们称之为随之发生的重大影响（supervenience）。通过指出不存在法律可以对之产生重大影响的非法律实体（non-legal entities）（比如说信念、偏好、行动、安排，以及人为现象），一种法律存在模式的初步分析可以因此继续下去。当我们致力于法律实践的时候，我们使用了一种概念性的方案（conceptual scheme），在这一方案的推动下，法律——不仅仅是我们对法律的信念——能够得以存在。这一概念性方案决定了我们在社会实践中所获得的法律的存在与持续的判准。法律是相对于我们的概念性方案而存在的，而不是依靠它而存在的。简言之，我们在日常生活中讨论法律的方式，甚至法律人讨论法律的方式，揭示了法律是什么的某些内容。

一种带来重大影响的为这样一个缺陷所累，即它似乎引入了很多具有一种没有纯粹物质性实体（physical entities）之基础牢靠的本体论基础的实体（比较 Sosa 1998）。索萨（Sosa）很好地指出了这些带来重大影响的理论（supervenience theories）的问题：

假设一个世界只有三个个体 $x1$、$x2$、$x3$。这一世界被一些"纯学说主义者"（mereologists）所掌控，他们假设这个世界总共存在七种事物、实体，或者实物（objects），即 $x1$、$x2$、$x3$、$x1 + x2$、$x1 + x3$、$x2 + x3$、$x1 + x2 + x3$。与之相对，反纯学说主义者（Antimereologists）更喜欢一种朴素的本体论（austere ontology），即仅仅将三个个体（$x1$、$x2$、$x3$）看做真实存在于那个世界之实物的本体论。

[175]　　　　一个避免这些问题的方法是进行一场关于语言选择的辩论。在某些场合使用反纯学说主义者的语言，而在另一些场合使用纯学说主义者的语言，将会使问题变得简化。然而，

关于某种概念性方案的存在不等同于依靠那个概念性方案的存在……我们每一个人获得并阐发了一种对事物的观念，即包括了为事物类别而设的存在与持续之判准的观念。当我们考虑是否存在某一类别的某个事物的时候，对该类别的详细描述将会限定相关的存在与持续的判准。而当我们正确地认识到那一类别的某个事物确实存在的时候，我们的主张就可以简要表述为"有相对于我们的概念性方案的存在"。（"exists relatively to our conceptual scheme"）（Sosa 1998，404）

因此，法律能够作为一个带来重大影响的实体而存在。但事实上，它真的能以这样的方式存在吗？有足够的理由认为法律是客观存在的吗？或者法律是一种想象（imagination）的产物吗；它是依赖于人的行为与精神活动（mental processes）的吗？这一问题是与对化约主义（reductionism）的争论——即一种复杂的、远非找寻一种解决之道的争论——联系在一起的。在 20 世纪前半叶，科学主要是一种将复杂体系化约为较不复杂的组成内容（less-complicated components）并最终化约为符合逻辑的"原子"（logical "atoms"）的智力活动。因此，有这样的一股动力推动着生物学法则

258

（biological laws）化约为化学法则，又从化学法则化约为物理学法则。同样，也有一股动力推动着法律概念化约为科学的即最终是物质性的概念（physical concepts）。所谓的维也纳学派（Vienna Circle①）（尤其是 Rudolf Carnap 和 Otto Neurath）试图将自然科学的复杂理论建立在报告观测数据的"科学实验报告的意见"（protocol sentences）之上。奎因（1953，38 以下）因此把"极端的化约主义"批判地戏谑为这样一种信念，即每一个有意义的陈述都相当于建立在参照直接经验（immediate experience）的术语上的逻辑概念（logical construct）。化约主义者的计划被证明是非常难以实现的。因此，在 30 年前，Fodor 和 Putnam 通过指出（计算机的）计算状况（computational status）与精神状况（mental status）的类似，提出了一种反化约主义的共识（anti-reductionist consensus）（比较

---

①　发源于 20 世纪 20 年代奥地利首都维也纳的维也纳学派是 20 世纪影响最广泛、持续最长久的哲学流派之一，它代表了自然科学对哲学的挑战。它的唯科学主义观点已成为现代哲学摆脱不掉的"幽灵"，其主要成员包括卡奈普、纽拉特等。他们多是当时欧洲大陆优秀的物理学家、数学家和逻辑学家。他们关注当时自然科学发展成果（如数学基础论、相对论与量子力学），并尝试在此基础上去探讨哲学和科学方法论等问题。受到 19 世纪以来德国实证主义传统影响，加上在维特根斯坦《逻辑哲学论》思想启示下，维也纳学派提出了一系列有别传统的见解。大致来说，他们的（除歌德尔）中心主张有两点：一是拒绝形而上学，认为经验是知识唯一可靠来源；二是认为只有通过运用逻辑分析的方法，才能最终解决传统哲学的问题。20 年代末以来，维也纳学派通过组织一系列国际会议与发行丛书，与欧美思想相近学者（如德国的柏林学派与波兰华沙学派）相联系，而逐渐发展成为声势浩大的逻辑实证主义（logical positivism）运动。尽管维也纳学派最终走向了解散，但逻辑实证主义思想却因此在英美国家得到广泛传播，并促成了二战后分析哲学（analytic philosophy）成为英语世界的学术主流。当然，维也纳学派的唯科学主义观也有偏颇与缺陷，大致说来有这样几点：一是只重视"科学的逻辑"，而严重忽视了科学赖以产生与发展的人文背景；二是只强调科学的实证精神，而严重忽视了人的创造精神或创新精神；三是强调科学与人文两个世界的截然区分，严重忽视了科学与人文文化的关联，科学的人文意义与人文价值——译者注。

Block 1997）。因此，本书采用了如下的审慎进路（following-cautious-approach）。对于化约主义的计划在逻辑上可能的，我们将不表示任何的立场。我们将仅仅指出，如果采用一种化约主义的方式，一般性法律问题以及特殊法律学说的任何陈述（presentation）都将是极端复杂的。

三、一种法律习俗与法律制度理论

通过选择一种"内涵丰富"的本体论作为一种实践的可能性（不排除把化约主义作为一种理想）——亦即选择一种虑及如下法律实体之存在的语言，这一法律实体近似于（next to）其所依赖的"原初"实体（"brute" entities）——我们可以引入 Eerik Lagerspetz 的习俗性事实与规则的理论。① 因此：

R 是 S 中的一个调整性规则（regulative rule），如果

● 通常来说，S 中的成员都遵守 R；

● 在 S 中，有一种相互信任（mutual belief），即 R 是 S 中的一个调整性规则；并且

● 这种相互信任至少部分上是这种遵守的一个原因（比较 Lagerspetz 1999，211）。

通过相互信任的方式而存在的规则是习俗性的事实（conventional facts）。但是在某个规则体系内的一条单独的构成性规则（constituent rule）不需要依靠关于这一规则之存在的相互信任而存在，而是关注（witness）一些只有某个小圈子里的法律专家们知道的法律的更为深奥的部分（more esoteric parts of law）。如果某个规则属于这样一种规则——即最终能够被追溯到依靠相互信任而存在于相关共同体之中的规则——的链条或者网络，它就是一种构成性规则（it suffices）（比较同上，209 以下）。Lagerspetz 将他的理论看做是对瑟尔（Searle）的众所周知的制度性事实理论（theory of

[176]

---

① 参见 Lagerspetz 1999，Lagerspetz 1995。顺便提及的是，上一代的学者 Tore Strömberg 将有效的法律中的信仰看做是一种社会习俗（比较 Strömberg 1981，39 以下）。

institutional facts）的一种改进（improvement）。根据瑟尔的理论，规则创造了制度性事实。Lagerspetz 对此表示质疑：

> 但是何种事实才是这些规则确实存在于相关共同体中的事实呢？显然，一种关于某一规则之存在的事实不能是瑟尔意义上的某种原初事实：它不是一种关于物质世界（physical world）构成的事实，也不是将其表述为直接的感知控制之主体（subjects of direct perceptual control）的陈述。如果瑟尔的分类意味着一种详尽无遗的分类，关于规则的事实必须自身是制度性的事实。因此，它们内在地依赖于更深层规则（further rules）的存在：只有当一个规则具有了它被认为是一个规则的作用时，它才是一个规则。我们处在一种无尽的回归之中（infinite regress）。这也许可以被称为一种规则的逻辑回归（logical regress of rules）。（同上 199）

Lagerspetz 对

> 这些问题的解决方案是提出一种不是内在的规则依赖的（rule-dependent）非原初事实（non-brute fact）的观念。这一解决方案背后的基本理念如下：只有在相关的个体相信事物的存在或者事实的持有，并且根据他们的这些信任行动时，这些事物的存在与事实的持有才是切实存在的。我们称之为制度和制度性事实的内容受到了这一描述的影响。对这些事物与事实的描述具有默示的循环性或者自我参照性（implicitly circular or self-referential），但是所讨论的这一循环不是一种恶性循环（vicious one）。在这些描述中，制度性术语只能重复出现在描述相关个体的态度的命题的施动者的（propositional operators）范围内。再者，相关信念的存在仅仅是这些事物存在的一个必要条件……习俗性事实的自我参照性不是一种异常现象（anomaly），因为在这个世界上有很多事物都是可以自我参照和交叉参照（cross-reference）的。建议性态度（Propositional attitudes）——信任、知晓、希望、担忧等——都有这种能力。我们可以拥有与他人信念相关的信念，同时，他们也可以拥有与我们

261

信念相关的信念。这就产生了所谓的相互或共享的信念，或者共同
或相互之知识的现象。（同上 199-200）

[177]　　　一个对这一话题的更为详尽的讨论可以参见 Peczenik 和 Hage
2000。

四、作为习俗与道德之产物的法律

然而，法律不仅仅是一种习俗。它还是一种习俗与道德的产
物。假定法律学说的重点是将法律展现为融贯的和有道德约束力
的，我们将有两种相互竞争的哲学可供选择。就第一种哲学而论，
法律学说提供给我们一种融贯的和有道德约束力的法律知识，这一
法律在这些理论建构之前就已经存在了，即使立法与司法实践
（legislative-cum-judicial）既不是融贯的也不是道德的。第二种哲学
认为法律学说改变了法律，并使它变得更加融贯和道德。不妨在某
一时刻作这样的假设，我们接受了法律学说提出的对知识的主张。
那么，我们将不得不承认，在法律学说这样告诉我们以前，法律在
一种深层的意义上已经是融贯的和道德的。换言之，一个法律学者
可以通过给出一个令人信服的对其的论证，而发现一种先在的法
律。道德上有约束力的法律因此取决于两个要素的结合：人们的法
律制度的知识与道德商议（moral deliberation）。第一个要素依赖于
相互信任；第二个要素则依赖于无论何人来作这一解释时的动机与
安排。这一对要素近似于道德上有约束力的法律，倘若牵涉其中的
人们是道德敏感的和理性的（比较 Peczenik 和 Hage 2000, 343 以
下）。

总而言之，某些人对法律的个性化解释就会转变为道德上有约
束力的法律，如果

● 这一解释实现了一种法律自身的最理想的融贯性；并且
● 这一解释性建构是与一种理想化的融贯性道德理论融贯地联
系在一起的。

这一理想当然是无法实现的。但是法律学说必须去试图接近
它，通过努力去实现一种描述性与规范性的法律科学（*Rechtswis-*

>

senschaft）的理想。

如果先前所描述的认知主义与复杂的法律本体论被接受，我们 [178]
就有必要添加如下的有关法律与人的动机的关系的论述（比较
Hage 和 Peczenik 2001，141 以下，重述于 Peczenik 2001，92 以下）。
法律是存在的：它是作为一个事实而存在的。但是为了揭示这一事
实，法学家必须依赖于社会习俗与个人道德（personal morality）。
这一道德取决于法学家的动机。因此，为了使法律学说所提出的对
知识的主张变得有意义，我们不妨将休谟主义哲学（Humean phi-
losophy）抛在脑后，而考虑这样一种可能性，即存在着这样一些
事实，其存在内在地依赖于认识主体的某一动机，或者至少依赖于
他的某种合理的动机。

对一个现代的读者而言，这是一种亵渎（blasphemy）。但是读
者应该把本节理解为是一种思想实验（thought experiment），而不
是一种信念（an article of faith）。我在此所呈现的是一种达致某一
结果的方法，即使法律学说有意义的方法。为此，一种非休谟主义
的（non-Humean）知识与动机的理论是我们所不得不付出的代价。
没有什么能够阻止我们探寻一条更便捷的达致这一结果的方法。

因此，不妨假设法律正是这样一种动机性事实（motivating
fact）。依据这一观念，我们可以轻易地理解为什么这么多法律人
［至少是前现代的（premodern）和后纳粹的（post-Nazi）法律人］
给出了如下的推理：如果"法律"不能以理性的方式激发我的积
极性；它就不是法律。或者，更确切地说如果"法律"是极端不
正义（unjust）的；它就不是法律。这是拉德布鲁赫的著名论式
（formula）（1950，354；比较 Alexy 1992，53 以下）的要点。当法
律学说使已制颁（enacted）的法律更为融贯的时候，它就给了我
们更为深刻的法律（the deeper law）的知识——亦即将法律视为一
种理性激发的事实（rationally motivating fact）的知识。

所有这些内容都是高度形而上学的。但要点是这种形而上学使
描述性与规范性的法律学说（descriptive-cum-normative legal doc-
trine）变得有意义。法律学说是（或者至少曾经是）一个事实。
就我个人而言，毋宁说，我希望一种更加简单的形而上学来完成这

一工作。但是我找不到这样的形而上学。这也许是哲学家们能够承担的一个挑战。

第七章 结 论

法律学说面临着哲学性的批判。在前面各章中，我指出了人们 [179]
可以如何回应这些异议（objections）：

● 法学理论具有重要的规范性组成部分，而且据称（alleged-
ly）它们具有专断性（arbitrary），但是规范性陈述在理性上是可以
证成或辩护的。

● 法律学说据称涉及本体论意义上的模糊实体（obscure enti-
ties）。但是法律学说在没有复杂本体论假设的情形下，仍然能够发
挥作用。再者，一个承认习俗性目标与道德性目标的复杂的本体论
是可能的。

● 人们因为法律学说的不确定性而对其进行批判。我们可以用
"可废止性，而不是不确定性"来回答这一异议。

● 法律学说面对着这样的异议，即其错误的假设，在一个多元
社会中存在着某种共同的道德核心。但是，这种核心确实存在，而
且不应该被忽视。

● 法律学说还面对着这样的异议，即其不具有普遍性，而是因
地制宜地具有地方性（territorially local），并因此具有非科学性。
但是这种地方性被过分夸大了。存在着相当多的法律学说的统一性
与永恒性（long-lived）的组成部分。再者，一个精确的规范性陈
述不能是真正普遍性的，因为所有的合道德性都是以社会为中心
的。

对法律学说最重要的异议是其规范性主张是不可证成或辩护
的。但是法律学说产生了一种相对稳定的规范性。这一规范性是基
于融贯性的，它被应用在

● 法律知识；

- 依据法律的正义；
- 法律概念。

在上述这三个方面，法律学说产生了其核心是老生常谈的中级层面的理论。法律学说的证成一方面通过法律理论之间的限制性的、广泛的，以及碎片化的反思平衡来进行，另一方面则通过特殊判断与道德原则之间的同样的反思平衡来进行。老生常谈与证成在共同体内的官员和成员之间形成了争论。反思平衡是以社会为中心的，因为它是众多参与者讨论的结果。它存在于寻求融贯性的人们之间的一种重叠共识中。

有关的老生常谈至少包括如下四种：

- 融贯性理论自身的老生常谈，它由融贯性的判准所组成；
- 以社会为中心的合道德性的老生常谈；
- 一般性法律学说的老生常谈（它们关注法律渊源与法律论证）；
- 特殊性法律学说的老生常谈。

所有这些老生常谈都达致了一种单独的平衡（single equilibrium）。它们中的任何一个都不能独自成为一个更高的判准（super criterion）。老生常谈是模糊的（fuzzy），但是通过将它们集合在一起，我们可以减小模糊的程度。"减小"不等于"消除"。没有任何一种法律学说的理论性重构能够把这样的模糊性转变成一种决定性规则的精确推演（calculus）。

因此，一项法律裁决是可以证成或辩护的（在规范上），当且仅当，它与法律渊源是融贯的（在一个比其他任何裁决都更大的范围内），这些法律渊源主要由下列内容组成：

- 法律条文（legal statutes）；
- 以往的裁决（先例）；
- 准备性文件；
- 法律学说。

因此，法律学说在理性上是可以证成或辩护的。这是否为法律学说勾画了一个更美好的未来呢？没有人确切知道。法学家们善于保持事物的稳定与合理。但是政治体系促进动态的变革，并且可能把法学家们看做是前进的阻碍。很好地适应于大型商业活动需要的经济体系，需要简单与迅速的决断，而不是缓慢的法律争论。很好地适应于科技需要的"后形而上学的"（Post-metaphysical）现代主义，不惜一切代价地需要明晰，并且显示了它在传统的真理、正义，以及道德讨论上的剧变（revulsion）。以几何级数方式增长的信息社会的复杂性给法学家们施加了压力，在很多情况下使得法律的融贯性变成了一个彻头彻尾的幻象。最后但并非最不重要的是，在这样一个复杂与动态的世界中，人们具有一种后宗教的安全（post-religious）需要，一种即便不是真实的，也至少是想象的需要。法律学说过于复杂也过于深谙事故以至于无法回应这种需要。在严谨的社会科学所营造的虚幻中，在对我们所拥有的越来越长的权利清单的政治正确的颂扬中，人们感到更加的欣慰。

那么，我们正在目送法律学说的终结吗？也许是的，如果我们什么都不做。但是问题就是挑战，它们能够也必须获得解决。

参 考 文 献

Aarnio, Aulis. 1979. *Denkweisen der Rechtswissenschaft.* Vienna: Springer.

——. 1984. Paradigms in Legal Dogmatics. In *Theory of Legal Science.* Ed. A. Peczenik et al. , 25-38. Dordrecht: Reidel.

——. 1987. *The Rational as Reasonable. A Treatise on Legal Justification.* Dordrecht: Reidel.

——. 1997. *Reason and Authority. A Treatise on the Dynamic Paradigm of Legal Dogmatics.* Aldershot: Dartmouth.

Aarnio, Aulis, and Aleksander Peczenik. 1996. On Values—Universal or Relative? *Ratio Juris* 4: 321-30.

Aarnio, Aulis, Robert Alexy, and Aleksander Peczenik. 1981. The Foundation of Legal Reasoning. *Rechtstheoris* 2: 133-58; 3: 257-79 and 4: 423-48.

Agell, Anders. 2002. Rationalitet och värderingar i rättsvetenskapen. *Svensk Juristtidning* 3: 243-60.

Alexander, Larry. 2002. The Philosophy of Criminal Law. In *the Oxford Handbook of Jurisprudence & philosophy of law.* Ed. Jules Coleman and Scott Shapiro, 815-67. Oxford: Oxford University Press.

Alexy, Robert. 1978. *Theorie der juristischen Argumentation.* Frankfurt am Main: Suhrkamp.

——. 1980. Die logische Analyse Juristischer Entscheidungen. *ARSP Beibeft Neue Folge* 14: 181-212.

——. 1985. *Theorie der Grundrechte.* Baden-Baden: Nomos.

——. 1989. *Theory of Legal Argumentation.* Trans. Ruth Adler and Neil MacCormick. Oxford: Clarendon.

——. 1992. *Begriff und Geltung des Rechts*. Freiburg: Alber.

——. 1994. Basic Rights and Democracy in Jürgen Habermas's Procedural Paradigm of the Law. *Ratio Juris* 2: 227-38.

——. 1998. Coherence and Argumentation or the Genuine Twin Criterialess super criterion. In *On Coherence Theory of Law*. Ed. Aulis Aarnio, 41-9. Lund: Juristförlaget.

——. 2000a. On the Structure of Legal Principles. *Ratio Juris* 3: 294-304.

——. 2000b. On the Thesis of a Necessary Connection between Law and Morality: Bulygin's Critique. *Ratio Juris* 2: 138-47.

——. 2001. Die Abwägung in der Rechtsanwendung. *Jahresbericht des Institutes für Rechtswissenschaften an der Meiji Gakuin Universität* 17: 69-83.

——. 2003. On Balancing and Subsumption. A Structural Comparison. *Ratio Juris* 4: 433-49.

Alexy, Robert, and Aleksander Peczenik. 1990. The Concept of Coherence and Its Significance for Discursive Rationality. *Ratio Juris* lbis: 130-47.

Anderson, Bruce. 1996. *"Discovery" in Legal Decision-Making*. Dordrecht: Kluwer.

Andersson, Håkan. 1993. *Skyddsändamål och adekvans*. Uppsala: Justus.

Aristotle. *Nicomachean Ethics*. Ed. And trans. Martin Ostwald. Indianapolis, Ind. : BobbsMerrill, 1962.

Artosi, Alberto. 2000. The Limits of Emotivism. Some Remarks on Professor von Wright's Paper "Valuation." *Ratio Juris* 4: 358-63.

Atienza, Manuel, and Juan Ruiz Manero. 1998. *A Theory of Legal Sentences*. Dordrecht: Kluwer.

——. 2002. *Preliminaries for a Theory of Validity*. Delivered on July 1st 2002, at an international IVR conference on "Validity and applicability" in Paris, organized by the S. F. P. J. and the University of Paris X Nanterre.

Aubert, Vilhelm, ed. 1975. *Sociology of Law*. Harmondsworth: Penguin.

Bankowski, Zenon. 1991. Analogical Reasoning and Legal Institutions. In *Legal Knowledge and Analogy*. Ed. Patrick Nerhot. 198-216. Dordrecht: Kluwer.

—— 2001. *Living Lawfully. Love in Law and Law in Love*. Dordrecht: Kluwer.

Barnett, Randy E. 1999. The Richness of Contract Theory. Reviewing "The Richness of Contract Law" by Robert A. Hillman, 1997. *Michigan Law Review* 6: 1413-28.

Bell, Daniel. 2001. Communitarianism. In *Stanford Encyclopedia of philosophy*. http://setis. library. usyd. edu. au/stanford/entries/communitarianism/index. html#1

Bender, John W., ed. 1989. *The current State of the Coherence Theory. Critical Essays on the Epistemic Theories of Keith Lehrer and Laurence BonJour, with Replies*. Dordrecht: Kluwer.

Benson, Peter. 1996. Contract. In *A Companion to Philosophy of Law and Legal Theory*. Ed. Dennis Patterson, 24-56. Cambridge, Mass. : Blackwell.

——. 2002. Philosophy of Property law. In *the Oxford Handbook of Jurisprudence & philosophy of law*. Ed. Jules Coleman and Scott Shapiro, 752-814. Oxford: Oxford University Press.

Berger, Peter, and Thomas Luckmann. 1971. *The social Construction of Reality. A Treatise in the sociology of Knowledge*. Harmondsworth: Penguin.

Bergholtz, Gunnar. 1987. Ratio et Auctoritas. *Ett komparativrättsligt bidrag till frågan om domsmotiveringens betydelse främst I tvistemål*. Lund: Juridiska föreningen.

——. 1997. Rune Lavin v. Aleksander Peczenik: A Swedish Example of the Usefullness of Legal Theory for Legal Dogmatics. In *Justice*, *Morality and Society. A Tribute to Aleksander Peczenik on the Occasion of His 60th Birtbday* 16 *November* 1997. Ed. Aulis Aarnio, Robert Alexy, and Gunnar Bergholtz, 69-78. Lund: Juristförlaget.

Berlin, Isaiah, 1969. *Four Essays on Liberty*. Oxford: Oxford University Press.

———. 1998. On Value Pluralism. *New York Review of Books*, Vol XLV, Number 8. http: //www. cs. utexas. edu/users/vl/notes/berlin. html

Berndt, Jan Fridthjof, and David R. Doublet. 1998. *Vitenskapsfilosofi for jurister*. Bergen: Fagbokforlaget.

Biernat, Tadeusz. 1999. *Legitymizacja wtadzy politycznej. Elementy teorii*. Toruń: Wydawnictwo Adam Marszalek.

Bindreiter, Uta. 2002. *Why* Grundnorm? *A Treatise on the Implications of Kelsen's Doctrine*. The Hague: Kluwer.

Bix, Brian H. 2002. Natural Law, the Modern Tradition. In *the Oxford Handbook of Jurisprudence & Philosophy of law*. Ed. Jules Coleman and Scott Shapiro, 61-103. Oxford: Oxford University Press.

Bjarup, Jes. 1995-1996. Review of A. Peczenik, "Juridikens teori och metod. " *Juridisk Tidskrift* 4: 1174-92.

———. 1997. Reality and Ought. Hägerström's Inaugural Lecture Re-Examined. In *Justice*, *Morality and Society. A Tribute to Aleksander Peczenik on the Occasion of His 60th Birthday*. 16 *November* 1997. Ed. Aulis Aarnio, Robert Alexy, and Gunnar Bergholtz, 79-109. Lund: Juristförlaget.

Björne, Lars. 1995. *Den nordiska rättsvetenskapens historia*. Part 1. Rättshistoriskt Bibliotek LII. Lund: Nerenius & Santérus Förlag AB.

———. 1998. *Den nordiska rättsvetenskapens historia*. Part 2. Rättshistoriskt Bibliotek LVIII. Lund: Rönnells Antikvariat AB.

———. 2002a. Banbrytare, tekniker, iakttagare—den nordiske rättsvetenskapsmannens roller. *Svensk Juristtidning* 3: 235-43.

——. 2002b. *Den nordiska rättsvetenskapens historia.* Part 3. Rättshistoriskt Bibliotek LX. Lund: Rönnells Autikvariat AB.

Blanshard, Brand. 1939. *The Nature of Thought.* London: Macmillan.

Block, Ned. 1997. Anti-Reductionism Slaps Back. *Philosophical Perspectives* 11: 107-32. http: //www. nyu. edu/gsas/dept/philo/faculty/block/papers/antiReductionism. html

BonJour, Laurence. 1985. *The Structure of Empirical Knowledge.* Cambridge, Mass. : Harvard University Press.

Bracker, Susanne. 2000. *Kohärenz und juristische Interpretation.* Baden-Baden: Nomos.

Brandom, Robert B. 1998. *Making It Explicit: Reasoning, Representing, and Discursive Commitment.* Cambriage, Mass. : Harward University Paperback.

Brewer, S. 1996. Exemplary Reasoning: Semantics, Pragmatics and the Rational Force of Legal Argument by Analogy. *Harvard Law Review* 5: 925-1028.

Brockmöller, Annette. 1997. *Die Entstehung im* 19. *Jahrhundert in Deutschland.* Baden-Baden: Nomos.

Brostl, Alexander. 2000. Participation and Impact of Legal Science in Legislation and the Judiciary. In *Legal Research in Dynamic Society. A Polish-Swedish Research Project.* Ed. Krzysztof Palecki and Aleksander Peczenik, 47-80. Cracow: Wydawnictwo Ratio.

Brudner, Alan. 1995. *The Unity of the Common Law. Studies in Hegelian Jurisprudence.* Los Angeles, Calif. : University of California Press.

Bulygin, Eugenio. 2000. Alexy's Thesis of the Necessary Connection between Law and Morality. *Ratio Juris* 2: 133-7.

Burton, Steven. 1980. Breach of Contract and the Common Law Duty to Perform in Good Faith, *Harvard Law Review* 2: 369-404.

Bydlinski, Franz. 1996. *System und Prinzipien des privatrechts.*

Vienna: Springer.

Cartwright, Nancy. 1999. *The Dappled World. A study of the Boundaries of Science.* Cambridge: Cambridge University Press.

Castañeda, Hector-Neri. 1980. *On Philosophical Method.* Indianapolis, Ind. : Nous.

Chisholm, R. M. 1966. *Theory of Knowledge.* Englewood cliffs, N. J. : Prentice-Hall.

Christensen, Anna. 2000. Protection of the Established Position: A Basic Normative Pattern. *Scandinavian Studies in Law* 40: 285-324.

Coleman, Jules L. 1988. *Market, Morals, Morals and the Law.* Cambridge: Cambridge University Press.

———. 1992. *Risks and Wrongs.* Cambridge: Cambridge University Press.

———. 2002. Methodology. In *the Oxford Handbook of Jurisprudence & Philosophy of Law.* Ed. Jules Coleman and Scott Shapiro, 311-51. Oxford: Oxford University Press.

Collins, H. 1995. Review of Trebilcock, "The Limits of Freedom of Contract." *Modern Law Review* 3: 446-8.

Copp, David. 1995. *Morality, Normativity & Society.* Oxford: Oxford University Press.

———. 2001. Realist-Expressivism: A Neglected Option for Moral Realism. *Social Philosophy & Policy* 2: 1-43.

Cudd, Ann E. 2002. Contractarianism. In *Stanford Encyclopedia of philosophy.* http: //plato. stanford. edu/entries/contractarianism/#4

Dahlman, Christian. 2000. *Konkurrerande culpakriterier.* Lund: Studentlitteratur.

———. 2002. *Objektiv moral.* Lund: Studentlitteratur.

Dalberg-Larsen, Jörgen. 1977. *Retsvidenskaben som samfundsvidenskab.* Copenhagen: Juristforbundets.

Dancy, J. 1993. *Moral Reasons.* Oxford: Blackwell.

Daniels, Norman. 1985. Two Approaches to Theory Acceptance in

Ethics. In Morality, *Reason and Truth*. Ed. David Copp and David Zimmerman, 120-40. Ottawa: Rowman and Allenheld.

Dickson, Julie. 2001. Interpretation and Coherence in Legal Reasoning. In *Stanford Encyclopedia of philosophy*. http: //setis. library. usyd. edu. au/stanford/archives/fall2001/entries/ legalreas- interpret/#Bib

Dreier, Ralf. 1965. *Zum Begriff der "Natur der Sache."* Berlin: de Gruyter.

——. 1981. Zur Theoriebildung in der Jurisprudenz. In Ralf Dreier, *Recht, Moral, Ideologie. Studien Zur Rechtstbeorie*, 70-105. Frankfurt am Main: Suhrkamp.

——. 1984. Natur der Sache. In *Historischer Wörterbuch der philosophie*, vol. 6: 478-82. Darmstadt: Wissenschaftliche Buchgesellschaft.

——. 1991. Irrationalismus in der Rechtswissenschaft. In Ralf Dreier, *Recht-Staat-Vernunft. Studien zur Rechtstheorie* 2, 120-41. Frankfurt am Main: Suhrkamp.

Duff. R. A. 2002a. Harms and Wrongs. *Buffalo Criminal Law Review* 1: 13-45.

——. 2002b. Legal Punishment. In *Stanford Encyclopedia of Philosophy*. http: //plato. stanford. edu/entries/legal-punishment/

Dworkin, Ronald. 1977. *Taking Rights Seriously*. Cambridge, Mass. : Harvard University Press.

——. 1986. *Laws' Empire*. London: Fontana.

Eckhoff, Torstein. 1993. *Rettskildelaere*. 3rd ed. Oslo: Tano.

Ekelöf, P. O. 1945. Juridisk slutledning och terminology. *Tidsskrift for Rettsvitenskap* 2: 211-72.

——. 1958. Teleological Construction of Statutes. *Scandinavian Studies in Law* 2: 77-117.

Elster, Jon. 1983. *Explaining Tecchnical Change: A Case Study in the Philosophy of Science*. Cambridge: Cambridge University Press.

——. 1989. *Nuts and Bolts for the Social Sciences*. Cambridge:

Cambridge University Press.

———. 1999. *Alchemies of the Mind: Rationality and the Emotions.* Cambridge: Cambridge University Press.

Eng, Svein. 1998. *U/enighetsanalyse-med saerlig sikte påjus og allmenn rettsteori.* Oslo: Universitetsforlaget.

———. 2000. Fusion of Descriptive and Normative Propositions. The Concepts of "Descriptive Proposition" and "Normative Proposition" as Concepts of Degree. *Ratio Juris* 3: 236-60.

———. 2003. *Analysis of Dis/agreement-with Particular Reference to Law and Legal Theory.* The Hague: Kluwer.

Engisch, Karl. 1968. *Einführung in das juristische Denken.* 4th ed. Stuttgart: Kohlhammer.

Ewing, Alfred Cyril. 1934. *Idealism: A Critical Survey.* London: Methuen & Co.

Finnis, John M. 2002. Natural Law: The Classical Tradition. In *The Oxford Handbook of Jurisprudence & Philosophy of Law.* Ed. Jules Coleman and Scott. Shapiro, 1-60. Oxford: Oxford University Press.

Frändberg, Åke. 1973. *Om analog användning av rättsnormer.* Stockholm: Norstedts.

———. 2000. Review of A. Peczenik "Vadär rätt?" *Svensk Juristtidning* 7: 654-62.

Freeman, Kathleen, and Arthur M. Farley. 1997. A Model of Argumentation and Its Application to Legal Reasoning. In *Logical Models of Legal Argumentation.* Ed. H. Prakken and G. Sartor, 7-42. Dordrecht: Kluwer.

Fried, C. 1981. *Contract as Promise: A Theory of contractual Obligation.* Cambridge, Mass. : Harvard University Press.

Fuller, Lon. 1964. *The Morality of Law.* London: Yale University Press.

———. 1986. Positivism and Fidelity to Law. In *philosophy of Law.* Ed. J. Feinberg and H. Gross, 68-88. 3rd ed. Belmont, Galif. : Wadsworth.

275

Gallie, W. B. 1956. Essentially Contested Concepts. *Proceedings of the Aristotelian Society* 56: 167-98.

Gardner, John, and Timothy Macklem. 2002. Reasons. In *The Oxford Handbook of Jurisprudence & Philosophy of Law.* Ed. Jules Coleman and Scott Shapiro, 440-75. Oxford: Oxfrod University Press.

George, Robert P. 1996. *The Autonomy of Law. Essays on Legal Positivism.* Oxford: Clarendon.

Goodman, Nelson. 1978. *Ways of Worldmaking.* Sussex: Harvester.

Gordley, C. J. 1991. *The Philosophical Origins of Mdern Contract Doctrine.* Oxfrod: Clarendon.

Gordon, T. F. 1995. *The Pleadings Game-An Artificial Intelligence Model of Procedural Justice.* Dordrecht: Kluwer.

Graver, Hans-petter. 1992. Normative systemer-skisse til en opplösning av rettsbegrepet. In *Forvaltningsrett of rettskildelaere.* Ed. Ken Uggerudd, 133-52. Olso: Universitetsforlaget.

Gustafsson, Håkan. 2002. *Rättens polyvalens.* Lund: Sociologiska institutionen.

Gutmann, Amy. 1995. Justice across the Spheres. In *Pluralism, Justice and Equality.* Ed. David Miller and Michael Walzer, 99-199. Oxford: Oxford University Press.

Gutmann, Amy, and Dennis Thompson. 2000. Why Deliberative Democracy Is Different? *Social Philosophy &Policy* 1: 161-80.

Haack, Susan. 1993. *Evidence and Inquiry. Towards Reconstruction in Eqistemology.* Oxford: Blackwell.

——. 1998. *Manifesto of a Passionate Moderate.* Chicago, Ill. : Chincago University Press.

Habermas, Jürgen. 1994. *Faktizität und Geltung. Beiträge zur Diskurstheorie des Rechts und des demokratischen Rechtsstaats.* Darmstadt: Wissenschaftliche Buchgesellschaft.

Hage, J. C. 1997a. A Theory of Legal Reasoning and a Logic to Match. In *Logical Models of Legal Argumentation*. Ed. H. Prakken and G. Sartor, 43-118. Dordrecht: Kluwer.

——. 1997b. *Reasoning with Rules*. Dordrecht: Kluwer.

——. 2004. Law and Coherence. *Ratio Juris* 1: 87-105.

Hage, J. C., and Aleksander Peczenik. 2000. Law, Morals and Defeasibility. *Ratio Juris* 3: 305-25.

——. 2001. Legal Internalism. In *The Legal Ought*. Ed. Pierluigi Chiassoni, 141-70. Turin: Ciappichelli.

Hägerström, Axel. 1929. Selbstdarstellung. In *Die Philosophie der Gegenwart in Selbstdarstellungen*, vol. 7. Ed. R. Schmidt, 111-59. Leipzig: Felix Meiner.

Hare, R. M. 1981. *Moral Thinking*. Oxford: Oxford University Press.

Harman, Glbert, and Judith Jarvis Thomson. 1996. *Moral Relativism and Moral Objectivity*. Oxford: Blackwell.

Harsanyi, J. C. 1953. Cardinal Utility in Welfare Economics and in the Theory of Risk-Taking. *The Journal of Political Economy* 61: 434-5.

Hart, Herbert L. A. 1952. The Ascription of Responsibility and Rights. In *Essay on Logic and Language*. Ed. A. G. N. Flew, 145-65. Oxford: Blackwell.

——. 1961. *The concept of Law*. Oxford: Clarendon.

——. 1983. Positivism and the Separation of Law and Morals. In H. L. A. Hart, *Essays in Jurisprudence and Philosophy*, 49-87. Oxford: Clarendon.

Hayek, F. A. 1960. *The Constitution of Liberty*. Chicago, Ill.: The University of Chicago Press.

Heck, Philipp. 1968. *Das Problem der Rechtsgewinnung. Gesetzesauslegung und Interessenjurisprudenz. Begriffsbildung und Interessenjurisprudenz*. Ed. Roland Dubischar. Zürich: Gehlen.

Hedenius, Ingemar. 1963. *Om rätt och moral*. 2nd ed. Stockholm: Wahlström & Widstrand.

Hegel, G. W. F. 1999. Phänomenologie des Geistes. In G. W. F. Hegel, *Hauptwerke*, vol. 2: 1-526. Darmstadt: Wissenschaftliche Buchgesellschaft.

Hellner, Jan. 1990. Justice in the Distribution of Benefits. *Ratio Juris* 1 bis: 162-72.

——. 1995. *Skadeståndsrätt*. 5th ed. Stockholm: Juristförlaget.

——. 2001. *Metodproblem I rättsvetenskapen*. Stockholm: Jure.

Himma, Kenneth Einar. 2002a. Inclusive Legal Positivism. In *The Oxford Handbook of Jurisprudence&Philosophy of Law*. Ed. Jules Coleman and Scott Shapiro, 125-65. Oxford: Oxford University Press.

——. 2002b. Legal Positivism. In *Internet Encyclopedia of Philosophy*. http://www.utm.edu/ research/iep/1/legalpos. htm # Inclusive%20vs.%20Exclusive%20Positivism

——. 2002c. Philosophy of Law. In *Internet Encyclopedia of Philosophy*. http://www.utm.edu/research/iep/l/law-phil.htm

Van Hoecke, Mark. 1985. *What Is Legal Theory?* Leuven: Acco.

Van Hoecke, Mark, and Francois Ost. 1997. Legal Doctrine in Crisis: Towards a European Legal Science. In *Justice, Morality and Society. A Tribute to Aleksander Peczenik on the Occasion of His 60th Birthday 16 November 1997*. Ed. Aulis Aarnio, Robert Alexy, and Gunnar Bergholtz, 189-209. Lund: Juristförlaget.

Hume, David. 1985. *A Treatise of Human Nature*. Ed. L. A. Selby-Bigge. Oxford: Oxfrod University Press.

Hunter, Dan. 2002. *Analogy in Legal Reasoning*. http://www.compapp.dcu.ie/ ~ tonyv/MIND/ dan. html

Hurka, Thomas. 1993. *Perfectionism*. Oxford: Oxford University Press.

Jackson, Bernard. 1988. *Law, Fact and Narrative Coherence*. Roby: Deborah Charles.

Jansen, Nils. 1998. *Die Struktur der Gerechtigkeit.* Baden-Baden: Nomos.

Jareborg Nils. 1975. *Värderingar.* Stockholm: Norstedt.

———. 1988. *Essays in Criminal Law.* Uppsala: Justus.

———. 1992. *Straffideologiska fragment.* Uppsala: Justus.

Jerusalem, Franz W. 1968. *Die Zersetzung im Rechtsdenken.* Stuttgart: Kohlhammer.

Jescheck, Hans-Heinrich, and Thomas Weigend. 1996. *Lehrbuch des Strafrechts. Allgemeiner Teil.* 5th ed. Berlin: Duncker & Humblot.

Kagan, Shelly. 1989. *The Limits of Morality.* Oxford: Oxford University Press.

Kamm, F. M. 2002. Rights. *In The Oxford Handbook of Jurisprudence & Philosophy of Law.* Ed. Jules Coleman and Scott Shapiro, 476-513. Oxford: Oxford University Press.

Kaufmann, Arthur. 1982. *Analogie und "Natur der Sache": Zugleich ein Beitrag zur Lehre von Typus.* 2nd ed. Heidelberg: Decker und Müller.

Kelsen, Hans. 1960. *Reine Rechtslehre.* 2nd ed. Vienna: Deuticke.

Kimel. Dori. 2001. Neutrality, Autonomy, and Freedom of Contract. *Oxford Journal of Legal Studies* 3: 473-94.

Kirchmann, Julius H. Von. 1990. *Die Werthlosigkeit der Jurisprudenz als Wissenschaft.* Ed. Hermann Klenner. Berlin: Rudolf Hauke. (lst ed. 1948.)

Klatt, Matthias. 2002. *Theorie der Wortlautgrenze. Semantische Normativitat in der Juristischen Argumentätion.* Inauguraldissertation zur Erlangung des Grades des Doktors der Rechte. Düsseldorf.

Koriath, Heinz. 1994. *Grundlagen strafrechtlicher Zurechnung.* Berlin: Duncker & Humblot.

Kronman, Anthony T. 1980. Contract Law and Distributive Justice. *Yale Law Journal* 3: 472-511.

Krygier, Martin. 1986. Law as Tradition. Law and Philosophy 5：237-62.

——. 1991. Thinking Like a Lawyer. In *Ethical Dimensions of Legal Theory. Amsterdam.* Ed. Wojciech Sadurski, 67-90. Atlanta, Ga.：Rodopi.

Kuhn, Thomas S. 1970. *The Structure of Scientific Revolutions.* 2nd ed. Chicago. Ill.：University of Chicago Press.

——. 1979. *The Essential Tension.* Chicago, Ill.：University of Chicago Press.

Kutschera, Franz von. 1972. *Wissenschaftstheorie.* Munich：Wilhelm Fink.

Kutz, Christopher. 2002. Responsibility. In The Oxford Handbook of Jurisprudence & Philosophy of Law. Ed. Jules Coleman and Scott Shapiro, 548-87. Oxford：Oxford University Press.

Lagerspetz, Eerik. 1995. *The Opposite Mirrors. An Essay on the Conventionalist Theory of Institutions.* Dordrecht：Kluwer.

——. 1999. On the Existence of Institutions. In *Dialectic of Law and Reality. Readings in Finnish Legal Theory.* Ed. Lars D. Eriksson and Samuli Hurri, 197-216. Helsinki：University of Helsinki, Faculty of Law.

Lakatos, Imre. 1970. Falsification and the Methodology of Scientific Research Programmes. In *Criticism and the Growth of Knowledge.* Ed. Imre Lakatos and Alan Musgrave, 91-196. London：Cambridge University Press.

Lamont, Julian. 2002. Distributive Justice. In *Stanford Encyclopedia of philosophy.* http：//cdl. library. usyd. edu. au/stanford/archives/win1997/entries/justice-distributive/

Landes, William M. , and Richard A. Posner. 1987. *The Economic Structure of the Tort Law.* Cambridge, Mass. ：Harvard University Press.

Lang, Wieslaw. 1962. *Obowiązywanie prawa.* Warsaw：PWN.

Larenz, Karl. 1983. Methodenlehre der Rechtswissenschaft. 5th ed. Berlin: Springer.

Larenz, Karl, and Klaus Wilhelm Canaris. 1995. *Methodenlebre der Rechtswissenschaft.* 3rd ed. Berlin: Springer.

Lehrberg, Bert. 1989. *Förutsättningsläran.* Uppsala: Justus.

———. 2003. *Avtalsrättens grundelement.* Stockholm: Norstedts Juridik AB.

Lehrer, Keith. 1990. *Theory of Knowledge.* London: Routledge.

———. 1997. *Self-Trust. A Study of Reason, Knowledge, and Autonomy.* Oxford: Clarendon.

Lind, Johan. 1996-1997. Högsta Domstolen och frågan om doktrin och motiv som rättskälla. *Juridisk Tidskrift* 2: 352-70.

Lindahl, Lars. 1997. Framework for an Analysis of Importance. *In For Good Measure. Philo sophical Essays Dedicated to Jan Odelstad on the Occasion of His Fiftieth Birthday.* Ed. Lars Lindahl et al., 111-25. Uppsala: Uppsala University, Department of Philosophy.

Lindahl, Lars, and Jan Odelstad. 2000. An Algebraic Analysis of Normative Systems. *Ratio Ju-ris* 3: 261-78.

Llewellyn, Karl N. 1960. *The Common Law Tradition. Deciding Appeals.* Boston, Mass.: Little, Brown and Co.

Lodder, Arno. 1999. DiaLaw. *On Legal Justification and Dialogical Models of Argumentation.* Dordrecht: Kluwer.

Lucas, J. R. 1980. *On Justice.* Oxford: Clarendon.

Luhmann, Niklas. 1993. *Das Recht der Gesellschaft.* Frankfurt am Main: Suhrkamp.

MacCallum, G. C. 1967. Negative and Positive Freedom. *Philosophical Review* 3: 312-34.

MacCormick, D. Nell. 1978. *Legal Reasoning and Legal Theory.* Oxford: Clarendon.

———. 1984. Coherence in Legal Justification. In *Theory of Legal Science.* Ed. Aleksander Peczenik, Lars Lindahl, and Bert van Roermund, 235-52. Dordrecht: Reidel.

MacCormick, D. Nell, and Robert S Summers, eds. 1991. *Interpreting Statutes. A Comparative Study.* Aldershot: Dartmouth.

———, eds. 1997. *Interpreting Precedents. A Comparative Study.* Aldershot: Dartmouth.

Mackie, John L. 1977. The Third Theory of Law. *Philosophy & Public Affairs* 1: 3-16.

Malt, Gert-Fredrik. 1992. To glemte linjer i tradisjonell rettsfinningslaere. *Tidsskrift for Rettsvitenskap* 1-2: 48-83.

Marmor, Andrei. 1992. *Interpretation and Legal Theory.* Oxford: Clarendon.

———. 2002a. Exclusive Legal Positivism. In *The Oxford Handbook of Jurisprudence & Philosophy of Law.* Ed. Jules Coleman and Scott Shapiro, 104-24. Oxford: Oxford University Press.

———. 2002b. On the Nature of Law. In *Stanford Encyclopedia of Philosophy.* http: // plato, stanford, edu/entries/lawphil-nature/

Maurer, Hartmut. 2000. *Allgemeines Verwaltungsrecht.* 13th ed. Munich: C. H. Beck.

McNaughton, David. 1988. *Moral Vision.* Oxford: Blackwell.

Miller, David. 1976. *Social Justice.* Oxford: Clarendon.

———. 1999. *Principles of Social Justice.* Cambridge, Mass. : Harvard University Press.

Mommers, Laurent. 2002. *Applied Legal Epistemology: Building a Knowledge-based Ontology of the Legal Domain.* Dissertation. Leiden: University of Leiden.

Moore, Michael. 1992. Law as Functional Kind. In *Natural Law Theories, New Essays.* Ed. Robert E Gorge, 188-244. Oxford: Clarendon.

———. 1999. Causation and Responsibility. *Social Philosophy & Policy* 2: 1-51.

———. 2000. *Educating Oneself in Public. Critical Essays in Juris-*

prudence. Oxford: Oxford University Press.

Mulhall, Stephen, and Adam Swift. 1992. *Liberals & Communitarians*. 2nd ed. Oxford: Blackwell.

Müller, Friedrich. 1997. *Juristische Methodik*. 7th ed. Berlin: Duncker & Humblot.

Nagel, Ernest. 2001. Pluralism and Coherence. In *The Legacy of Isaiah Berlin*. Ed. Ronald Dworkin, Mark Lilla, and Robert B. Silvers, 105-12. New York, N. Y. : New York Review Books.

Navarro, Pablo E. 2001. Legal Reasoning and Systematization of Law. In *Pluralism and Law*. Ed. A. Soeteman, 251-78. Dordrecht: Kluwer.

Nergelius, Joakim. 1996. *Konstitutionellt rättighetsskydd. Svensk rätt i ett komparativt perspektiv*. Stockholm: Fritzes.

——. 1997. Domstolarna, grundlagen och rättighetsskyddet—några reflektioner kring de senaste årens debatt och praxis. *Svensk Juristtidning* 5-6: 426-57.

Nicander, Hans. 1995-1996. Lojalitetsplikt före, under och efter avtalsförhållanden. *Juridisk Tidskrift* 1: 31-49.

Noll, Gregor. 2000. *Negotiating Asylum*. The Hague: Martinus Nijhoff.

Nowak, Karol. 2003. *Oskyldighetspresumtion*. Stockholm: Norstedts.

Odelstad, Jan. 2002. *Intresseavvägning*. Stockholm: Thales.

Olivecrona, Karl. 1971. *Law as Fact*. 2nd ed. London: Stevens & Sons.

Pattaro, Enrico. 1997. Towards a Map of Legal Knowledge. In *Law and Language, The Italian Analytical School*. Ed. A. Pintore and M. Jori, 85-111. Liverpool: Deborah Charles.

Paulson, Stanley L. 2000. On the Puzzle Surrounding Hans Kelsen's Basic Norm. *Ratio Juris* 3: 279-93.

Peczenik, Aleksander. 1966. *Warto śċ naukowa dogmatyki prawa*.

Cracow: Nakl. Uniwersytetu Jagiellonskiego.

——. 1967. Doctrinal Study of Law and Science. *Österreichische Zeitschrift für öffentliches Recht* 1-2: 128-41.

——. 1968. Norms and Reality. Theoria. *A Swedish Journal of Philosophy and Psychology* 2: 117-133.

——. 1969. Empirical Foundations of Legal Dogmatics. *Logique et Analyse* 12: 32-64.

——. 1970. *Essays in Legal Theory. Foreword by Alf Ross.* Copenhagen: New Social Science Monographs.

——. 1971a. Analogia Legis. Analogy from Statutes in Continental Law. *Logique et Analyse* 14: 329-36.

——. 1971b. Principles of Law: The Search for Legal Theory. *Rechtstheorie* 1: 17-36.

——. 1974. *Juridikens metodproblem.* Stockholm: Almqvist & Wiksell.

——. 1975a. Leon Petrazycki and the Post-Realist Jurisprudence. In *Sociology and Jurisprudence of Leon Petrazycki.* Ed. J. Górecki, 83-107. Chicago, Ill. : University of Illinois Press.

——. 1975b. Review ofJerzy Wróblewski, "Sadowe stosowanie prawa." *Rechtstheorie*: 247-51.

——. 1979a. *Causes and Damages.* Lund: Juridiska föreningen.

——. 1979b. Non-equivalent Transformations and the Law. In *Reasoning on Legal Reasoning.* Ed. A. Peczenik and Jyrki Uusitalo, 47-64. Vammala: Vammalan Kirjapaino Oy.

——. 1981. On the Nature and Function of the *Grundnorm. Rechtstheorie Beiheft* 2: 279-98.

——. 1982. Two Sides of the *Grundnorm.* In *Die Reine Rechtslehre in wissenschaftlicher Diskussion*, 58-63. Vienna: Manz.

——. 1983. *The Basis of Legal Justification.* Dissertation. Lund: University of Lund.

——. 1984. Legal Data. An Essay about the Ontology of Law. In

Theory of Legal Science. Ed. Aleksander Peczenik, Lars Lindahl, and Bert van Roermund, 97-120. Dordrecht: Reidel.

———. 1989. *On Law and Reason.* Dordrecht: Kluwer.

———. 1995. Vadär rätt. Stockholm: Norstedts.

———. 1998a. A Coherence Theory of Juristic Knowledge. In *On Coherence Theory of Law.* Ed. A. Aarnio, 9-15. Lund: Juristförlaget.

———. 1998b. Second Thought on Coherence and Juristic Know ledge. In *Coherence Theory of Law.* Ed. A. Aarnio, 51-66. Lund: Juristförlaget.

———. 1999. The Passion for Reason. In *The Law in Philosophical Perspectives.* Ed. Luc Wintgens, 173-224. Dordrecht: Kluwer.

———. 2001. A Theory of Legal Doctrine. *Ratio Juris* 1: 75-105.

Peczenik, Aleksander, and J. C. Hage. 2000. Legal Knowledge about What? *Ratio Juris* 3: 326-45.

Peczenik, Aleksander, and Horacio Spector. 1987. A Theory of Moral Ought-Sentences. *Archiv für Rechts—und Sozialphilosophie* 4: 441-75.

Perelman, Chaim. 1963. *The Idea of Justice and the Problem of Argument.* London: Routledge.

Perelman, Chaim, and L. Olbrechts-Tyteca. 1969. *The New Rhetoric. A Treatise on Argumentation.* Notre Dame: University of Notre Dame Press.

Perry, Stephen R. 1987. Judicial Obligation, Precedent and the Common Law. *Oxford Journal of Legal Studies* 2: 215-57.

———. 1996. Tort Law. In *A Companion to Philosophy of Law and Legal Theory.* Ed. Dennis Patterson, 57-79. Cambridge, Mass. : Blackwell.

———. 2000. On the Relationship between Corrective and Distributive Justice. In *Oxford Essays in Jurisprudence. Fourth Series.* Ed. Jeremy Horder, 237-64. Oxford: Oxford University Press.

Peterson, Claes. 1997. Zwischen statischen Rechtskategorien und historisch veränderlichen positiven Recht: das naturrechtliche dilemma. In *History and European Private Law*. Ed. Claes Peterson, 121-36. Lund: Nerenius & Santérus.

Petrażycki, Leon. 1955. *Law and Morality*. Trans. Hugh W. Babb. Cambridge, Mass. : Harvard University Press.

———. 1959a. *Teoria prawa i państwa w związku z teorią moralności*, vol. 1. Warsaw: PWN.

———. 1959b. *Wstęp do nauki prawa i moralności*. Warsaw: PWN.

———. 1960. *Teoria prawa i państwa w związku z teorią moralności*, vol. 2. Warsaw: PWN.

Pettit, Philip. 1993. *Common Mind*. Oxford: Oxford University Press.

Pojman, Louis P. 1999. Does Equality Trump Desert? In *What Do We Deserve*? Ed. Louis Pojman and Owen McLeod, 283-97. Oxford: Oxford University Press.

Polanyi, Michael. 1962. *Personal Knowledge. Towards a Post-Critical Philosophy*. Corrected Edition. Chicago, Ill. : The University of Chicago Press.

Pollock, John L. 1986. *Contemporary Theories of Knowledge*. Savage, Minn. : Rowman & Littlefield.

Popper, Karl R. 1959. *The Logic of Scietific Discovery*. New York, N. Y. : Basic.

——— . 1972. *Objective Knowledge*. Oxford: Clarendon.

Posner, Richard. 1979. Utilitarianism, Economics, and Legal Theory. *Journal of Legal Studies* 1: 103-40.

——— . 1980. The Ethical and Political Basis of the Efficiency Norm in Common Law Adjudication. *Hofstra Law Review* 3: 487-507.

———. 1990. *The Problems of Jurisprudence*. Cambridge, Mass. : Harvard University Press.

———. 1995. *Overcoming Law*. Cambridge, Mass. : Harvard University Press.

Postema, Gerald J. 1998. Jurisprudence as Practical Philosophy. *Legal Theory* 4: 329-57.

———. 2001. *"If This Keeps Up"*: *Thinking Analogically in Law.* Unpublished lecture presented in Lund (Sweden) on May 3, 2001.

Prakken, Henry, and Giovanni Sartor. 1996. A Dialectical Model of Assessing in Conflicting Arguments in Legal Reasoning. *Artificial Intelligence and Law* 3-4: 331-68.

Quine, Willard Van Orman. 1953. *From a Logical Point of View.* Cambridge, Mass. : Harvard University Press.

———. 1960. *Word and Object.* Cambridge, Mass. : Technology Press of MIT and Wiley.

———. 1969. *Ontological Relativity and Other Essays.* New York, N. Y. : Columbia University Press.

Rabin, Robert L. 1996. Review of Ernest J. Weinrib "The Idea of Private Law." *Yale Law Journal* 8: 2261-83.

Rabinowicz, Wlodek. 1998. Peczenik's Passionate Reason. In *On Coherence Theory of Law.* Ed. Aulis Aarnio, 17-23. Lund: Juristförlaget.

Radbruch, Gustav. 1950. *Rechtsphilosophie.* Stuttgart: Koehler.

Raisch, Peter. 1995. *Juristische Methoden.* Heidelberg: C. E Müller.

Rawls, John. 1971. *A Theory of Justice.* Oxford: Oxford University Press.

———. 1993. *Political Liberalism.* New York, N. Y. : Columbia University Press.

———. 1999. *The Law of Peoples: With "The Idea of Public Reason Revisited."* Cambridge, Mass. : Harvard University Press.

Raz, Joseph. 1979. *The Authority of Law.* Oxford: Clarendon.

———. 1981. The Purity of the Pure Theory. *Revue internationale de philosophie* 4: 441-59.

———. 1994. *Ethics in the Public Domain. Essays in the Morality of*

Law and Politics. Oxford: Clarendon.

——. 1996a. Intention in Interpretation. In *The Autonomy of Law.* Ed. R. P. George, 249-86. Oxford: Clarendon.

——. 1996b. Why Interpret? *Ratio Juris* 4: 349-63.

Reichenbach, Hans. 1949. *The Theory of Probability: An Inquiry into the Logical and Mathematical Foundations of the Calculus of Probability.* Trans. Ernest H. Hutten, and Maria Reichenbach. Berkeley, Calif. : University of California Press.

Reidhav, David. 1998. *Utilitas et Pactum et Industria.* Lund: Lund University, Faculty of Law.

Rescher, Nicholas. 1973. *The Coherence Theory of Truth.* Oxford: Blackwell.

——. 2001. *Philosophical Reasoning. A Study in the Methodology of Philosophizing.* Malden, Mass. : Blackwell.

——. 2002. *Fairness. Theory & Practice of Distributive Justice.* London: Transaction.

Richardson, M. 1990. Contract Law and Distributive Justice Revisited. *Legal Studies* 3: 258-70.

Rolf, Bertil. 1991. *Profession, tradition och tyst kunskap. En studie i Michael Polyanyis teori om den professionella kunskapens tysta dimension.* Lund: Nya Doxa.

Ross, Alf. 1929. *Theorie der Rechtsquellen.* Leipzig: Deuticke.

——. 1951. Tû-Tû. In *Festskrift til Henry Ussing.* Ed. O. A. Borum and K. Ilium, 468-84. Copenhagen: Juristforbundet.

——. 1956-1957. Tû-Tû. *Harvard Law Review* 5: 812-25.

——. 1958. *On Law and Justice.* London: Stevens.

Roxin, Claus. 1989. Finalität und objektive Zurechnung. In *Gedächtnisschrift für Armin Kaufmann.* Ed. Gerhard Dornseifer, 237-51. Köln: Heymanns.

——. 1993. Das Schuldprinzip im Wandel. In *Festschrift für Arthur Kaufmann.* Ed. Fritjof Haft, 519-35. Heidelberg: Müller.

Sandström, Marie. 1989. *Die Herrschaft der Rechtswissenschaft.* Stockholm: Nordiska Bokhandeln.

——. 1993. Das römische Recht-von ratio scripta zu "Muster" und "Vorbild. " In *Juristische Theoriebildung und Rechtliche Einheit.* Ed. Claes Peterson, 163-78. Lund: Nerenius & Santérus.

Sartor, Giovanni. 2001. Legal Validity as Doxastic Obligation: From Definition to Normativity. *Law and Philosophy* 5: 585-625.

Savigny, Friedrich Carl. 1840. *System des heutigen römischen Rechts*, vol. 1. Berlin: Veit.

——. 1993. *Vorlesungen über juristische Methodologie* 1802-1842. Ed. Aldo Mazzacane. Frankfurt am Main: Klostermann.

Scanlon, T. M. 1998. *What We Owe to Each Other.* Cambridge, Mass. : Belknap Press of Harvard University Press.

Schauer, Frederick. 1991. *Playing By The Rules: A Philosophical Examination of Rule-Based Decision-Making in Law and in Life.* Oxford: Clarendon.

Schmidt, Folke. 1957. Construction of Statutes. *Scandinavian Studies in Law* 1: 155-98.

Searle, John R. 1995. *The Construction of Social Reality.* Harmondsworth: Penguin.

Shapiro, Scott J. 2002. Authority. In *The Oxford Handbook of Jurisprudence & Philosophy of Law.* Ed. Jules Coleman and Scott Shapiro, 382-439. Oxford: Oxford University Press.

Shiner, Roger A. 1982. Precedent, Discretion and Fairness. In *Law, Morality and Rights.* Ed. M. A. Stewart, 93-136. Dordrecht: Reidel.

——. 1992. *Norm and Nature: The Movements of Legal Thought.* Oxford: Clarendon.

Simmonds, N. E. 1998. Rights at the Cutting Edge. In *A Debate over Rights.* M. H. Kramer, N. E. Simmonds and H. Steiner, 113-232. Oxford: Clarendon.

Sintonen, Matti. 1998. De nouveaux outils pour les philosophes des sciences. In *Jaakko Hintikka. Questions de logique et de phenome-nologie*. Ed. Elisabeth Rigal, 81-96. Paris: Librairie Philosophique J Vrin.

Smith, Michael. 1994. *The Moral Problem*. Oxford: Blackwell.

Smith, Stephen A. 2000. Towards a Theory of Contract. In *Oxford Essays in Jurisprudence. Fourth Series*. Ed. Jeremy Horder, 107-30. Oxford: Oxford University Press.

Sosa, Ernest. 1998. Putnam's Pragmatic Realism. In *Metaphysics: The Big Questions*. Ed. Peter van Inwagen and Dean W. Zimmerman, 399-407. Oxford: Blackwell.

Spector, Horacio M. 1997. Self-Ownership and Efficiency. In *Justice, Morality and Society. A Tribute to Aleksander Peczenik on the Occasion of His 60th Birthday 16 November 1997*. Ed. Aulis Aarnio, Robert Alexy, and Gunnar Bergholtz, 359-71. Lund: Juristförlaget.

Stegmüller, Wolfgang. 1975. *Der sogenannte Zirkel des Verstehens*. Darmstadt: Wissenschaftliche Buchgesellschaft.

Steinwand, Jonathan. 2003. *Criticism*. http://www.cord.edu/faculty/steinwan/criticism grid. htm

Stoll, H. 1968. *Kausalzusammenhang und Normzweck im Deliktsrecht*. Tübingen: Mohr.

Stone, Martin. 1995. Focusing the Law: What Legal Interpretation Is Not. In *Law and Interpretation*. Ed. A. Marmor, 31-96. Oxford: Clarendon.

Strömberg, Tore. 1981. *Inledning till den allmänna rättsläran*. 8th ed. Lund: Studentlitteratur.

———. 1989. Rättsfilosofins historia i huvuddrag. 3rd ed. Lund: Studentlitteratur.

Suber, Peter. 1997. Legal Reasoning after Post-Modern Critiques of Reason. *Legal Writing*: 21-50.

Summers. Robert S. 1968. Good Faith in General Contract Law

and the Sales Provisions of the Uniform Commercial Code. *Virginia Law Review* 2: 195-267.

——. 1978. Two Types of Substantive Reasons: The Core of a Theory of Common-Law Justification. *Cornell Law Review* 5: 707-88.

——. 1995. The Juristic Study of Law's Formal Character. *Ratio Juris* 3: 237-48.

Sunstein, Cass R. 1996. *Legal Reasoning and Political Conflict.* Oxford: Oxford University Press.

Svensson, Ola. 2001. *Formell ochfaktisk avtalsfrihet.* Manuscript.

Swanton, Christine. 1992. *Freedom: A Coherence Theory.* Indianapolis, Ind. : Hackett.

Taylor, Charles. 1999. Conditions of an Unforced Consensus on Human Rights. In *The East Asian Challenge for Human Rights.* Ed. J. R. Bauer and D. Bell, 124-46. New York, N. Y. : Cambridge University Press.

Thagard, Paul. 2000. *Coherence in Thought and Action.* Cambridge, Mass. : MIT Press.

Toepel, Friedrich. 1992. *Kausalität und Pflichtwidrichkeitszusammenhang beim fahrlässigen Erfolgsdelikt.* Berlin: Duncker & Humblott.

Toulmin, Stephen. 1964. *The Uses of Argument.* Cambridge: Cambridge University Press.

Tranöy, Knut Erik. 1976. The Foundations of Cognitive Activity. *Inquiry* 2: 131-50.

——. 1980. Norms of Inquiry: Rationality, Consistency Requirements and Normative Conflict. In *Rationality in Science: Studies in the Foundations of Science and Ethics.* Ed. Risto Hilpinen, 191-202. Dordrecht: Reidel.

Trebilcock, Michael J. 1993. *The Limits of Freedom of Contract.* Cambridge, Mass. : Harvard University Press.

Tuori, Kaarlo. 2002. *Critical Legal Positivism.* Aldershot: Ashgate.

Verdross, Alfred. 1971. *Statisches und dynamisches Naturrecht*. Freiburg: Rombach.

Verheij, Bart. 1996. *Rules, Reasons, Arguments. Formal Studies of Argumentation and Defeat*. Doctoral Thesis. Maastricht: Maastricht University.

Von Wright, Georg Henrik. 2000. Valuation-or How to Say the Unsayable. *Ratio Juris* 4: 347-57.

Wagner, Heinz. 1985. *Die politische Pandektistik*. Berlin: Arno Spitz.

Waldron, Jeremy. 1996. Property Law. In *A Companion to Philosophy of Law and Legal Theory*. Ed. Dennis Patterson, 3-23. Oxford: Blackwell.

Walzer, Michael. 1983. *Spheres of Justice. A Defence of Pluralism and Equality*. New York, N. Y. : Basic.

Wedberg, Anders. 1951. Some Problems in the Logical Analysis of Legal Science. *Theoria* 17: 246-75.

Weinrib, Ernest J. 1995. *The Idea of Private Law*. Cambridge, Mass: Harvard University Press.

Wilhelm, Walter. 1989. *Den juridiska metodlärans utveckling under 1800-talet*. Trans. Claes Peterson. Stockholm: Norstedts Juridik AB.

Williams, B. 1985. *Ethics and the Limits of Philosophy*. London: Fontana.

Windscheid, Bernhard. 1850. *Die Lehre des römischen Rechts yon der Voraussetzung*. Düsseldorf: Buddeus.

Wittgenstein, Ludwig. 1958. *Philosophical Investigations*. 2nd ed. Oxford: Blackwell. (1st ed. 1953.)

Wolenski, Jan. 1998. Coherence and Knowledge. In *On Coherence Theory of Law*. Ed. Aulis Aarnio, 25-32. Lund: Juristförlaget.

Wróblewski Jerzy. 1959. *Zagadnienia teorii wyktadni prawa ludowego*. Warszawa: PWN.

——. 1992. *The Judicial Application of Law*. Ed. Zenon

Bańkowski and Neil MacCormick. Dordrecht: Kluwer.

Zahle, Henrik. 1986. Polycentri i retskildelaere. In *Festskrift til Torstein Eckhoff.* Oslo: Tano.

———. 1992. Findes der kun én bevisret? In *Festskrift till Per Olof Bolding.* Stockholm: Juristförlaget.

Zetterquist, Ola. 2002. *A Europe of the Member States or of the Citizen's?* Doctoral Thesis. Lund: Juridiska fakulteten.

Zipursky, Benjamin. 2002. Philosophy of Private Law. In *The Oxford Handbook of Jurisprudence & Philosophy of Law.* Ed. Jules Coleman and Scott Shapiro, 623-55. Oxford: Oxford University Press.

Zitting, Simo. 1959. An Attempt to Analyse the Owner''s Legal Position. *Scandinavian Studies in Law* 3: 227-47.

主 题 索 引

本索引页码是指原书页码，也就是本书的页边码。

A

Abstraction，抽象性，1-2，3，11-3，31-4，39-41，45，49-50，50-1，53-5，55-7，57-8，59-60，65-8，76-7，79-80，83-5，109-10，115-7，118-9，123-5，129-33，133-6，137-9，139-40，151-2，160-2，167

Administrative law，行政法，28-9，31-4

All-things-considered，周虑一切的，87-90，109-10，152-3，154-6，169-70，170-8

Analogy，类推，8-11，17-9，20，20-4，24-5，50-1，65-8，69-70，73-5，115-7，123-5，140-3，147-9，174-6

Analytical，分析性的，1-2，3-6，8-11，11-3，13-4，31-4，39-41，41-2，42-3，59-60，65-8，75，76-7，79-80，81-3，83-5，100-1，121-3，125-7，149-51，170-4

Apex norm, see *Grundnorm*，最高规范，亦见基本法

Application area of a rule，一个规则的适用范围，20，20-4

Applicability of a rule，一个规则的适用性，94-5，95，112-3，121-3

Assumptions in contracts，合同的假设，6-8，31-4，45-6，47-8，115-7，162-3

Authority, authority reasons，权威，权威理由，6-8，14-5，15-7，17，20，24-5，25-6，26-7，57-8，87-90，92-4，115-7，133-6，

163-5

B

Balancing, see weighing, 平衡, 参见权衡

C

Causation, 因果关系, 6-8, 31-4, 34, 35-8, 50-1, 51-2, 53-5, 59-60, 69-70, 72-3, 115-7, 127-9

Circular, 循环, 143-4, 170-4, 174-6, 176-7

Cognitivism, 认知主义, 167, 169-70, 177-8

Coherent, coherence, 融贯的, 融贯性, 1, 3-6, 6-8, 17, 19-20, 20-4, 27-8, 34-5, 38-9, 43-5, 49-50, 50-1, 51-2, 71-2, 76-7, 78-9, 79-80, 81-3, 83-5, 85-6, 99-100, 105-7, 111-2, 112-3, 115-65, 167-9, 169-70, 170-4, 177-8, 179-80

Coherentism, 融贯主义, 79-80, 139-40, 144-6

Communitarian, 社群主义, 8-11, 38-9, 105-7

Concepts, 概念/观念, 3-6, 8-11, 11-3, 14-5, 15-7, 24-5, 31-4, 34-5, 42-3, 45-6, 57-8, 65-8, 71-2, 73-5, 81-3, 83-5, 105-7, 112-3, 115-7, 127-9, 129-33, 137-9, 146-7, 152-3, 158-63, 167-9, 169-70, 174-6, 179-80

Intermediate ~ , 中介性的 ~ , 39-41, 160-2

value open ~ , 价值开放的 ~ , 127-9, 158-60

~ and system, ~ 与体系, 162-3

Conceptual, 概念性的/观念性的, 3-6, 8-11, 11-3, 17-9, 24-5, 26-7, 38-9, 39-41, 41-2, 42-3, 43-5, 49-50, 50-1, 65-8, 73-5, 76-7, 78-9, 81-3, 86-7, 87-90, 94-5, 96-8, 100-1, 112-3, 140-3, 143-4, 154-6, 156-8, 162-3, 163-5, 174-6

~ Jurisprudence, ~ 法学, 11-3, 24-5, 42-3, 65-8, 76-7, 160-2

~ Scheme, ~ 方案, 163-5, 174-6

295

D

E

Economics, see law and economics, 经济学, 亦见经济分析法学

Emotion, 情感, 73-5, 149-51

Environmental law, 环境法, 6-8

Epistemic norms, 认识论规范, 8-11

Equilibrium (reflective ~), 平衡（反思~）43-5, 53-5, 115-7, 127-37, 137-9, 140-3, 143-4, 144-6, 158-60, 160-2, 162-3, 167, 179-80

Everything, 任何事情/一切事情/所有事情, 50-1, 79-80, 143-4, 144-6

Expert, 专家, 6-8, 8-11, 53-5, 69-70

Exceptions, 例外（情况/事由）, 6-8, 13-4, 20-4, 38-9, 39-41, 50-1, 69-70, 87-90, 90-2, 94-5, 115-7, 121-3, 125-7, 127-9, 133-6, 137-9

Exclusionary reasons, 排他性理由, 87-90

Explanation, 解释, 3-6, 24-5, 78-9, 105-7, 140-3, 149-51

F

Fables, 寓言, 129-3

Façade, 正面的, 3-6, 69-70, 123-5

Falsification, 可证伪性, 129-3, 133-6

Fashion, 样式, 11-3, 24-5, 52-3, 73, 75, 76-7, 81-3, 96-8, 174-6

Formalism in the law, 法律的形式主义, 41-2, 46-7, 49-50, 69-70, 137-9, 158-60

Foundationalism, foundationalist, 基础主义, 基础主义（者）的, 75, 77-8, 139-40, 144-6, 154-6

Foundherentism, 基础融贯主义, 139-40

J

Janus's face of legal doctrine，法律学说的双重性，3-6，11-3

Judgment, faculty of ~，判断，~能力，18-9

Jurisprudence, *see legal theory*，法理学，亦见法律理论

Juristic encyclopaedias，法学的百科全书，11-3

Justice，正义，3-6，6-8，20-4，27-8，35-8，43-5，47-8，48-9，49-50，50-1，51-2，52-3，53-5，55-7，77-8，81-3，86-7，92-4，96-8，99-100，105-7，107-9，115-7，118-9，127-9，129-33，133-6，137-9，149-58，163-5，170-4，179-80

commutative ~，交换 ~，43-5，51-2

corrective ~，矫正 ~，35-8，43-5，49-50，50-1，53-5

distributive ~，分配 ~，43-5，53-5

~ in different legal roles，不同法律角色的 ~，156-8

Justification，证成/证成或辩护，3，3-6，6-8，8-11，13-4，14-5，15-7，20-4，27-8，31-4，34-5，35-8，38-9，45，45-6，48-9，49-50，50-1，51-2，52-3，53-5，55-7，57-8，59-60，61-3，69-70，71-2，79-80，81-3，87-90，90-2，95，96-8，99-100，102，104-5，115-7，123-5，127-9，133-6，137-49，149-51，162-3，167，167-9，169-70，170-4，179-80

contextually sufficient ~，充分语境下的 ~，79-80，87-90，15-7

context of ~，~的语境，3-6

profound, deep ~，深度 ~，8-11，13-4，42-3，79-80，81-3，87-90，95，96-8，102，107-9，115-7，127-9

K

Kaldor-Hicks criterion，卡尔多—希克斯标准，43-5

Knowledge，知识，3，3-6，11-3，13-4，24-5，28-9，50-1，55-7，71-2，76-7，79-80，85-6，90-2，95，96-8，102-4，104-5，105-7，111-

9，169-70，170-4

Middle level，中级层面的理论，31-4，59-60，69-70，129-33，133-6，179-80

Modern，modernist，现代的，现代主义论者，6-8，11-3，35-8，61-3，65-8，73，75，78-9，81-3，83-5，87-90，96-8，105-7，115-7，137-9，170-4，174- 6，177-8，179-80

Motivation，动机，8-11，26-7，76-7，81-3，87-90，104-5，170-4，177-8

Multicoherence，多元融贯性，144-6，149-51

N

Narration，narrative，叙述，叙述性的，75，140-3，147-9，170-4

Natural law，自然法，3-6，6-8，8-11，43-5，57-8，65-8，76-7，81-3，83-7，87-90，92-4，96-8，102，102-4，154-6，169-70，170-4

Nature of things，事物的属性/性质，24-5，152-3，162-3

Necessary connection，必要的联系，81-3，83-5，85-6，86-7

Negligence，过失（行为），8，20-4，31-4，35-8，47-8，48-9，50-1，51-2，52-3，53-5，55-7，57-8，58-9，59-60，69-70，79-80，133-6

Nonmonotonic，非单调的，79-80，90-2，125-7

Normative，normativity，规范（性）的，规范性，3-6，11-3，34-5，35-8，39-41，42-3，43-5，45，50-1，53-5，55-7，57-8，61-3，65-8，68-9，72-3，73，73-5，75，76-7，77-8，79-80，81-3，83-5，85-6，87-90，92-4，95，95-6，96-8，100-1，102，102-4，104-5，105-7，107-9，112-3，115-7，127-9，129-33，133-6，137-9，139-40，144-6，149-51，152-3，156-8，158-60，160-2，162-3，163-5，167，167-9，169-70，170-4，177-8，179-80

quote-unquote（inverted comas），转述的 ~，72-3，81-3，87-90，115-7

O

Orthodox，正统的，55-7，85-6，127-9，151-2

Ownership, see Property，所有权，亦见财产

Outweighable，可以超越的，13-4，115-7

P

Pacta sunt servanda，有约必践原则，6-8，51-2，152-3

Palsgraf case，帕斯格拉芙诉长岛火车站案，49-50

Paradigm，范式，20-4，39-41，59-60，78-9，79-80，129-33，133-6，144-6，147-9，167

Pareto criterion，帕累托最优，43-5

Passion for reason，诉诸理性的激情，118-9，167-9，169-70

Platitudes，老生常谈，35-8，76-7，127-9，129-33，133-6，149-51，167，179-80

Pluralism，多元主义，35-8，45-6，65-8，73，75，96-8，107-12，129-33，156-8，163-5，179-80

Politics, political，政治，政治的，3-6，6-8，11-3，14-5，17-9，24-5，31-4，34，38-9，42-3，43-5，45-6，50-1，52-3，61-3，65-8，69-70，71-2，73-5，75，77-8，81-3，83-5，95，105-7，111-2，127-9，147-9，153-4，156-8，163-5，179-80

Prima facie，表面性的，13-4，51-2，95-6，129-33，169-70

see also：*pro tanto*，还可参见：到此为止的

Principles，原则，3-6，6-8，13-4，17-9，20-4，31-4，34，34-5，35-8，38-9，39-41，45，46-7，47-8，50-1，51-2，53-5，55-7，59-60，61-3，65-8，69-70，72-3，76-7，77-8，78-9，83-5，95-6，96-8，102-4，104-5，109-10，115-7，118-9，121-3，123-5，127-9，133-6，137-9，140-3，147-9，151-2，152-3，153-4，154-6，160-2，167-9，170-4，179-80

Pro tanto，到此为止的，13-4，15-7，17，20，50-1，87-90，121-3，129-33，154-6，163-5，169-70

Procedural，程序性的，8-11，28-9，31-4，86-7，121-3，153-4

Property, ownership，财产，所有权，31-4，34，35-8，38-43，50-1，53-5，65-8，79-80，105-7，115-7，143-4，160-2，174-6

R

Ratio decidendi，判决依据，11-3，17-9，25-6

Rational, rationalist，理性的，理性主义（者）的，1，3-6，17，20-4，61-3，68-9，69-70，72-3，76-7，78-9，81-3，83-5，86-7，95-6，102，102-4，104-5，105-7，107-9，109-10，111-2，118-9，119-20，125-7，129-33，136-7，139-40，147-9，149-51，151-2，152-3，153-4，162-3，169-70，170-4，174-6，177-8，179-80

Reasons，理由，1-2，13-4，14-5，15-7，17，17-9，20，20-4，24-5，26-7，43-5，53-5，81-3，87-90，99-100，102，104-5，105-7，107-9，115-27，127-9，129-33，133-6，140-3，143-4，146-7，149-51，151-2，154-6，158-60，162-3，163-5，167-9

decisive ~，决定性 ~，121-3

contributing ~，贡献性 ~，115-7，121-3

Reasoning norms，推理性规范，3-4，20-4，115-7，123-5，147-9

Recommendation，建议，1-2，3-6，15-7，99-100

Reduction, reductionism，化约，化约主义，59-60，69-70，75，76-7，77-8，90-2，170-4，174-6，176-7

Reduction in statutory interpretation，制定法解释中的化约，20

Reflective equilibrium：see equilibrium，反思平衡，亦见平衡

Relative, relativism，相对的，相对主义，8-11，11-3，51-2，75，107-9，109-10，111-2，125-7，167，169-70，170-4，174-6，179-80

Relevance, relevant，相关性，相关的，1-2，13-4，17-9，19-20，

S

41-2，65-8，90-2，92-4，115-7，127-9，129-33，133-6，147-9，154-6，156-8，162-3，163-5，170-4，179-80

Speaking and doing in legal doctrine，法律学说中的所言所行，3-6，77-8

Stability, stable，稳定性，稳定的，6-8，11-3，17-9，31-4，34-5，59-60，96-8，125-7，129-33，133-6，137-9，140-3，147-9，179-80

Standard，标准，8-11，11-3，13-4，14-5，27-8，28-9，47-8，52-3，55-7，69-70，76-7，105-7，107-9，111-2，119-20，127-9，133-6，140-3，146-7，147-9，149-51，153-4，154-6，167-9，169-70

Supervene, supervenience, supervenient，产生重大影响，重大影响，重大影响的，129-33，174-6

Suum 83-5

System, systematizing，体系，体系化，1-2，3，3-6，8-11，11-3，13-4，17-9，19-20，20-4，24-5，26-7，27-8，31-4，78-9，83-5，85-6，86-7，87-90，90-2，92-4，115-7，119-20，123-5，127-9，137-49，149-51，151-2，154-6，156-8，158-60，160-2，162-3，163-5，169-70，170-4，174-6，176-7，179-80

~ of doctrinal systems，学理性体系的体系化，38-9

~ of private law: inner and outer，私法的内部体系和外部体系 34-5

T

Teleological，目的论的，3-6，8-11，17-9，24-5，34-5，47-8，65-8，158-60

Theories，理论，3，3-6，6-8，8-11，13-4，20-4，31-4，34，38-43，43-8，48-55，55-60，61-3，65-75，76-80，83-7，87-95，95-101，102-7，107-12，115-27，127-37，137-49，149-58，158-63，163-5，169-70，170-8，179-80

see: middle level ~，亦见：中层 ~

Tradition，传统，20-4，65-8，147-9

Transformation，see leap，转化，亦见跳跃

U

Utilitarian，功利主义（的）/功利主义论者 8-11，51-2，57-8，61-3，73，102，102-4，104-5，129-33，139-40，152-3

V

Vagueness, see indeterminacy，模糊性，亦见不确定性

Valid law，有效的法律，1，8-11，13-4，20-4，35-8，45，47-8，71-2，73，76-7，77-8，81-3，83-7，87-95，95-101，102-7，112-3，174-6，176-7

W

Weak theories，弱理论，79-80，81-3，85-6，87-90，102-4，104-5，107-9，129-33

Weighing，权衡，13-4，15-7，20，24-5，31-4，38-9，45-6，49-50，61-3，75，87-90，99-100，107-9，109-10，112-3，115-27，127-9，133-6，139-40，146-7，151-2，152-3，154-6，160-2，163-5，169-70

人 名 索 引

1. 本索引页码是指原书页码，也就是本书的页边码。

2. 本书正文中的人名主要参照商务印书馆 2007 年版的《英语姓名译名手册》翻译，无法查找到的则没有翻译，仅注出英文。因此，为避免可能的翻译错误，本索引的人名一律未译，请注意识别。

A

Augustine, (St.) 83

Augustus, 6

Austin, J. 82

Ayer, A. J. 69

B

Bańkowski, Z. XIII, 24, 118, 148, 182, 192

Barnett, R. E. 46, 182

Barry, B. 151 (n. 12)

Bell, D. 105 (n. 15), 109, 182, 191

Benson, P. VI, 41, 42, 44, 182

Bender, J. W. 110, 182

Bentham, J. 38, 82, 102

Berger, P. 95, 182

Bergholtz, G. 3, 124, 137, 182, 185, 191

Berlin, I. 110, 111, 182, 187

Berndt, J. E 143, 182

Bester, A. 12

Biernat, T. 15, 182

Bindreiter, U. XIII, 90, 182

Bix, B. H. 86, 182

Bjarup, J. 72 (n. 1), 82, 170 (n. 2), 182

Björne, L. 6, 6 (n. 3), 40 (n. 8), 182

Blackburn, S. 109

Blackstone, W. 34

Blanshard, B. 141, 182

Block, N. 176, 182

BonJour, L. 80, 140, 140 (n. 8), 182

Bracker, S. 141, 183

Bracton, H. 23

C

D

E

F

Farley, A. M. 126, 184

Finnis, J. M. 84, 85, 86, 95 (n. 8), 184

Fodor, J. 175

Frändberg, Å. 10, 21 (n. 18), 82 (n. 2), 184

Foucault, M. 97

Freeman, K. 126, 184

Fried, C. 45, 184

Fuller, L. 33, 86, 150, 184

G

Gaius, 6

Gallie, W. B. 158, 184

Gardner, J. 129, 184

Gauthier, D. 104 (n. 14)

Genghis Khan 87

Gény, F. 66

George, R. P. 96 (n. 5), 184

Goodin, R. 151 (n. 12)

Goodman, N. 174, 184

Gordley, C. J. 44, 184

Gordon, T. E 125, 184

Graver, H. P. 164, 184

Grotius, H. 38, 84

Gustafsson, H. 145 (n. 10), 164, 184

Gutmann, A. 152, 154, 184

H

L

M

O

P

Pojman, L. P. 151（n. 12），189

Pol Pot, 93

Polanyi, M. 148, 189

Pollock, J. L. 20, 119, 189

Popper, K. R. 3, 10, 129, 130, 130（n. 4），
133, 143, 189

Posner, R. A. 48, 48（n. 12），53, 54, 61, 62
（n. 14），61, 86, 136, 186, 189

Postema, G. J. 10, 23, 28, 125, 189

Pound, R. 67

Prakken, H. 125, 184, 185, 189

Puchta, G. E 13, 65, 97

Pufendorf, S. 38, 84, 85

Putnam, H. 175, 191

Q

Quine, W. V. O. 82（n. 1），141, 144, 174,
175, 189

R

Rabin, R. L. 50, 189

Rabinowicz, W. XIII, 13, 118, 142, 144,
170, 189

Radbruch, G. 160, 178, 189

Raisch, R 18, 189

Rawls, J. 38, 102, 103, 104, 105, 105
（n. 15），111, 120, 127, 128, 133（n. 5），141, 151
（n. 12），153, 154, 156, 159, 160, 189

Raz, J. 15（n. 7），65, 70, 88, 89, 93, 95, 96,

T

U

V

W